IT 아키텍트가
하지 말아야 할
128 가지

IT 아키텍트가 하지 말아야 할 128가지

엮은이 니케이시스템즈
옮긴이 최석기
1판 1쇄 발행일 2012년 3월 15일

펴낸이 장미경
펴낸곳 로드북
편집 임성춘
디자인 이호용(표지), 박진희(본문)

주소 서울시 관악구 신림동 1451-15 101호
출판 등록 제 2011-21호(2011년 3월 22일)
전화 02)874-7883
팩스 02)6280-6901
정가 23,000원
ISBN 978-89-966598-8-4   93560

IT ARCHITECT NO YATTE WA IKENAI by Nikkei SYSTEMS.
Copyright ⓒ2009 by Nikkei Business Publications, Inc. All rights reserved.
Originally published in Japan by Nikkei Business Publications, Inc.

이 책의 한국어판 저작권은 (주)엔터스코리아를 통한 일본의 일경BP사와의
독점 계약으로 로드북이 소유합니다. 신 저작권법에 의하여 한국 내에서 보호를 받는
저작물이므로 무단전재와 무단복제를 금합니다.

책 내용에 대한 의견이나 문의는 출판사 이메일이나 블로그로 연락해 주십시오.
잘못 만들어진 책은 서점에서 교환해 드립니다.

이메일 chief@roadbook.co.kr
블로그 www.roadbook.co.kr
Q&A roadbook.zerois.net/qna

누구도 알려주지 않았던 시스템 개발 현장의 128가지 해결책

IT 아키텍트가 하지 말아야 할 128가지

설계, 방법론, 구축·테스트, 운용, 보안

니케이시스템즈 엮음 ㅣ 최석기 옮김

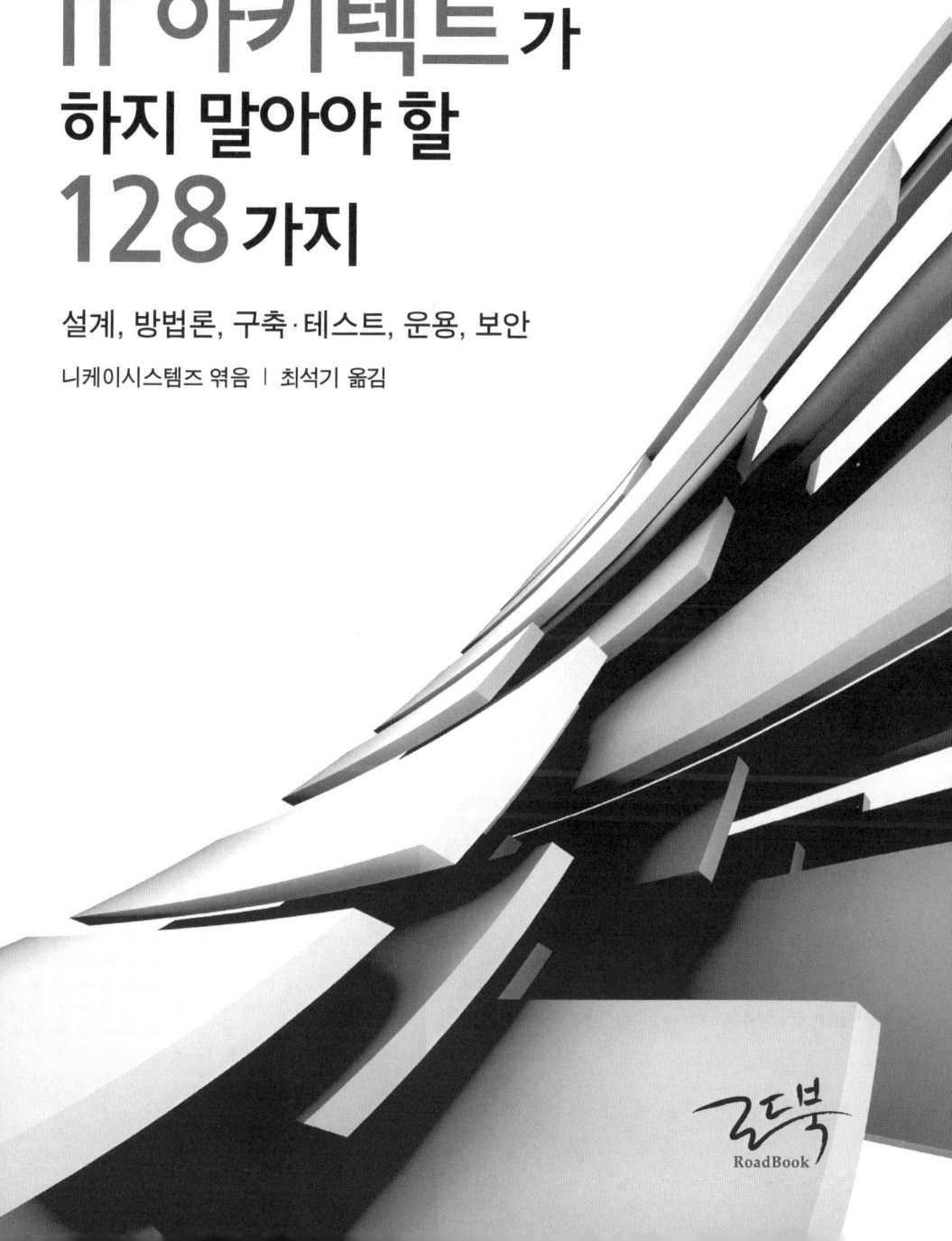

옮긴이 머리말_

15년 이상을 IT 분야에 있으면서 "품질"이라는 단어를 곁에서 놓아 본 적이 없었던 것 같다. 그래서 좋은 품질을 만들기 위해 기술력을 향상시키자, 구조적인 설계를 해서 재작업을 줄이자, 테스트를 체계적으로 실시하여 불량을 줄이자, 고객과의 요건 정의를 명확히 해서 뒤늦은 사양 변경을 최대한 줄여보자, 이렇게 끊임없이 고민을 하게 된다.

이러한 고민들 속에서 역시나 반드시 필요한 사람이 아키텍트다. 제대로 분석하고 설계가 되었다면 개발할 때 생기는 끊임없는 재작업을 줄일 수 있었을 것이고, 고객의 요구사항에 대한 만족은 물론 유지보수하기 쉬운 제품을 만들 수 있었을 텐데, 라는 아쉬운 경험을 많이들 했을 것이다.

아키텍트는 다양한 분야와 현장에서의 수많은 경험과 뛰어난 기술력이 있어야 하며, 사람(고객과 개발자는 물론 프로젝트와 관련된 모든 이해관계자)을 컨트롤할 수 있는 다양한 능력을 갖춘 팔방미인이어야만 한다고 생각한다.

그런데, 아직은 현업에서도 아키텍트가 명확히 분류되어 있지는 않은 것 같다. 흔히, 경험이 많은 개발자나 혹은 프로젝트를 이끌어야 할 프로젝트 관리자나 프로젝트 리더가 고객의 요구사항을 분석하여 시스템을 어떻게 만들 것인지 분석하고 설계를 하게 된다. 즉, 아키텍트가 해야 할 일을 겸하고 있는 경우가 대부분이다. 물론, 큰 프로젝트에는 별도로 아키텍트를 두어 제대로 된 분석/설계 아래 프로젝트가 진행되지만, 아직도 국내에서는 관리자와 경험이 많은 프로젝트 개발자가 아키텍트 역할을 대신하고 있는 상황이다.

그런 면에서 이 책은 프로젝트 관리자나 리더, 분석/설계를 담당하고 있는 개발자(아키텍트는 물론이고)가 그 동안의 경험을 되살리면서 한 번쯤 가볍게 읽어보기에 좋은 책이다.

대부분은 아는 내용일 수도 있지만, 무심코 지나쳐서 실수했던 경험과 알고도 저지를 수밖에 없었던 갖가지 사건들에 대해 "아키텍트가 해서는 안 될 것"이라는 내용으로 카테고리별로 잘 정리되어 있다.

또한, 개발자들이 읽기에도 쉽기 때문에 개발하기에 앞서 한 번쯤 읽어보면 스스로를 돌아볼 수 있는 계기가 될 것이다.

개발자가 설계를 겸할 수밖에 없는 소규모 인원으로 프로젝트를 수행할 때, 아키텍트가 해서는 안 되는 이러한 내용들에 대해 하나라도 주의 깊게 생각하고 반영하게 된다면 최고 품질의 제품을 만드는 데 기반이 되어 주지 않을까 생각한다.

분석/설계자로서 관심이 많아 자처해서 일단 읽어보겠다고 덤벼든 책이다. 처음 해본 번역이라 독자에게 제대로 전달될 수 있을까? 하는 걱정과 두려움이 앞서는 것이 사실이다.

서투른 점이 있더라도 많은 이해를 바라며, 아키텍트가 되고자 하는 분들이나 아키텍트로서 활동하고 있는 모든 분들, 현업에서 해서는 안 될 일이 발생해 고생하고 있는 개발자에게 조금이나마 도움이 되었으면 하는 바람이다.

끝으로, 좋은 책을 읽을 기회와 더불어 번역의 기회를 주신 로드북 편집장님께 감사의 말씀을 드린다.

옮긴이 최석기

지은이 머리말_

IT 현장은 위험이 많다.
"해서는 안 되는 것"을 알고 있으면 많은 도움이 될 것이다.

"DBMS의 기능으로 데이터를 암호화해서는 안 된다", "소스코드를 유용해서는 안 된다", "자동 백업이나 툴에 의지해서는 안 된다"…. 여러분은 정보시스템을 개발하거나 운용할 때 이렇게 해서는 안 되는 것들이 있다는 것을 잘 알고 있을 것이다.

IT 현장에는 별로 중요시 되지 않는 것처럼 생각되어 무심하게 지나쳤던 것들이, 터무니 없는 트러블을 일으키는 "해서는 안 된다"는 것들이 있다. 이것들은 일반적으로 상사나 선배로부터 현장에서 배우는 것이 대부분이다. 하지만, 기술이나 제품이 고도화되고 다양해짐에 따라 "해서는 안 되는 것"의 수가 급증하고 있으며, 현장에서 올바르게 전달되지 않는 경우가 늘어나고 있다(그림 1).

"해서는 안 되는 것"을 모르면 시스템의 품질 저하에 직결

"해서는 안 되는 것"을 현장의 IT 엔지니어가 모르고 있으면 어떻게 될까? 물론, 가장 큰 것은 시스템의 품질 저하다. 예를 들면, 오버헤드가 큰 "DBMS의 암호화 기능"을 함부로 사용하게 되면 성능 저하를 초래한다. 소스코드를 안이하게 유용하다 보면 라이선스 문제에 노출될 수도 있다. 자동 백업이나 툴에 의존하다 보면 정말로 백업이 되고 있는지 확인이 나태해져, 결국 복구 데이터가 남아있지 않는 사태를 낳게 된다.

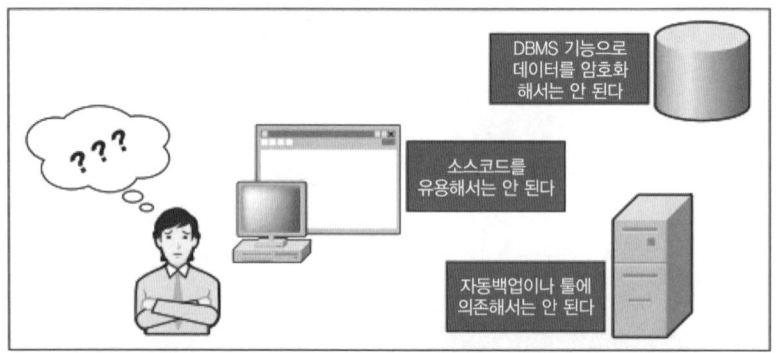

그림 1 "해서는 안 되는 것"을 이해하고 있지 않으면 시스템의 품질 저하를 초래한다

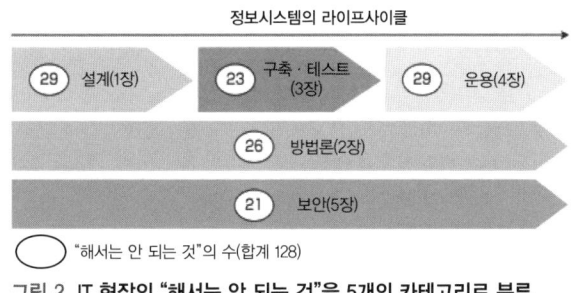

그림 2 IT 현장의 "해서는 안 되는 것"을 5개의 카테고리로 분류

실제, 이러한 시스템 트러블은 IT 현장에서 자주 일어나고 있다.

문제는 이러한 "해서는 안 되는 것"을 어떻게 습득할 것인가다. "해서는 안 되는 것"의 종류는 폭넓고 방대하다. 게다가 경우에 따라서는 당연해 해야 되는 일이 "해서는 안 되는 것"이 될 때도 있다. 예를 들면 데이터의 암호화나 소스코드의 유용, 자동 백업 자체는 나쁜 것이 아니다. 다만, 적용 방법에 따라 "해서는 안 되는 것"으로 바뀌게 된다.

128개의 "해서는 안 되는 것"을 5개의 카테고리로 분류

이 책에서는 IT 현장의 실무를 담당하고 있는 IT 아키텍트의 기고에 근거하여 "IT 아키텍트가 해서는 안 되는 것"들을 모아 보았다. 현장 경험에서 도출한 내용을 바탕으로 5개의 카테고리와 128개의 "해서는 안 되는 것"들을 정리했다(그림 2). 5개의 카테고리로는 설계, 방법론, 구축·테스트, 운용, 보안이다. 카테고리는 IT 아키텍트가 주로 겪는 경험 위주로 분류하였다.

만약 당신이 IT 아키텍트라면, 이러한 "해서는 안 되는 것"들을 반드시 습득해야 한다. IT 아키텍트는 시스템의 품질에 모든 책임을 져야 하기 때문이다. 물론, IT 아키텍트를 목표로 하는 IT 엔지니어도 마찬가지다. 그리고, 프로젝트 관리자도 적어도 "해서는 안 되는 것" 정도는 어느 정도 알고 있어야 할 필요가 있다.

목차_

1장. 설계

No.001 EC 사이트에서는 Sorry 화면 방식을 채택해서는 안 된다 [아키텍처]   15
No.002 어플리케이션 개발자가 설계서대로 개발해 줄 것이라고
         생각해서는 안 된다 [아키텍처]   20
No.003 사용자가 성능 요건을 정해줄 것이라고 생각해서는 안 된다 [아키텍처]   24
No.004 동일 서버 내의 웹 서비스를 호출해서는 안 된다 [아키텍처]   30
No.005 24시간 가동 시스템이라고 모든 것을 24시간 동작시키려고
         해서는 안 된다 [아키텍처]   35
No.006 클라이언트/서버형 시스템을 가볍게 보아서는 안 된다 [아키텍처]   39
No.007 데이터 구조의 품질/성능이 나빠지는 것을 고려해야 한다 [데이터베이스]   41
No.008 백업 설계를 먼저 해서는 안 된다 [데이터베이스]   44
No.009 레코드 길이×건수로 데이터 용량을 결정해서는 안 된다 [데이터베이스]   46
No.010 참조 정합성 제약 기능을 여러 번 사용해서는 안 된다 [데이터베이스]   48
No.011 테스트 데이터로 성능 평가를 해서는 안 된다 [데이터베이스]   51
No.012 파티션 분할을 가볍게 해서는 안 된다 [데이터베이스]   54
No.013 오랜 시간 종료하지 않은 트랜잭션을 사용해서는 안 된다 [데이터베이스]   57
No.014 기술 영역만 고려해서는 안 된다 [네트워크]   60
No.015 기기의 스펙(명세서)을 bps만으로 판단해서는 안 된다 [네트워크]   64
No.016 가상 네트워크를 물리 네트워크와 똑같이 생각해서는 안 된다 [네트워크]   68
No.017 QoS라는 말로 숨겨서는 안 된다 [네트워크]   72
No.018 QoS를 과신해서는 안 된다 [네트워크]   75
No.019 구축 멤버의 시선만으로 로그 출력을 설계해서는 안 된다 [아키텍처]   79
No.020 GC를 정하지 않고 자바 어플리케이션을 설계해서는 안 된다 [아키텍처]   81
No.021 실물 모형과 프로토 타입을 혼동해서는 안 된다 [리치 클라이언트]   84
No.022 어플리케이션을 함부로 리치화해서는 안 된다 [리치 클라이언트]   85
No.023 화면 디자인이나 화면 이동의 변경에 "이것이 최선"이라고
         생각해서는 안 된다 [리치 클라이언트]   86
No.024 사용자 경험을 무조건 포함시키려 해서는 안 된다 [리치 클라이언트]   88
No.025 사용자에게 사용하기 어려운 점을 물어서는 안 된다 [리치 클라이언트]   90
No.026 신 클라이언트용 어플리케이션이라고 해도 안심해서는 안 된다 [신 클라이언트]   92
No.027 산출해 보지 않고 TCO를 줄일 수 있다고 생각해서는 안 된다 [신 클라이언트]   94
No.028 신 클라이언트의 도입으로 가용성이 좋아졌다고 트러블이 없다고
         생각해서는 안 된다 [신 클라이언트]   96

No.029 가상 PC형으로 이행을 하더라도 검증을 게을리해서는 안 된다 [신 클라이언트]   98

Column1 IT 아키텍트로서 가장 재미있게 느끼는 부분   100

2장. 방법론

No.030 유스 케이스를 상세하게 작성해서는 안 된다 [개발 프로세스]   105
No.031 납품 문서만 남겨 두면 된다고 생각해서는 안 된다 [개발 프로세스]   107
No.032 패키지를 도입할 때 부가 기능 개발을 선행해서는 안 된다 [개발 프로세스]   109
No.033 패키지를 도입하면 납기를 단축할 수 있다고 생각해서는 안 된다 [개발 프로세스]   111
No.034 협력사나 고객사와 실데이터 파일을 주고 받아서는 안 된다 [개발 프로세스]   114
No.035 WBS 하나의 작업 항목에 여러 담당자를 선정해서는 안 된다 [개발 프로세스]   115
No.036 특정 프로세스나 패턴에 집착해서는 안 된다 [개발 프로세스]   117
No.037 "UP=반복 개발"이라고 생각해서는 안 된다 [개발 프로세스]   118
No.038 ERP와 현행 기능을 비교해서는 안 된다 [ERP]   121
No.039 다짜고짜 프로토타입부터 시작해서는 안 된다 [ERP]   124
No.040 고객이 말하는 패키지의 갭 판단을 그대로 받아들여서는 안 된다 [ERP]   129
No.041 보고서 검토를 뒤로 미뤄서는 안 된다 [ERP]   134
No.042 "고객이 주체가 되어 해야 할 작업"이라고 해서 고객에게
       그대로 주어서는 안 된다 [ERP]   138
No.043 요건 정의를 하기 위한 계획을 게을리 해서는 안 된다 [요건 정의]   142
No.044 비즈니스 요건과 시스템 요건을 혼동해서는 안 된다 [요건 정의]   145
No.045 비즈니스 요건을 문장만으로 표현해서는 안 된다 [요건 정의]   148
No.046 현행 업무, 현행 시스템의 조사를 회피해서는 안 된다 [요건 정의]   151
No.047 성과물의 선정과 표준화를 뒤로 미뤄서는 안 된다 [요건 정의]   154
No.048 모든 요건을 사용자가 알고 있다고 생각하면 안 된다 [요건 정의]   157
No.049 후속 공정에 들어가고 나서 테스트를 시작해서는 안 된다 [요건 정의]   161
No.050 사용자의 오해를 초래하기 쉬운 요건 정의서를 만들어서는 안 된다 [요건 정의]   163
No.051 유스 케이스를 기능 요건이라고 착각해서는 안 된다 [요건 정의]   166
No.052 사각지대에 있는 요건을 놓쳐서는 안 된다 [요건 정의]   170
No.053 비용과 기간의 밸런스를 무시해서는 안 된다 [요건 정의]   174
No.054 요건 정의가 충분하다고 요건 변경이 발생하지 않는다고
       생각해서는 안 된다 [요건 정의]   177
No.055 프로젝트 특성을 생각하지 않고 모두 동일하게 진행해서는 안 된다 [요건 정의]   180

Column2 "풍림화산"과 IT 아키텍트   185

3장. 구축 및 테스트

No.056 64비트 OS가 32비트 OS보다 우수하다고 생각해서는 안 된다 [플랫폼] — 191

No.057 기호 링크를 조심성 없이 이용해서는 안 된다 [소스코드] — 194

No.058 여러 가지의 OS를 이용할 때는 개행 코드를 무시해서는 안 된다 [소스코드] — 198

No.059 정의된 것 이외의 것을 가볍게 보아서는 안 된다 [소스코드] — 202

No.060 공개 기능 클래스의 인스턴스를 직접 생성해서는 안 된다 [소스코드] — 204

No.061 거대한 정수 클래스를 만들어서는 안 된다 [소스코드] — 207

No.062 분량이 많은 코딩 규칙을 만들어서는 안 된다 [소스코드] — 210

No.063 오픈소스는 무료라고 생각해서는 안 된다 [오픈소스] — 212

No.064 직접 빌드한 바이너리를 실제 환경에서 이용해서는 안 된다 [오픈소스] — 215

No.065 독자적으로 구축해서는 안 된다 [오픈소스] — 219

No.066 소스 코드에 HTML 생성 코드를 포함해서는 안 된다 [오픈소스] — 222

No.067 글로벌 변수나 순환 참조를 사용해서는 안 된다 [오픈소스] — 224

No.068 스레드 세이프로 하는 것을 잊어서는 안 된다 [소스코드] — 227

No.069 소스코드를 유용해서는 안 된다 [소스코드] — 230

No.070 메모리 관리를 처리계에 맡겨서는 안 된다 [플랫폼] — 232

No.071 매직 넘버를 이용해서는 안 된다 [소스코드] — 235

No.072 실 환경에서 갑자기 테스트를 해서는 안 된다 [테스트방법] — 236

No.073 모든 결합 테스트를 자동화해서는 안 된다 [테스트방법] — 239

No.074 테스트를 개발자에게만 맡겨서는 안 된다 [테스트방법] — 242

No.075 자동식별 모드와 전이중 모드를 혼재시켜서는 안 된다 [네트워크] — 244

No.076 랜(LAN) 스위치로 루프 구조를 만들어서는 안 된다 [네트워크] — 245

No.077 뷰, 트리거를 많이 사용해서는 안 된다 [데이터베이스] — 248

No.078 현상만 보고 튜닝을 서둘러서는 안 된다 [데이터베이스] — 251

Column3 왜 IT 아키텍트가 중요한가? — 254

4장. 운용

No.079 가상화 환경의 게스트 OS에서 취득한 CPU 사용률을 믿어서는 안 된다 [플랫폼] — 259

No.080 SLA를 뒤로 연기해서는 안 된다 [운용 설계] — 262

No.081 운용 비용 절감만을 목표로 해서는 안 된다 [운용 설계] — 265

No.082 운용 절차 없이 운용해서는 안 된다 [운용 설계] — 268

No.083 운용을 아웃소싱하고 나서 안심해서는 안 된다 [운용 설계] — 271

No.084	개발과 운용 커뮤니케이션을 소홀히 해서는 안 된다 [운용 설계]	275
No.085	1rack(랙) 60A(암페어) 이상 사용해서는 안 된다 [서버 운용]	278
No.086	이중 구성을 믿어서는 안 된다 [서버 운용]	282
No.087	자동 백업 툴에 의지해서는 안 된다 [서버 운용]	286
No.088	환경 설정을 복사 & 붙여넣기해서는 안 된다 [서버 운용]	289
No.089	커널 튜닝을 해서는 안 된다 [서버 운용]	292
No.090	출시 직전의 완성형 제품에 갑자기 패치를 해서는 안 된다 [플랫폼]	296
No.091	스냅샷으로 백업을 대신해서는 안 된다 [플랫폼]	298
No.092	RAID라고 안심해서는 안 된다 [플랫폼]	300
No.093	서버 사이에 틈을 남겨두어서는 안 된다 [데이터센터]	303
No.094	서버 뒷면에 케이블을 늘어뜨려서는 안 된다 [데이터센터]	305
No.095	랙과 서버 사이에 공간을 두어서는 안 된다 [데이터센터]	307
No.096	냉통로와 온통로만으로 만족해서는 안 된다 [데이터센터]	309
No.097	서버 수만큼만 UPS를 준비해서는 안 된다 [데이터센터]	311
No.098	전체를 생각하지 않고 이중 전원으로 해서는 안 된다 [데이터센터]	314
No.099	랙이 사용하고 있는 전류 값을 간과해서는 안 된다 [데이터센터]	317
No.100	UPS를 설치하는 것만으로 안심해서는 안 된다 [데이터센터]	319
No.101	파손된 HDD를 계속 사용해서는 안 된다 [기록미디어]	321
No.102	젖은 디스크를 말려서는 안 된다 [기록미디어]	323
No.103	젖은 USB 메모리에 전기가 흐르게 해서는 안 된다 [기록미디어]	325
No.104	테이프를 적셔서는 안 된다 [기록미디어]	326
No.105	테이프의 압축률을 그대로 받아들여서는 안 된다 [기록미디어]	328
No.106	공유 폴더를 새로운 서버에 이행해서는 안 된다 [기록미디어]	330
No.107	리눅스의 free값(빈 메모리)은 메모리의 빈 영역이 아니다 [기록미디어]	332
Column4	IT 아키텍트에게 요구되는 세가지 힘	334

5장. 보안

No.108	IPS를 도입해도 안심해서는 안 된다 [네트워크]	339
No.109	접근의 증거가 될 만한 흔적을 과잉으로 추출해서는 안 된다 [네트워크]	343
No.110	패스워드 정책을 너무 엄격하게 해서는 안 된다 [네트워크]	345
No.111	바이러스 체크는 과잉도 과소도 안 된다 [네트워크]	348
No.112	패스워드를 프로그램에 하드 코딩해서는 안 된다 [소스코드]	351

No.	제목	페이지
No.113	방화벽으로 너무 많은 규칙을 설정해서는 안 된다 [네트워크]	354
No.114	운용이나 성능을 고려하지 않고 암호화해서는 안 된다 [네트워크]	356
No.115	모든 통신을 암호화해서는 안 된다 [네트워크]	359
No.116	운용 관리에 텔넷을 사용해서는 안 된다 [네트워크]	362
No.117	관리자 권한을 공유해서는 안 된다 [네트워크]	365
No.118	DBMS의 감사 기능에 의지해서는 안 된다 [데이터베이스]	368
No.119	DBMS 기능으로 데이터를 암호화해서는 안 된다 [데이터베이스]	371
No.120	신 클라이언트의 보안 대책을 게을리 해서는 안 된다 [신 클라이언트]	373
No.121	로그온/로그아웃의 이력을 로그에서 빼서는 안 된다 [윈도우즈]	375
No.122	로그를 수작업으로 수집해서는 안 된다 [윈도우즈]	377
No.123	일시적이더라도 UAC를 무효로 해서는 안 된다 [윈도우즈]	379
No.124	사용자 계정을 바로 삭제해서는 안 된다 [윈도우즈]	381
No.125	루트 계정을 사용해서는 안 된다 [리눅스]	383
No.126	임시 파일을 안이하게 작성해서는 안 된다 [리눅스]	385
No.127	사용자 이름을 숫자만으로 구성해서는 안 된다 [리눅스]	387
No.128	다운로드 받은 파일이 올바르다고 믿어서는 안 된다 [오픈소스]	389

찾아보기　　　　　　　　　　　　　　　　　　　　　　　　　391

1장
설계

시스템 개발에서 오류가 일어나는 것은 복잡하기 때문이라고 생각합니다. 인간은 애매한 정보를 다룰 수 있지만, 반면에 오류 또한 발생시키기도 합니다. 복잡해질수록 오류를 일으킬 확률도 비약적으로 늘어나게 됩니다.

시스템 개발의 복잡함을 피하기 위해서는 각 개인이 담당하는 문제 영역을 명확하게 하거나, 각 개인의 작업을 가능한 한 간단하게 합니다. 이러한 것을 요구 분석, 설계, 개발, 시험, 부적합 관리, 품질 확인, 진척 파악, 리스크 분석 등 생각할 수 있는 모든 작업에 실시합니다. 복잡한 것을 그대로 두지 말고 담당자가 다룰 때에는 가능한 한 단순화합니다.

데이터 구조는 논리적이나 물리적으로 반드시 시간이 지나면 품질이나 성능이 나빠진다. 따라서, 논리 설계나 물리 설계 시점에 품질이나 성능 측면을 고려하여 쉽게 보강할 수 있는 설계를 해야 된다는 것을 잊어서는 안 된다.

No.007 데이터 구조의 품질/성능이 나빠지는 것을 고려해야 한다

아키텍처

EC 사이트에서는 Sorry 화면 방식을 채택해서는 안 된다

일반 웹사이트에서는 시스템 집중 접근으로 인한 다운 현상을 막기 위해 로드 밸런서Load Balancer(부하 분산 장치)로 동시 접속수의 최대값을 설정한다. 동시 접속수가 초과되면 별도로 준비해 둔 "지금은 접속자수가 많아 접속이 어렵습니다."는 화면을 표시하여 리소스의 과잉 부하를 줄인다. 이러한 화면을 사용하는 방식을 "Sorry 화면 방식"이라고 한다(그림 1-1).

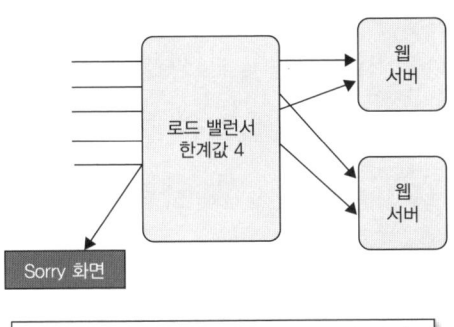

그림 1-1 **Sorry 화면 방식**

웹사이트 접속을 최소화하여 부하를 받지 않도록 처리하는 비교적 용이한 방식이다. 그런데 사이트에서 제공하고 있는 서비스의 특성을 충분히 생각하지 않고 사용하면 문제가 발생할 수도 있다. 특히 EC 사이트에서는 이 방식을 사용하는 데 많은 주의가 필요하다.

정보 사이트는 이용자에게 일반적인 정보를 제공해 주는 것이 목적인 반면에, EC 사이트는 이용자와 사이트간의 거래가 목적이다. EC 사이트는 화면의 정보를 참조하는 것 이외에, 거래를 하기 위해 화면을 이동하다 보면 어디에선가 발주나 지불 관련 화면이 표시되고, 금전 거래가 이루어진다. 은행의 이체나 주식의 매매, 항공권을 예약할 경우 마지막으로「확정」버튼을 누르기만 하면 되는데 갑자기 Sorry 화면이 표시되면서 예약 내용이 날아가 버리면 어떻게 될까?

이런 타이밍에서의 Sorry 화면은 이용자의 혼란을 가중시킨다. 자신이 클릭한 "확정"의 결과가 제대로 주문이 된 것인지, 아니면 실패한 것인지 의문을 갖게 되고, 이용자는 제대로 주문이 된 것인지 그 결과를 보기 위해 조회 화면을 반복적으로 클릭하게 된다.

Sorry 화면이 나왔다고 하는 것은 "확정" 버튼을 눌렀을 때 운이 나쁘게도 집중적으로 접근자수가 늘어난 시점이었음을 의미한다. 이렇게 이용자가 주문 여부를 확인하기 위해 계속 접근을 하게 되면, 접근 수가 더 늘어나 Sorry 화면이 표시되게 된다. 일단 이런 상태가 되면 시스템은 좀처럼 회복되지 않는다.

로드 밸런서에 의존하지 않고 접근을 제한한다

그럼, 어떻게 하면 될까? 먼저, 로드 밸런서로 접근을 제한하지 않은 경우를 생각해 보자. 이 경우에는 일단 웹 서버에 전부 접근은 되게 한다. 접근이 집중되면 요청이 쌓이게 되고, 이용자는 "느리다"고 느끼게 된다.

그러나, 주문하거나 구매를 확정하고 있는 상황에서는 기다리는 것이 다소 초조하고 답답하기는 하겠지만, 결과가 제대로 나오는 편이 더 안심을 주게 된다. 마지막 처리이기 때문에 "확인" 버튼을 클릭하는 화면에 "다소 시간이 걸린다."는 문구를 표시해 주면, 오히려 이용자가 기다려 줄 가능성이 훨씬 높다. 결과적으로, Sorry 화면 방식의 급한 재촉(잦은 버튼 클릭)으로부터 피할 수 있게 된다.

그러나, 이 정도로는 과부하로 인한 시스템 다운의 위험을 없앨 수는 없으므로, 로드 밸런서에 의존하지 않는 방법으로 또 다른 방법이 있는지 생각해 보자. 여기서 접근을 제어하는 중요한 이유는 시스템 다운의 방지, 특히 CPU나 메모리의 리소스 부족을 방지한다는 점이다.

어디에서 리소스가 없어지는 것일까? 그것은 바로 프로세스나 스레드thread다. 즉, 웹 서버나 어플리케이션 서버에서 처리를 담당하고 있는 어플리케이션 스레드에 스레드 풀thread pool의 동시 실행 수를 제한하는 것이다. 일반 웹 서버나 어플리케이션 서버 모두 설정이 가능하며, 이 방식을 "스레드 풀 제한 방식"이라고 한다(그림 1-2).

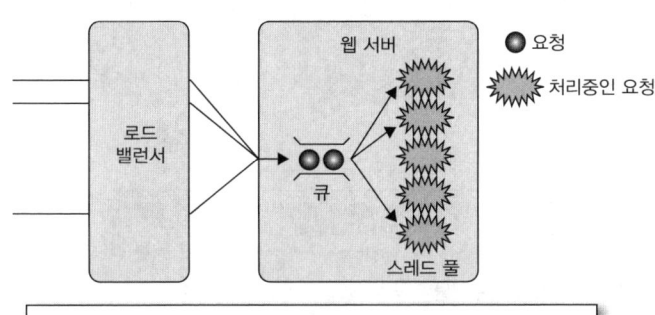

그림 1-2 스레드 풀 제한 방식

그리고 나서, 요청request을 접수하는 큐 사이즈를 크게 한다. 큐가 작으면 접근 수가 집중되자마자 바로 넘치게 되고, 브라우저에는 바로 에러 화면이 표시된다. 메모리 용량이 허락하는 한 크게 설정한다.

그리고, TCP를 여러 명이 동시에 사용할 수 있도록 OS 파라미터[1]를 변경하여 파일 디스크립터[2]의 상한 값을 올린다. 처리에 따라서는 TCP를 연결할 때마다 여러 개의 파일 디스크립터를 할당해야 한다.

이와 같이, 설계할 때 고려를 해두면 동시에 대량 접근이 일어난다고 해도 많은 요청을 받아들일 수 있다. 웹 서버나 어플리케이션 서버를 다운시키지 않고 가동할 수 있는 시스템이 된다. 가능하면, 상품 검색이나 정보 제공을 주로 하는 조회 화면을 처리하는 서버와 주문/확인이라고 하는 수정 화면을 처리하는 서버를 분리하여, 전자는 Sorry 화면 방식, 후자는 스레드 풀 제한 방식을 병용한다면 이용자는 한층 더 편리하게 사용할 수 있다.

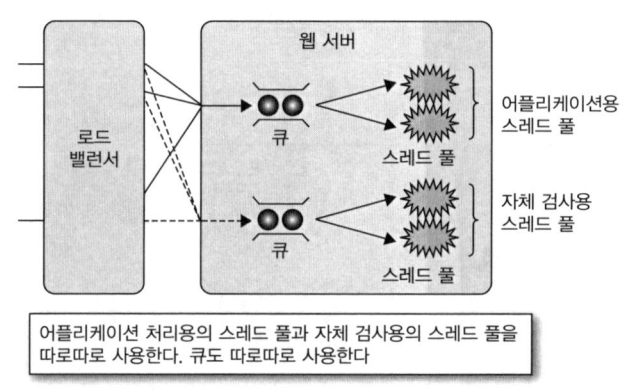

그림 1-3 로드 밸런서를 이용할 때의 주의점

---

1 OS 파라미터: OS(시스템)를 운영 또는 가동하기 위해 설정된 값을 말함. 어떤 조건에서는 일정한 값을 갖지만 조건을 바꾸면 다른 값을 갖는 계수로 부팅 조건, 언어, 글꼴, 해상도, 디스플레이, 계정 등이 있음.
2 파일 디스크립터(file descriptor): 파일을 관리하기 위해 시스템 즉, 운영체제가 필요로 하는 파일 정보를 갖는 기억장치의 한 영역을 말하며, 파일마다 독립적으로 존재하고 시스템마다 다른 구조를 갖기도 함.

그리고 로드 밸런서를 사용할 때는 웹 서버/어플리케이션 서버의 자체 검사(가동 상태 확인)용[3] 스레드 풀과 어플리케이션 스레드용의 스레드 풀을 같이 사용해서는 안 된다(그림 1-3). 서버의 리소스에 여유가 있었다고 해도 스레드 풀과 큐로 가득 차면 서버의 가동 상태가 확인되지 않게 되어 로드 밸런서는 서버에 오류가 발생했다고 인식한다. 스레드 풀 제한 방식을 활용할 때 가장 주의해야 할 점 중의 하나가 바로, 스레드 풀과 큐 모두 어플리케이션 스레드용의 것과 자체 검사용의 것을 따로 마련해야 한다는 점이다.

---

3 자체 검사(health check, self-check): 장애를 미연에 방지하기 위해 미리 해결 방책이 정해진 일정한 규칙을 실행하여 장애가 있는지 없는지를 결정하는 컴퓨터의 자기 진단 기능을 말함. 때에 따라서는 장애를 분리시켜 운영을 계속함.

아키텍처

어플리케이션 개발자가 설계서대로 개발해 줄 것이라고 생각해서는 안 된다

IT 아키텍트로서 "설계서"를 담당하는 일은 중압감을 느끼면서도 매우 보람을 얻을 수 있는 일이다. 설계서란 시스템 전체 구성이나 사용할 제품을 선정하고, 어플리케이션 아키텍처를 설계하는 것을 말한다. 그런데, 고생 고생해서 멋진 아키텍처를 만들어도 개발이 시작되면 어플리케이션 개발자가 기억나는 부분만 여기저기 도입하거나 전혀 의도하지 않게 구축하는 등, 짜집기 투성이의 구조가 되는 경우가 있다. 처음 설계한 의도와 다르게 구축되면 유지보수는 물론 성능에도 악영향을 미친다. IT 아키텍트는 어플리케이션 개발자가 설계서 그대로 개발해 줄 것이라고 생각해선 안 된다. 설계서 그대로 개발해 줄 수 있도록 지속적으로 점검해야 한다.

「설계한 적이 없는 구조」등 수많은 문제

그렇다면, 구체적으로 어떤 문제가 있는 것일까? 첫 번째가 설계서에는 없는 처리 방식을 사용하고 있는 경우다. 테스트 기기에서 메모리 부족이 발생되었다는 문의를 받고 원인을 파악해 보니, 설계한 적이 없는 비동기 처리[1] 구조가 사용되고 있어 프로세스가 대량으로 실행되고 있었다.

---

[1] 비동기 처리(asynchronous processing): 비동기 처리는 메소드를 호출한 결과가 즉시 이용되지 않으면서 처리가 오래 걸릴 만한 프로세스에 적용하기 위한 목적으로 사용된다. 백그라운드에서 처리되는 대부분의 동작들은 즉시 결과를 필요로 하지 않는 것들이 많은데, 비동기식으로 처리를 함으로써 기본적인 동작 수행에 영향을 주지 않으면서 필요한 프로세스를 처리할 수 있는 것이다. 비동기식 처리는 결국 다른 프로세스 또는 스레드에서 처리한다는 의미인데, 대부분 스레드로 처리된다.
Cf. 동기적인 처리 방식이란 어떤 메소드를 호출했을 때 그 결과가 되돌려져 나올 때(return될 때)까지 기다리는 방식으로 주로 메소드 호출에 의해 나오는 결과를 이용해 어떤 처리를 진행한다.

두 번째는 설계자도 모르는 사이에 다른 서버와 데이터를 연계하고 있는 경우도 있었다. 담당자에게 물으니, ○○서버와 접속할 수 있도록 해달라는 부탁을 받았기 때문이라고 한다. 게다가 프로토콜은 무엇이었냐고 물었더니 "SOAP[2]"라고 한다. 그러한 것들은 사전에 정의한 적이 없는 것인데, 외부(○○서버)의 웹 서비스를 사용하는 담당자들과 개별적으로 이야기되어 적용했다고 한다.

세 번째는 "성능이 제대로 나오지 않는다."는 점이다. 많은 처리를 하고 있는 것도 아닌데 화면 응답이 매우 느리다. 어플리케이션 사양서Specification를 읽어 보니 미들웨어 호출 방법이 잘못되어 있어, 불필요한 초기화 처리가 여기저기 산만하게 끼어 들어 있었다.

모르는 제품이 인스톨되어 있는 경우도 많다. 어느 날 갑자기 어플리케이션 개발자가 "이 프로그램의 사용법을 잘 모르겠습니다."라는 질문이 들어왔다. 그것은 누가 인스톨한 것이냐고 다른 개발자에게 물으니, "로그 출력 프로그램을 만드는 것이 귀찮아서 프리웨어로 나와 있는 것을 도입했습니다."라고 대답했다.

이러한 사태가 발생하는 원인은 주로 다음과 같다.

- 코딩의 자유도가 높고 어플리케이션 개발자가 좋아하는 스타일로 제멋대로의 방식으로 작성하고 있다
- 어플리케이션 개발자가 설계 내용을 제대로 이해하고 있지 않기 때문에 잘못 구축하고 있다

---

2 SOAP(Simple Object Access Protocol): 클라이언트가 물리적으로 인접하지 않은 서버에 객체 혹은 함수를 호출하고 반환하는 방법 중의 하나로, HTTP 이점을 활용하기 위해 만들어짐.

「설계는 설계로 끝」이 아닌 설계된 내용을 지키는 방법

그러면, 어떻게 하면 될까? 어플리케이션 개발자가 설계된 내용대로 개발하게 하는 방법에 대해 생각해 보자.

첫 번째는, 프레임워크로 공통 기능을 제공하여 개발의 자유도를 줄이는 것이다. 프레임워크를 사용하는 목적은 일반적으로 생산성 향상이나 품질 안정화를 위해서다. 하지만 "어플리케이션 개발자를 설계서에서 의도한 처리 패턴으로 유도한다."는 목적도 있다. 예를 들면, 웹 시스템에서 화면 이동을 패턴화하기 위해 Struts나 JSF를 사용하고, DB 액세스 처리 방식을 패턴화하기 위해 DAO와 O/R 맵퍼를 사용하는 등이다. 개발 언어가 자바인 경우에는 유효한 방법이라고 할 수 있다.

두 번째는, "개발 방식"과 관련된 설계를 명확히 하는 것이다. 의외로 잊어버리기 쉬운 것으로 다음과 같은 것들이 있다.

- 빌드 방식
- 프로그램 라이브러리 관리 방식
- 릴리즈 방식

이것들은 모두 어플리케이션 개발자가 개발을 하는 데 있어 절대로 빠뜨릴 수 없는 것이다. IT 아키텍트가 설계하는 것을 깜박 잊었다면, 어플리케이션 개발자는 자기가 좋아하는 방식을 선택하고, 눈깜짝할 사이에 시스템의 정합성[1]을 무시한 방식이 난립하게 되어 수습할 수 없게 된다. 제대로 설계해 두지 않으면 안 된다.

세 번째 대책은 개발 표준화다. 표준화는 설계서를 참조하여 기능 단위로 세분화하거나 구체적인 코딩 룰, 샘플 코드를 제공한다. 여기에서도 IT 아키텍

---

[1] 정합성: 논리적으로 모순이 없는 성질로 무결성과 유사한 의미. 시스템의 물리적인 부품간의 상호 용량이나 치수가 서로 잘 맞는 상태 즉 모순이 없는 상태를 말함.

트의 지식이나 경험이 마음껏 발휘된다. 전체가 망라된 규정집Rule Book과 풍부한 샘플 코드만 있으면, 개발자는 헤매지 않고 제공된 방식을 사용한다.

표준화의 핵심은 반드시 어플리케이션 개발자와 함께 작성해야 하는 것이다. IT 아키텍트가 각각의 방식에 대해 목적을 설명하면서 어떻게 하면 현실적으로 구축할 수 있을지, 개발자의 소리에 귀를 기울여야 한다.

마지막으로는 성능 평가를 빨리 하는 것이다. 설계서의 중요한 부분이 바로 "처리 성능"이다. 처리 성능을 고속으로 처리할 수 있도록 설계하는 것이야말로, IT 아키텍트의 실력이 발휘되는 기회라고도 할 수 있다.

어플리케이션 개발자는 화면이나 업무 처리 등의 기능을 가장 먼저 개발하고 싶어하는 경향이 있다. 그래서 처리 성능을 무시한 채 코딩을 해 버리는 상황이 자주 발생한다.

결합 테스트의 진행 상태를 보면서 성능을 평가할 수 있는 모듈이 있으면 간단한 테스트 코드로 응답 시간을 측정해 보자. 쓸데없이 느리거나 메모리를 너무 많이 소비하고 있을 경우에는 대부분 코딩 룰 위반이나 정의하고 있지 않은 미들웨어를 사용하고 있음을 알 수 있을 것이다. 늦게 발견할수록 일정상 고치기 어려워지기 때문에 조기에 발견하고 개선하는 데 노력해야 한다.

물론, 설계 단계에서 정의할 수 있는 것도 있지만 개발이 시작된 후에 정의해야 할 것도 있다. IT 아키텍트의 일은 "설계가 끝나면 그것으로 끝"이라고 생각하면 큰 오산이다. 설계 이후 개발에 대해서도 리더십을 발휘하여 개발 팀을 올바른 방향으로 이끌고, 릴리즈까지 책임을 져야만 프로가 되는 것이다.

개발 팀을 리딩한다는 것이 결코 쉽지는 아니지만, 의외로 개발 단계에서 설계서에 대한 힌트나 아이디어를 얻는 경우도 많다.

아키텍처

사용자가 성능 요건을 정해줄 것이라고 생각해서는 안 된다

"사용자가 성능에 필요한 요건을 정해 주지 않아서…"

"성능에 필요한 요건을 알려주지 않으면 어느 정도 성능의 기기로 견적을 해야 할 지 알 수가 없습니다. 원하시는 성능 요건을 빨리 주세요!".

요건을 정의하는 단계뿐만 아니라 여러 공정에 걸쳐 흔히 듣는 얘기다. 이러한 비기능적 요건[1]은 일반적으로 사용자에게 직접 물어 보고 인프라 설계에 적용한다. 그러나, 인프라 설계자는 사용자에게 들은 "희망사항"을 그대로 "요건"으로 받아들여서는 안 된다. 비기능적 요건을 파악하려면 사용자의 "희망사항" 뒤에 존재하는 위험 요소나 파생될 제약 사항을 예측하는 것이 더 중요하다.

여러 가지 사항을 고려하지 않으면 후속 공정에서 다양한 문제가 발생한다.

지금부터는 비기능 요건 중에서 가장 친숙하다고 생각되는 "온라인 시스템의 성능 요건"을 예로 들어 설명한다. 요즈음에는 시스템을 새롭게 구축하고자 할 때 현재 운용되고 있는 시스템이 대부분 존재하기 때문에, 제로부터 개발

---

[1] 기능적 요건(Functional Requirements): 시스템이 작동하도록 사용자가 요구하는 기능과 특성으로, 고객 요구 사항 중에 수행될 기능과 관련된 입력과 출력 및 입출력 사이의 처리 과정, 목표로 하는 제품의 구현을 위해 가져야 할 기능들을 말한다. (예) 파일/데이터의 저장, 편집, 조회 등

비기능적 요건(Non-functional Requirements): 최종 사용자가 시스템 인수를 요구하는 시스템 특성으로, 제품의 품질 기준 등을 만족시키기 위해 시스템이 가져야 할 성능(응답 시간, 처리량 등), 사용의 편리성, 신뢰성, 보안, 운용상의 제약, 안정성, 유지보수성 등과 같은 행위적 특성을 말한다. (예) 동시 접속자수는 1000명까지 가능하다. 시스템은 하루 24시간 사용할 수 있어야 한다 등.

되는 일은 거의 없다. 지금부터는 현재 운용되고 있는 시스템의 가동과 관련된 통계 정보가 이미 존재하고 있으며 사용자가 그 내용 또한 알고 있다는 것을 전제로 이야기를 해 보겠다.

먼저 온라인 시스템의 성능 요건으로는 다음과 같은 항목을 들 수 있다.

- 스루풋throughput [2]
- 응답 시간
- 트랜잭션transaction량
- 피크 시간대와 집중률

문제는 사용자의 말이다. 예를 들면, 사용자가 다음과 같은 말을 했다고 하자. 어떻게 보면 성능 요건을 말하고 있는 것처럼 들린다.

"현행 시스템은 온라인 응답 시간이 2초 정도고, 단말은 약 3000대입니다. 1일 트랜잭션량은 약 10만 건이고, 오전 중에 1일 트랜잭션의 8할이 발생합니다. 이번 시스템에서는 30% 정도 성능이 향상되었으면 합니다".

사용자에게서 들은 답변은 이 정도가 대부분이다. 게다가, 사용자는 요건을 냈다고 확신하고 있다. 인프라를 설계하는 파트SE와 시스템을 업무에서 사용하는 파트(사용자)는 서로 느끼는 정도(숫자)가 다르므로, 만일 현행 시스템에 가동 성능에 대한 통계 정보가 있었다고 해도, 사용자는 그 정도의 숫자밖에 파악하고 있지 않을 것이다.

그러나, 이 내용은 성능 요건이 될 수는 없다.

---

2 스루풋(throughput): 컴퓨터 시스템의 처리 능력을 나타내는 개념으로, 단위 시간당 처리할 수 있는 업무 단위량

성능 요건은 업무 패턴이나 처리 방식을 전제로 정의하기 때문에, 업무 패턴이나 처리 방식 없이 숫자만 늘어 놓으면 요건으로 사용할 수 없다.

"사용자가 날마다 업무를 하는 데 신경 쓰이는 숫자"와 "인프라 설계에 필요한 숫자"와는 큰 갭이 있다. 그 갭이야말로 성능 요건으로 정의해야 하는 항목이다.

성능 요건을 정의한다

성능 요건을 정의하기 전에, 성능 요건이 모든 요건 중 어떤 위치를 차지하는지 보도록 하자. 먼저, 업무 요건으로부터 이끌어내는 기능 요건은 어플리케이션 처리 그 자체다. 각 업무를 처리 패턴으로 분류하고, 각각의 처리 방식에 대해 설계를 한다(그림 1-4의 스텝1).

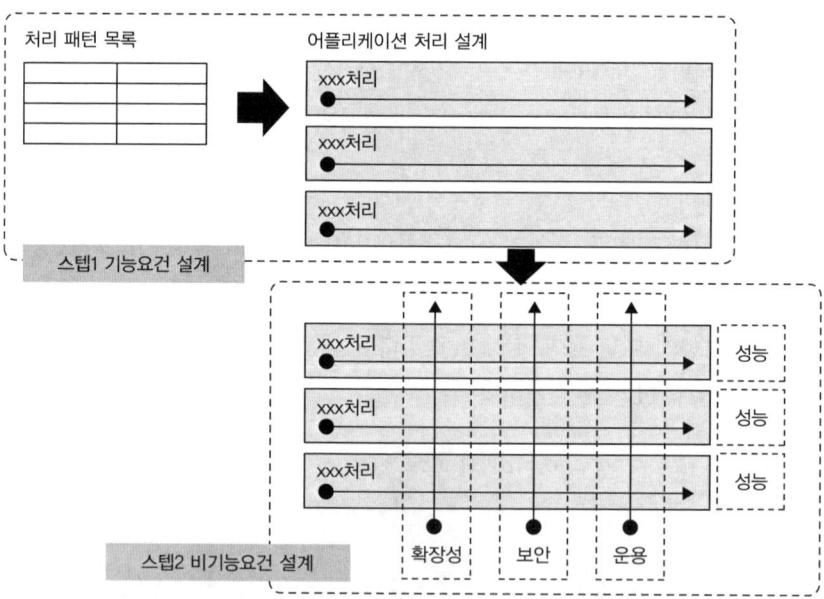

그림 1-4 성능 요건의 위치

한편, 비기능 요건은 어플리케이션 처리 방식(기능 요건)에 의존하지 않는 공통 요건이다. 각각의 어플리케이션 처리 방식에 의존하지 않고 처리 방식을 똑같이 놓고 구현 방식을 검토해야 한다(그림 1-4의 스텝2).

여기서 말하는 비기능 요건이란 구체적으로 확장 요건, 보안 요건, 운용 요건 등을 말한다. 성능 요건은 일반적으로 비기능 요건으로 분류되고 있지만, 어플리케이션 처리 방식에 따라 정의해야 할 요건이라는 점에서 다른 비기능 요건과는 다르다. 즉, 성능 요건은 어플리케이션 처리 방식이 확정되지 않으면 정의할 수 없다. 처음부터 사용자가 "네, 이것이 요건입니다."라고 말해줄 수는 없다.

업무 패턴이나 처리 방식이 현행 시스템과 동일할 경우에는 성능 요건을 어느 정도 결정할 수도 있겠지만, 실제 프로젝트에서 그런 일은 좀처럼 있을 수 없다. 미들웨어 등 아키텍처의 전제 조건이 바뀌면 현행 시스템에서는 몇 개정도로 나누어 있던 처리가 1개가 되기도 하고, 반대로 1개의 처리가 여러 개의 처리가 되는 경우도 반드시 있다. 요건 정의 단계에서는 "현행 시스템을 참고"하거나 "사용자의 요구사항"을 취합하는 것 이외에 성능 요건 등 비기능 요건을 명확히 정의할 수는 없다.

가동중인 현행 시스템의 통계 정보로부터 필요한 수치를 모은다

성능 요건을 가장 효과적으로 정의하는 방법은, 가동중인 현행 시스템으로부터 통계 정보를 수집하여 시스템을 설계하는 데 필요한 숫자를 모으는 것이다.

구체적으로, 다음과 같은 3단계의 순서를 밟으면 좋다.

(1) 피크를 잡는다
현행 시스템의 업무 분류별로 하루 중의 피크 시간대를 분석한다(그림 1-5).

피크 시간대(10분 정도로 상세하게 나눈다)의 스루풋과 응답 시간을 산출한다.

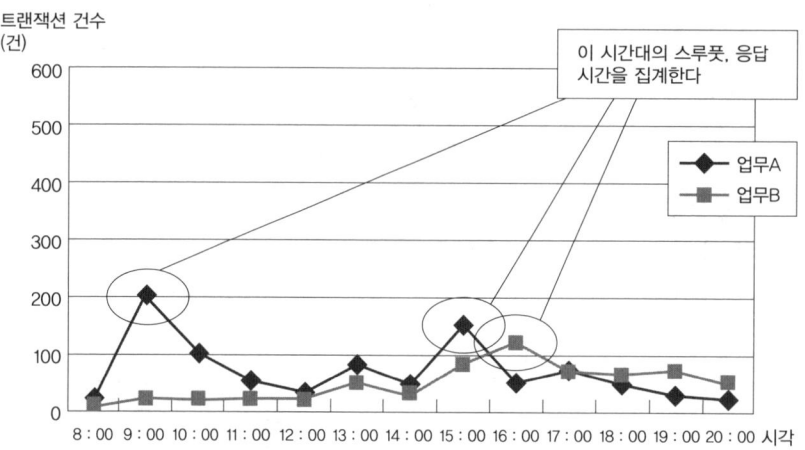
그림 1-5 업무 분류별로 피크 시간대 파악

(2) 트랜잭션의 배합을 분석한다

현행 시스템의 각 업무 처리가 어느 정도의 비율로 발생하는지, 30분 정도로 상세하게 분석한다(그림 1-6).

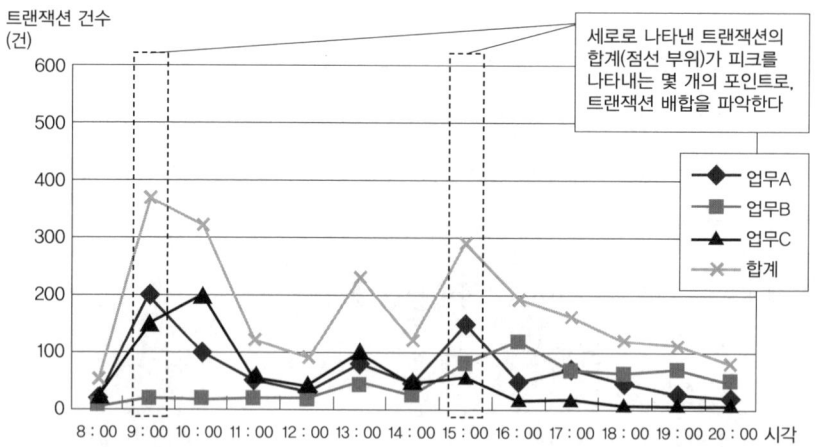
그림 1-6 트랜잭션 배합 분석

(3) 새로운 시스템에 연결시킨다

현행 시스템의 업무 패턴과 새로운 시스템의 업무 패턴을 연결(통합할 것과 분할할 것도 있다)하여, 새로운 트랜잭션 배합을 작성한다(그림 1-7). 예를 들면 "업무 A와 업무 B가 통합되어 새로운 업무 X가 된다. 한편, 업무 C가 분할되어 업무 Y1과 Y2가 된다."는 식이다. 그림의 예에서는 현행 시스템에 비해 오전 9시~10시가 현저하게 피크를 이룬다.

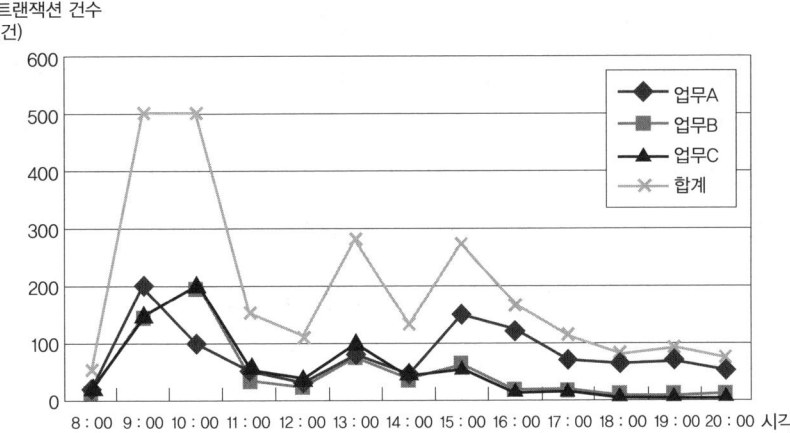

그림 1-7 새로운 트랜잭션 배합 작성

(1)~(3)을 거쳐 완성한 피크일 때의 성능 요건이 새로운 시스템의 성능 요건이다. 이외에도 새로운 시스템의 아키텍처나 예산 제약까지 고려해야 한다. "성능 요건은 사용자가 내는 것"(=절대 요건)이라는 고정 관념에 사로 잡혀서는 안 된다.

비기능 요건은 뒤에 숨어 있는 위험 요소나 위험 요소에서 파생될 제약들을 예측하는 것이 중요하다. 요건 정의→개요 설계→설계라는 각 단계에 대해, 인프라부터 성능 요건까지 사용자와 함께 정의해 가는 것이 중요하다.

아키텍처

동일 서버 내의 웹 서비스를
호출해서는 안 된다

SOA(서비스 지향 아키텍처)의 개념이 보급됨에 따라 웹 서비스 인터페이스를 갖는 시스템이 많아졌다. 일반적으로 재고 조회, 입금 처리 등의 서비스가 많다. 웹 서비스는 이미 제공된 서비스를 조합하여 어플리케이션을 구축할 수 있다는 용이함이 있지만, 잘못 만들면 성능이나 신뢰성이 낮은 시스템이 되어 버린다. 그 전형적인 실수 중의 하나가 바로 이것이다.

즉, 동일 서버 내의 웹 서비스를 호출해서는 안 되는데, 호출할 경우다.

간단하게 설명하기 위해, 그림 1-8과 같이 단순한 아키텍처로 실행할 수 있는 시스템이 있다고 하자. 기재하고 있는 제품명은 어디까지나 예일 뿐이다. 독자가 잘 알고 있는 제품으로 바꿔서 생각해 봐도 좋겠다.

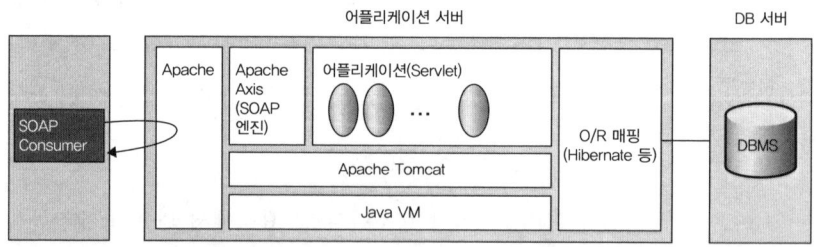

그림 1-8 **구축할 시스템의 아키텍처**

- 어플리케이션은 서블릿으로 구축한다.
- 서블릿 엔진으로 아파치 톰캣을 이용한다.

- SOAP 엔진으로 아파치 액시스를 이용한다.
- 웹 서버로 아파치를 이용한다.

아파치와 톰캣은 mod_jk의 ajp13(Apache JServ 프로토콜 버전 1.3)으로 접속한다.

- DBMS는 DB 서버 위에서 동작하고 O/R 매핑 툴을 이용하여 DB 서버와 접속한다.

이 구성 위에 재고 관리 시스템이 움직이며, 재고 관리 시스템 위에 아래 2개의 서비스가 존재한다.

- 서비스 A: 상품명을 검색 조건으로 하고 상품 코드 일람을 취득한다.
- 서비스 B: 상품 코드를 입력으로 하고 상품의 재고를 조회한다.

여기서, 타시스템의 요건으로 아래의 기능을 갖는 서비스를 신규로 개발하게 되었다.

- 서비스 X: 상품명을 검색 조건으로 상품의 재고 일람을 취득한다.

어플리케이션 개발자는 아무런 걱정 없이 아래와 같이 설계할지도 모른다(그림 1-9).

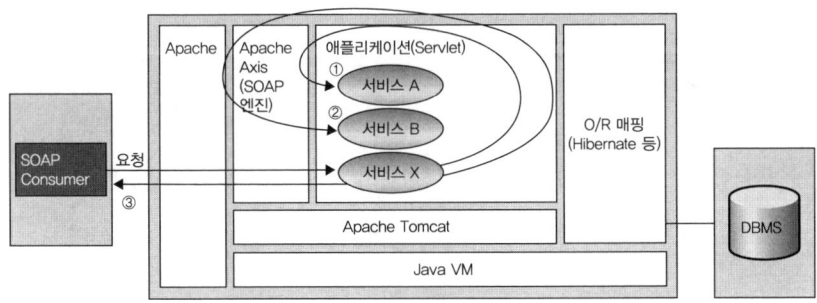

그림 1-9 서비스 X 구축 방법의 예

- 입력된 상품명을 기본으로 서비스 A를 호출한다.
- 서비스 A의 응답을 기본으로 서비스 B를 호출한다.
- 서비스 B의 응답을 클라이언트에 전달해 준다.

이것으로 서비스 X는 언뜻 보기에 문제 없이 움직이는 것처럼 보인다. 그러나, 이렇게 구축을 하게 되면 재고 관리 서버의 성능 설계가 상당히 어려워진다.

시스템 전체가 충돌 나지 않게 여러 측면으로 설계 내용을 분할해서 생각한다

성능 설계의 중요한 요소 중의 하나로 다중 설계(유량 설계라고도 한다)가 있다. 돌발적으로 대량 처리가 요구되어도 시스템 전체가 폭주하지 않도록, 실행 다중도를 제한하는 설계다.

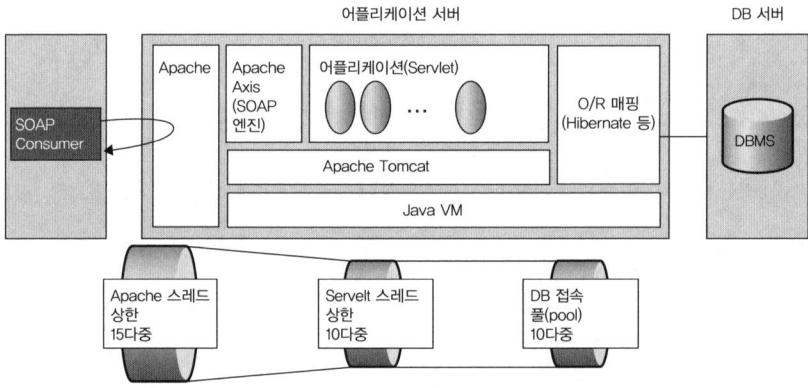

그림 1-10 다중 설계의 예

데이터 접근층의 처리(DB 검색, 갱신 처리 등)는 트랜스포트층(HTTP 처리 등의 시스템 외측)의 처리에 비해 CPU 부하가 높기 때문에, 일반적으로 시스템의 바깥(트랜스포트층)에서 안쪽(데이터 접근층)으로 가는 편이 다중도[1]가 적다(그림 1-10).

이렇게 함으로써 각층간의 큐잉 효과로 돌발적으로 고부하가 발생했을 때 비지Busy로 에러 응답하는 것을 막을 수 있다. 그림 1-10의 예에서는 서블릿 스레드 수와 데이터베이스 접속 풀 수는 동일하고, 아파치 스레드 수는「서블릿 스레드 수+5」라는 기준을 정하고 있다.

바깥에서 안쪽으로 줄여 나가는 것이 다중도 설계다. 서비스가 각각 독립되어 있다면 무엇보다 좋겠지만 서버 내부의 서비스를 호출하게 되면 다중도 설계는 상당히 어려워진다.

서비스 X가 외부에서 호출되면 서비스 A와 서비스 B를 순차적으로 호출한다. 서비스 X가 10다중으로 호출되었을 경우, 내부 호출용으로 10다중(A)을 보증해야 한다. 서버 전체적으로 외부에 보증해야 할 것이 10다중(B)이라고 했을 경우, A+B 합계 20다중으로 서블릿 스레드의 상한을 설계해야 한다. 아파치의 스레드 수는 여유를 갖도록 좀 더 늘려 25다중으로 해야 한다.

여기서 귀찮은 문제가 발생한다. 외부 제공용으로 10스레드, 내부 호출용으로 10스레드를 각각 확보할 수 없으면 정상으로 동작하지 않는데, 아파치에서는 서비스별로 다중도를 다르게 설정할 수가 없다. 외부로부터 25개의 접속을 받아들이게 되면, 내부 호출 분의 스레드까지 전부 사용되기 때문에 충돌이 생길 수가 있다.

기술적인 대책으로, 첫 번째는 서버 외부에서 유량을 제어한다.

---

[1] 다중도: 서버(CPU)의 효율을 극대화하기 위해 여러 개의 사용자 프로그램(스레드)이 마치 동시에 실행되는 것처럼 처리하는 정도 혹은 처리가 가능한 수를 말함.

외부로부터의 유량을 제어하기 위해 다른 하드웨어를 도입한다. 예를 들면 재고 관리 서버 앞에 로드 밸런서를 도입하여 외부로부터의 접속 수를 제한하는 방법이다.

두 번째는, 서버 내에 내부 호출 전용 입구를 마련한다. 아파치를 별도의 포트로 한 개 더 사용하여 내부 호출용으로 이용한다. 톰캣의 HTTP 포트를 내부 호출용으로 이용하는 방법도 있다.

일단 내부 호출이 가능하게 되면 어플리케이션을 구축할 때마다 어떤 호출 방법(내부 호출 수, 서비스별 트랜잭션 배합)을 사용하는지 알 수가 없다. 사실, 다중 설계는 혼란을 더 가져온다. 어떤 서비스가 많이 호출되면 다른 서비스를 사용할 수 없게 된다.

서비스를 겨우 1개 추가했는데 비용이나 성능면에서 현격히 저하될 경우가 있다. 이와 같이 비용이 들거나 귀찮은 설정이 필요한 내부 호출은 기본적으로 해서는 안 된다. "원래 서비스 X는 재고 관리 시스템 측에서 제공해야 할 서비스가 아닌가?"부터 다시 생각해야 한다.

아키텍처

24시간 가동 시스템이라고 모든 것을 24시간 동작시키려고 해서는 안 된다

인터넷을 이용한 BtoC 시스템은 24시간 가동 요건인 경우가 많다. 24시간 가동 시스템이라고 해도 모든 처리가 24시간 가동되어야 한다고 생각해서는 안 된다. 사용자가 말하는 24시간 가동이라고 하는 요건 뒤에 숨겨진 24시간이 아닌 가동 처리를 고려해야 한다. 24시간이 아닌 가동 처리를 고려하지 않으면 안정된 시스템을 만들기 어렵다.

인프라를 개발 운용하는 입장에서 보면, 먼저 보수성에 문제가 있다. "멈출 수 없다."라는 제약 속에서 어떻게 리소스 확장 등을 할지 유지보수 작업이 문제다. BtoC 시스템에 일반적으로 적용되는 3계층 웹 시스템은 프론트엔드 일수록 스케일아웃(서버를 늘려 분산시키는 것)방식으로 무정지[1] 확장이 쉽고, 백엔드일수록 무정지 확장이 어려워진다. 비용도 든다. 또, 무정지 확장이 필요한 타이밍은 프론트엔드의 경우 트래픽이 증가했을 때이고, 백엔드의 경우 데이터 양이 증가했을 때다. 그런데, 데이터 양이 증가했을 때 무정지 확장을 한다는 것은 상당히 어려운 일이다.

또, 업무 혹은 어플리케이션 관점에서도 완전 무정지 상태의 어플리케이션을 구축하기란 참으로 어렵다. 모든 업무를 리얼 타임으로 처리할 수는 없다.

---

[1] 무정지: 컴퓨터 시스템을 구성하는 요소에 고장이 발생해도 시스템이 계속 기능을 실행할 수 있도록 내고장성(fault tolerance)을 갖고 있는 상태를 말한다.
프론트엔드(front-end): 사용자로부터 다양한 형태의 입력을 받음
백엔드(back-end): 프론트엔드에서 받은 입력을 사용할 수 있는 규격에 따라 처리함

일괄 처리를 해야 할 부분도 상당 부분 존재한다.

일괄 처리를 하려면 DB를 어느 시점에서 정지시켜야 할지 반드시 정해야 한다. 일괄 처리batch processing를 하면서 데이터를 실시간 계속 제공online Processing할 수 있는 테이블 구조(데이터 구조)를 설계하는 것은 꽤나 어렵다.

일괄 처리는 백엔드에서 실행되기 때문에, 무정지 확장은 프론트엔드와 비교하면 곤란하다. 24시간 가동 서버로 일괄 처리를 하는 것은 보수성 관점에서 매우 위험하다. 만일 실행할 수 있었다고 해도 일괄 처리가 서버의 리소스(CPU, 디스크 I/O)를 이용하게 되기 때문에, 일괄 처리 시간대에서는 온라인 응답에 악영향을 줄 지도 모른다.

이러한 문제를 해소하기 위해 일괄 처리를 할 수 있는 부분을 온라인 시스템과 분리하여 일괄 처리용 서버를 별도로 설치한다. 당연히 일괄 처리용 서버는 24시간 가동될 필요는 없다. 이와 같이 24시간 가동할 부분과 가동하지 않을 부분을 나눠서 구성함으로써 성능이나 신뢰를 높일 수 있게 된다.

여기에서는 일괄 처리를 예로 들었지만, 24시간 가동할 부분과 가동하지 않을 부분으로 나눠서 구성하는 주된 목적은 아래 2가지로 요약할 수 있다.

- 정지 상태에서만 유지보수가 가능한 부분에 대한 유지보수 시간 확보
- 일괄 처리 등으로 온라인 서비스에 악영향을 주지 않을 것

24시간 가동 시스템의 인프라를 설계할 경우, 이 2가지 사항을 항상 의식하여 시스템 전체를 구성하면 된다. 사용자의 요건인 24시간 가동을 구현하기 위해서는 24시간 가동하지 않는 부분까지 고려해야 한다.

네트워크나 스토리지도 잊지 말 것

24시간 가동 설계를 할 때 또 한 가지 주의가 필요하다. 약간의 부주의로 위 2가지 목적을 달성하지 못하고, 시스템 전체를 정지해야 하는 경우가 있다.

한 가지 예를 들어 생각해 보자(그림 1-11). 일괄 처리용 서버는 일괄 처리 시간대만 가동한다. 스토리지는 SAN[1]을 이용한 통합 스토리지를 적용한다. 스토리지를 유지보수할 때를 생각해서 DB 서버와 일괄 처리용 서버로 별개로 나눠 스토리지를 준비한다. DB 서버에서 일괄 처리용 서버로 데이터를 복사하기 위해 온라인 상태에서 스토리지 유틸리티를 이용한다.

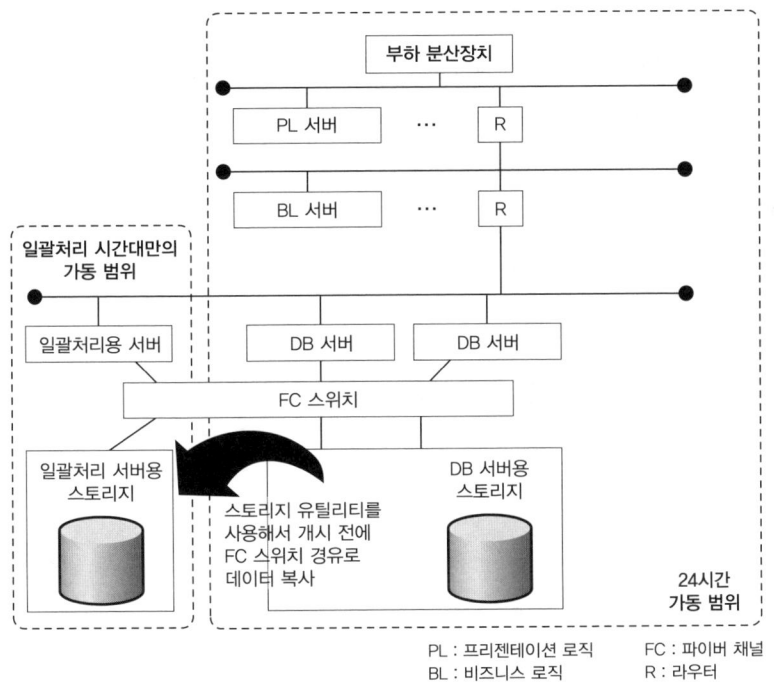

그림 1-11 **24시간 가동시스템의 예**

(1) 스토리지 유틸리티 기능으로 DB 영역 복사$_{\text{replica}}$
(2) DB 서버의 DBMS를 읽기만 가능으로 함(READ ONLY)

---

1 SAN: Storage Area Netwrok의 약어로 "광저장 장치 영역 네트워크"라고 함. 대규모 네트워크 사용자를 위해 서로 다른 종류의 데이터 저장 장치 관련 데이터 서버에 연결하여, 별도의 랜이나 네트워크를 구성하여 저장 데이터를 관리하는 특수 목적용 고속 네트워크를 말함.

(3) 스토리지의 복사 영역 분리(몇 초간)

(4) DB 서버의 DBMS를 읽기/쓰기 가능(READ/WRITE)

(5) 일괄 처리용 서버가 복사를 마운트mount한 후 처리 개시

일괄 처리 등으로 온라인 서비스에 아무런 영향을 미치지 못하도록(목적 2번째) 만들 수 있었다. 다만, 구성도를 본 독자는 무엇인가 알아챘을 것이다. SAN을 구성하는 FC(파이버 채널) 스위치[1]가 DB 서버와 일괄 처리용 서버로 같이 사용되고 있다. 이것은 첫 번째 목적인 "무정지 상태에서 유지보수하기 어려운 부위에 대한 유지보수 시간의 확보"에 어긋난다. 일괄 처리용 서버의 확장 요건으로 FC 스위치를 유지보수할 때 DB 서버도 정지할 수밖에 없기 때문이다. 모처럼 고가의 통합 스토리지를 도입해서 복잡한 데이터 복사 방식을 검토했던 것이 쓸모 없게 되어 버린다.

서버에는 관심이 많다. 하지만, 서버와 서버 사이를 잇는 공통 인프라(네트워크 기기, 스토리지 기기 등)는 간과하기 쉽다. 충분한 주의가 필요하다.

---

1 FC(파이버 채널) 스위치: 채널에 네트워크 개념을 구현하기 위해 채널 스위치 개념이 도입되었는데, 파이버 채널(FC)을 망으로 결합한 회선 교환 스위치를 말함. 광대역 통신 및 접속 지연을 개선한 채널 방식과 네트워크 방식의 장점을 취한 네트워크 기술

아키텍처

클라이언트/서버형 시스템을 가볍게 보아서는 안 된다

1990년대에 클라이언트/서버형 시스템이 폭발적으로 보급되었지만 최근에는 많이 줄어들었다. 웹 시스템 전성 시대인 요즈음, 클라이언트/서버형 시스템을 선택해서는 안 된다는 분위기도 있다. 왜, 클라이언트/서버형 시스템이 무관심의 대상이 되었을까? 이유는 크게 2가지다.

첫 번째, 클라이언트에 어플리케이션을 배포할 때 시간이 들기 때문이다. 클라이언트 어플리케이션에는 업무 내용이 포함되어 있기 때문에, 업무 내용을 변경하거나 기능을 개선하려면 클라이언트 어플리케이션을 버전 업 해야 했다.

버전 업 작업을 사용자에게 맡기면 버전 업이 제대로 이루어지지 않아, 그 결과 버전 업 하지 않았던(혹은, 할 수 없었던) 사용자를 지원하는 데 많은 시간을 소비하게 되었다.

두 번째로, 클라이언트마다 OS나 프로그램 라이브러리의 버전 차이가 있어 클라이언트 어플리케이션의 동작 오류 사고가 빈발했기 때문이다. 클라이언트 어플리케이션은 복잡한 업무 내용을 포함하고 있어 외부 프로그램 라이브러리(DLL 파일 등)를 많이 사용하였다. 서로 다른 어플리케이션에서 동일한 DLL 파일을 사용하는 경우도 그다지 없을뿐더러, 버전 업이 되면 DLL 파일까지 변경되어 어플리케이션이 제대로 동작하지 않는 경우가 있었다. 이것을 "DLL 지옥"이라고 불렀다.

그럼, 요즘에도 클라이언트/서버형 시스템은 여전히 관심 밖의 대상인가 하면, 사실 그렇지도 않다. 당시와는 상황이 변했기 때문이다. 현재 윈도우즈는 어플리케이션마다 DLL 파일을 관리하고 있으며, 동일한 이름의 DLL 파일이 다른 어플리케이션에 단순하게 덮어써지는 일은 없다. DLL 지옥은 개선되고 있다.

게다가 어플리케이션 배포에 있어서도 해결할 수 있는 기술이 이미 나와 있다. 미국 마이크로소프트의 시스템 기반 소프트웨어인 ".NET Framework 2.0"에 탑재되어 있는 "클릭원스ClickOnce"다. 이것은 웹 서버에 어플리케이션의 최신 버전을 설치만 하면 클라이언트에 반자동으로 배포 또는 갱신되는 기술이다(그림 1-12).

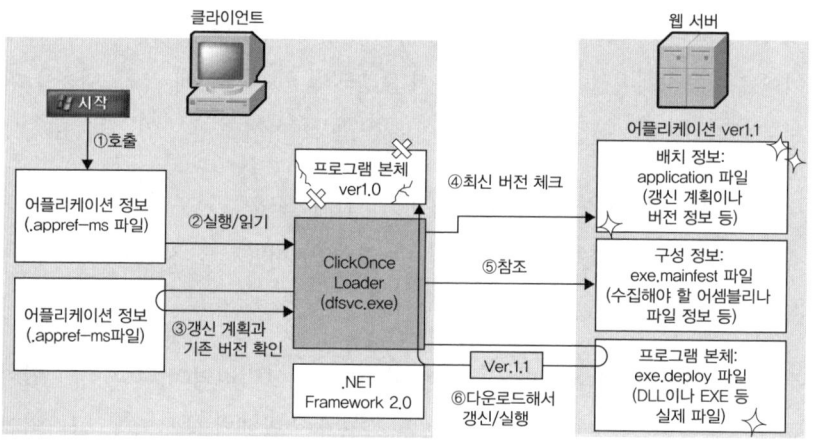

그림 1-12 "클릭원스(ClickOnce)"에서 클라이언트 프로그램을 자동 갱신하는 구조

사용자가 클라이언트에서 어플리케이션을 실행시키려고 하면, 클릭원스가 웹 서버의 최신 버전을 자동으로 체크하여 최신 버전이 존재하면 다운로드해서 갱신한다. 다운로드 되는 것은 갱신된 내용뿐이므로 속도도 상당히 빠르다. 보안까지 배려하고 있기 때문에 신뢰할 수 없는 어플리케이션은 클릭원스에서 동작하는 구조를 갖추고 있다.

데이터베이스

데이터 구조의 품질/성능이 나빠지는 것을 고려해야 한다

시스템을 가동한 후에도 데이터베이스는 많이 변경된다. 처음에는 이상적인 데이터 구조를 갖도록 설계된 데이터베이스도 거듭되는 사양 변경으로 몇 년 후에는 보기에도 끔찍한 데이터 구조가 되는 경우가 적지 않다.

데이터 구조는 논리적이나 물리적으로 반드시 시간이 지나면 품질이나 성능이 나빠진다. 따라서, 논리 설계나 물리 설계 시점에 품질이나 성능 측면을 고려하여 쉽게 보강할 수 있는 설계를 해야 된다는 것을 잊어서는 안 된다.

논리 설계는 속성이나 정규화에 유의한다

데이터베이스의 설계는 개념 설계, 논리 설계, 물리 설계, 운용 설계라는 4개 측면으로 나눌 수 있다(그림 1-13). 이 중 데이터 구조에 크게 영향을 주는 것은 논리 설계와 물리 설계다.

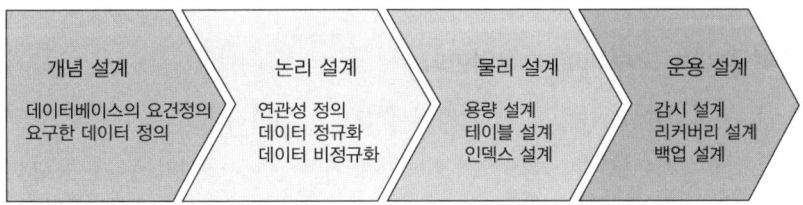

그림 1-13 데이터베이스 설계의 4단계

논리 설계는 개념 설계에서 정리한 업무상 취급해야 할 데이터를 데이터베이스에서 어떻게 취급할지, 데이터 구조를 정의해 가는 것을 말한다. 여기에서는 데이터 속성을 통일하거나 유사한 관리 데이터를 필터링하는 등 정규화 작업을 한다. 그리고 나서, 성능을 고려한 비정규화 작업을 진행한다. 또, 논리 설계의 성과물은 논리 설계서로, 데이터베이스 설계서 중의 하나로 취급한다.

논리 설계서는 데이터베이스를 설계할 때 이상적인 데이터 구조를 나타내는 중요한 자료지만, 일단 데이터베이스가 구축되면 볼 기회가 줄어든다. 데이터베이스 사양을 변경할 때 테이블 정의서 등 물리적인 데이터베이스 상태를 중요시하여 논리적인 데이터 구조를 나타낸 논리 설계서의 확인이나 유지보수를 소홀히 하고 있는 것이 현실이다.

그러나, 이것은 잘못이다. 이상적인 데이터 구조를 나타낸 논리 설계서를 유지보수 해 두면, 담당자가 바뀌어도 데이터 구조의 본질을 쉽게 이해할 수 있다.

논리 설계를 충분히 검토하지 않았거나, 논리 설계의 성과물인 논리 설계서를 제대로 활용하고 있지 않은 시스템은 어플리케이션마다 데이터 구조가 달라져서 유지보수가 힘들고 확장성이 부족한 데이터 구조가 되어, 시간이 지나면 데이터베이스는 품질이 나빠진다.

물리 설계는 오브젝트에 유의한다

한편, 물리 설계는 논리 설계 단계에서 설계한 데이터 구조를 기반으로, 데이터를 오브젝트로 데이터베이스에 배치해 가는 단계다. 여기에서는 용량 계획이나 테이블, 인덱스 등의 오브젝트 정의, 각 오브젝트의 물리적인 배치 등을 검토한다. 오랜 기간이 지나면 품질 저하에 영향이 미칠 만한 오브젝트를 미리 정해 두는 것이 중요하다.

일반적으로 데이터 구조를 망가뜨릴 가능성이 높은 것은 데이터의 갱신이나 삭제가 빈번하게 발생하는 오브젝트다. 특히, 인덱스는 테이블의 품질 저하를 가져 온다는 것을 잊어서는 안 된다.

그래서, 특정 오브젝트는 운용 설계로 정기적으로 필요한 대처를 할 수 있도록 검토한다. 이 작업(운용 설계)을 게을리하면 논리적으로 뛰어난 설계라고 해도 그것을 물리적으로 저장하고 있는 데이터베이스의 내부는 점차 변질이 되어 결국엔 문제가 악화된다.

데이터베이스의 건전한 운용을 위해, 데이터베이스 설계에 대해 한번 더 확인해 주길 바란다.

데이터베이스

백업 설계를 먼저 해서는 안 된다

백업 설계는 가장 먼저 해서는 안 된다. 가장 먼저 해야 할 일은 업무 요건을 설계한 후의 복원recovery 설계다.

여기서 강조하고 싶은 것은 복원을 위해 백업이 필요하다는 것이다. 복원에 사용할 수 없는 백업은 아무런 소용이 없다. 그래서 사용자의 시스템이 잘 운용되다가 만약 오류가 발생하면 어떻게 복원을 해야 서비스에 영향을 적게 줄 것인지 검토하여, 복원의 요건을 먼저 결정한다. 그 다음에, 필요한 백업 요건을 생각하는 것이 올바른 접근 방식이다.

그런데, 복원보다 백업을 먼저 설계하는 경우가 의외로 적지 않다. 백업을 먼저 설계하면 안 되는 예를 2가지만 들어 보겠다. 한 가지는 백업 방식을 잘못 선택하는 경우다. 데이터베이스 전체를 백업하는 풀백업(콜드 백업, 혹은 오프라인 백업이라고도 한다)을 야간에 일괄 처리하고 있는 시스템이 많을 것이다. 풀백업으로 복원할 수 있는 것은 백업을 한 시점까지다.

풀백업은 데이터베이스가 정지된 상태에서 취득하는 것이므로, 이것을 사용하여 오류가 발생한 시점 직전까지는 복원할 수 없다.

즉, 업무 요건으로 데이터의 손실을 허용할 수 없는 경우에는, 이러한 백업은 의미가 없다. 이 점을 커버하려면 아카이브archive 운용을 해서 온라인 백업을 취득해야 한다. 이것을 풀백업으로 하게 되면 오류가 발생한 시점 직전까지를 복원할 수 있게 된다.

복구까지 걸리는 시간도 잊어서는 안 된다. 24시간 365일 가동시키고 있는 시스템의, 데이터베이스의 데이터 파일이 파손되었다고 하자. 서비스 정지 허용 시간은 1시간이다. 온라인 백업으로 취득한 데이터 파일을 저장restore한다. 그러나, 이 데이터 파일을 저장하는 데 2시간이 걸린다면 아무런 의미가 없게 된다.

또 한 가지는 복원에 사용되지도 않은 정보를 백업하는 경우다. 최근에는 그다지 듣지 못했지만, 과거 32비트 OS는 파일시스템을 취급할 수 있는 최대 사이즈가 2GB_{Giga Byte}였다. 데이터베이스를 설계할 때, 데이터 파일을 2GB가 넘지 않도록 설계하는 것이 당연했다.

복원 설계를 하지 않은 시스템은 논리 백업(데이터베이스의 데이터를 외부 파일로 내보낸다_{export})을 위한 데이터 증가로 2GB를 넘기도 한다. 2GB가 넘게 되면 파일이 망가지게 되고, 백업으로 2GB를 넘었다는 사실조차 모르고 있다가, 복원을 했을 때에야 파일이 망가져 있었던 사실을 알게 된다.

"데이터 손실을 막는다"는 목적을 달성하려면 복원이 필수다. 복원 방법 안에 백업이 있다는 사실을 명심해야 한다.

데이터베이스

레코드 길이×건수로 데이터 용량을 결정해서는 안 된다

데이터베이스 설계 중의 하나가 디스크 사이즈를 측정하는 일이다. 일반적으로 데이터베이스에 저장하는 테이블의 레코드 길이×건수로 추정하는 경우가 많다. 하지만, 이 정도로 계산해서 사이즈를 확보하게 되면 나중에 디스크 용량이 부족하게 되는 경우가 많으므로 주의가 필요하다.

디스크 용량이 부족하게 된 원인으로는 크게 2가지가 있다. 하나는 "논리 레코드 길이"와 "물리 레코드 길이"가 다르고, "블록"까지 생각하지 못했다는 점이다. 논리 레코드 길이란 간단하게 설명하면 디스크의 저장 형식을 고려하지 않는 레코드 길이를 말하며, 물리 레코드 길이란 디스크의 저장 형식을 고려한 레코드 길이를 말한다. 한편 블록이란 RDBMSrelational database management system가 디스크를 입출력 할 때 사용하는 데이터 단위다.

물리 사이즈는 RDBMS에 의존한다

레코드 길이는 테이블을 구성하는 칼럼과 사이즈의 합계로 생각하는 것이 기본이다. 칼럼은, 예를 들면 "칼럼 01 char(10)"(10바이트 문자열)이나 "칼럼 02 decimal(10,2)"(소수점 2자리의 고정 소수점 타입)과 같은 것이다. 논리 레코드 길이라면 전자는 10바이트, 후자는 10자릿수의 수치이므로 문자열과 똑같다고 생각해서 10바이트라고 알고 있는 사람이 있을지도 모른다. 여기가 요주의 사항이다. 물리 레코드 길이는 RDBMS에 따라 다르다. "char(10)" 칼럼은 RDBMS에서 디스크 저장 사이즈를 10바이트라고 생각한다. 한편 "decimal(10,2)" 칼럼은 수치 부분을 바이너리 형식의 4바이트에 저장하고, 소수점 위치를 2바이트에 저장하여 물리 사이즈는 6바이트가 된다. 또 다른 저장 방법으로는 소수점을 포함한 전체 문자열을 저장하는 것으로 11바이트가 된다. 어쨌든, 논리적으로 10바이트라고 생각하고 있었다면 잘못된 것이다.

이번에는 블록이 무엇인지 생각해 보자. 레코드를 디스크에 저장할 때 RDBMS는 "블록"이라는 고정 사이즈의 저장소 안에 레코드를 저장한다(그림 1-14). 블록 사이즈는 RDBMS에 따라 다르지만 사이즈는 변경할 수 있다.

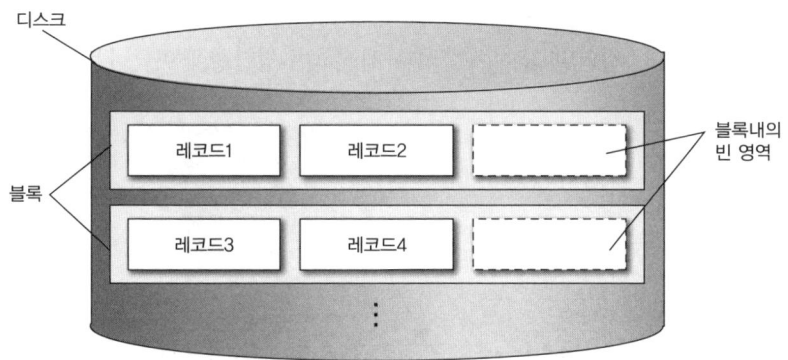

그림 1-14 **블록 단위로 디스크에 저장된다**

여기서, 물리 레코드 길이가 1500바이트, 블록 사이즈가 4KB인 경우를 생각해 보자. 1블록 안에 2레코드밖에 저장할 수 없다(1블록마다 1KB가 비게 된다). 테이블의 레코드수가 100건일 때는 블록을 고려하지 않으면 필요한 디스크 용량은 150KB(=1500×100)로 계산된다. 하지만 실제로는 "블록 사이즈×레코드 건수/1블록에 들어가는 레코드 건수", 즉 200KB(=4K×100/2)의 디스크가 필요하다.

데이터베이스

참조 정합성 제약 기능을 여러 번 사용해서는 안 된다

참조 정합성Referential Integrity이란 테이블간의 데이터 정합성을 유지하기 위한 구조다. 예를 들면, 수주 테이블의 상품 번호 칼럼에는 상품 테이블의 상품 번호 칼럼과 똑같은 값이 반드시 있어야 한다는 제약을 갖는 구조다(그림 1-15). RDBMS는 이 정합성을 유지하기 위해 "참조 정합성 제약"이라는 기능을 갖고 있다. 정의된 참조 정합성을 체크하여 정합성에 어긋나는 값은 테이블 내에 두지 않는 기능이다.

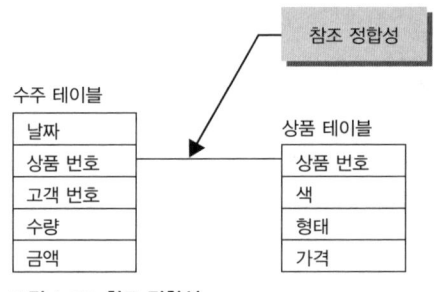

그림 1-15 참조 정합성

참조 정합성 제약 기능은 잘못된 데이터를 테이블에 포함하지 않게 하기 위해서는 효과적인 기능이다. 하지만, 막무가내로 사용하면 문제를 일으킬 수 있으므로 주의가 필요하다.

순서가 틀리면 데이터를 이행할 때 에러

가장 문제가 일어나기 쉬운 것은 데이터를 이행할 때다. 앞에서 얘기했던 수주 테이블과 상품 테이블을 예로 보자. 수주 테이블의 상품 번호 칼럼에는 상품 테이블의 상품 번호 칼럼과 같은 값이 있어야 한다는 제약이 있으면, 데이터를 이행할 때 수주 테이블을 먼저 이행시키려고 하면 참조 정합성에 위반이 되어 에러가 된다. 반드시 상품 테이블의 데이터를 이행한 후에 수주 테이블의 데이터를 이행해야 한다.

게다가 참조 정합성이 설정되어 있는 상태로 대량의 데이터를 이행하려고 하면 참조 정합성을 설정하고 있지 않을 때보다 처리 시간이 훨씬 더 걸린다. 수주 테이블의 데이터를 삽입할 때마다 상품 테이블을 확인해야 하므로 성능을 상당히 떨어뜨린다.

처리 성능의 문제는 일시적으로 참조 정합성 제약을 해제하거나 체크 해제 모드 등을 사용하여 회피할 수 있다. 그러나, 일시적이라고 해도 제약을 해제하면 잘못된 데이터가 들어갈 수 있다.

다른 방법으로 데이터를 체크해 가면서 이행을 한다고 하면 RDBMS의 참조 정합성 제약 기능을 이용하는 의미는 거의 없어진다.

데이터 이행뿐만 아니라 일반 업무 처리 중에도 문제가 될 때가 있다. 예를 들면, 1주일 후에 발매 예정인 상품을 먼저 수주(가수주)하는 식의 업무 처리가 있었을 때는, 아직 발매하지 않았기 때문에 상품 테이블에는 상품 번호의 레코드가 존재하지 않는다. 가수주의 데이터도 수주 테이블로 관리하려고 해도 상품 테이블에 없는 상품 번호의 데이터를 추가할 수 없다. 그래서 업무 처리를 할 수 없게 된다. 가수주 때만 일시적으로 참조 정합성 제약을 해제하는 방법은 좋은 설계라고 할 수 없다.

참조 정합성의 확보는 RDBMS의 기능으로만 구현할 수 있는 것은 아니다. 데이터를 입력할 때 어플리케이션에서 명확하게 체크해 둠으로써, 잘못된 데이터가 들어 오는 것을 막을 수가 있다. 논리 모델에서 참조 정합성이 정의되었다고 해도 모든 것을 RDBMS의 참조 정합성 제약 기능으로만 구축하려고 생각하는 것은 잘못된 생각이다. 어플리케이션으로 구축하는 것이 어려울 때 이용하는 등, 함부로 사용해서는 안 된다.

데이터베이스

테스트 데이터로 성능 평가를 해서는 안 된다

데이터베이스를 설계할 때 처리 성능은 항상 주의해야 할 과제다. 책상 위에서 계산해 본들 좀처럼 처리 성능을 끝까지 예측할 수 없기 때문에 본격적으로 개발이 시작되기 전에 테스트 환경을 구축하여 성능을 평가하는 것이 일반적이다. 다만, 테스트 환경에서 성능 평가로 많은 시간을 소비하게 되는데, 이에 대한 충분한 고려 없이 성능 평가를 하게 되면 실제 시스템의 성능과 괴리가 생기므로 주의해야 한다.

데이터의 내용 구성이 달라 성능에 차이가 난다

성능을 평가할 때 처리 방식의 차이에는 눈길이 가기 쉽다. 예를 들면, 1초에 X건을 갱신해야 한다든지, 1회 검색으로 X건의 데이터를 추출하고, 응답시간은 1초 미만이어야 한다든지로 각각의 성능을 평가하고 있는 경우가 많다.

한편, 테스트 데이터가 부족한 경우가 많다. 케이스가 부족한 데이터를 이용하여 성능을 평가한다면 평가 결과는 그다지 의미가 없다. 예를 들면, 레코드에 포함된 데이터의 내용 구성에 따라 SQL문의 처리 시간이 많이 다를 때도 있다. 왜냐하면 RDBMS는 같은 SQL문을 실행했다고 해도 데이터베이스가 다르면 실제 처리 방법이 서로 다를 수 있기 때문이다.

RDBMS는 어플리케이션에서 SQL문을 받으면 SQL문을 해석하여 디스크에 존재하는 데이터에 어떻게 접근하는 것이 효율적인지를 판단한다.

그리고, SQL문의 처리 절차를 만든다. 동일한 SQL문이어도 인덱스 유무, 테이블 사이즈, 데이터 값의 편집 등에 따라 처리 방법이 다르다. 처리 절차는 RDBMS에 의존하고 있기 때문에 테스트 환경과 실 시스템의 처리 방법이 다르면, 테스트 환경에서의 성능 평가 결과는 참고로밖에 사용되지 않는다.

예를 들면, 판매 실적 테이블을 고객 ID로 검색해서 고객별로 판매 금액을 집계하는 SQL문의 성능을 평가한다고 하자. 시스템의 판매 실적 테이블은 100만 건의 레코드, 고객 수(고객 ID 종류)는 1000명으로 정했다. 테스트 환경에서는 1고객 당 1000건의 판매 실적 레코드를 테스트 데이터로 작성하기로 했다. 레코드 수가 100만 건에 이르므로, 판매 실적 테이블의 고객 ID에 인덱스를 작성하여 지정된 고객 ID의 검색 성능을 높이기로 했다. 테스트 환경에서의 성능 평가는 요건 사항을 만족시키는 것이다.

성능면에서 문제가 없다고 판단하여 실 시스템의 데이터베이스를 개발해서 운용에 들어갔는데, 실 시스템의 성능은 테스트 환경보다 느렸고 기대되는 성능에 이르지 않았다.

왜, 이러한 현상이 일어났을까? 실 시스템의 데이터를 분석해 보니 100만 건의 레코드의 고객 ID는 특정 고객(100명 정도)이 차지하고 있었다. 이것은 팔레트의 법칙이라는 것으로, 이 시스템의 경우 전체의 1할(1000명의 고객 가운데 100명) 정도가 판매 실적 레코드의 8할(80만 건) 가까이를 차지하고 있었다.

이러한 데이터베이스에서는 판매 실적이 많은 고객 ID로 검색하면 인덱스가 제 기능을 발휘하지 못하고, 전체 검색이 된다. 그래서, 인덱스 검색이 유효했던 테스트 환경보다 성능이 안 좋은 결과를 가져온 것이다.

테스트 환경을 구축할 때 데이터의 내용 구성까지 고려하고 있었다면, 이러한 사태는 발생되지 않았을 것이다. 데이터의 내용 구성까지 잘 알고 있으면 설계할 때 다른 방안까지 고려할 수 있었을 것이다. 여기에서는 데이터의 내용 구성에 대해서만 서술했지만, 업무 특성에 따라 이외에도 고려해야 할 것이 있을 것이다.

데이터베이스

파티션 분할을 가볍게 해서는 안 된다

RDBMS 제품에는 파티션 분할 기능이 있다. 이 기능은 성능 향상에 효과적인 반면, 작업을 번잡하게 할 수도 있으므로 아무런 생각 없이 간단하게 이용하는 것은 금물이다.

테이블의 파티션 분할이란 하나의 테이블을 파티션 테이블1, 파티션 테이블2와 같이 물리적으로 여러 개로 분할하는 기능이다. 테이블을 분할했다고 해도 어플리케이션은 원래의 1개 테이블(논리 테이블)로 간주한다. 그래서 테이블에 접근하는 SQL문을 변경할 필요는 없다.

검색 조건에 따라서는 특정 파티션 테이블만 검색하는 것으로 끝난다. 큰(논리) 테이블을 검색하지 않아도 되기 때문에 레코드 수가 여러 개 있는 경우 잘 분할하면 성능 향상을 기대할 수 있다. 또, 파티션 단위로 데이터를 삭제하거나 백업할 수 있어서 운용의 효율을 높일 수도 있다.

파티션의 분할 방법은 RDBMS에 따라 다양하다. 주로 테이블 내 칼럼 값의 크고 작음에 따라 분할하는 키 분포Key Range 방식과 칼럼 값의 해시 값에 따라 분할하는 해시 방식이다.

하나의 예를 소개하면, 어느 판매 관리 시스템에서 최근 12개월의 판매 실적 데이터를 하나의 테이블(판매 실적 테이블)에 저장하려고 하고 있었다. 테이블의 레코드 건수는 1000만 건을 넘을 것이라고 예상되었다. 이러한 경우에는 흔히 월별(2009년 5월, 2009년 6월, 등)로 판매 실적 테이블을 파티션 분할한다. 이것은 키 분포 방식의 전형적인 예다. 이 예의 경우 테이블의 일자 칼럼의 값을 사용하여 2009년 4월=<일자 칼럼<2009년 5월과 같이 파티션을 정의한다.

매월 말이 되면 번잡한 작업이 발생…

월별로 파티션을 분할한다면, 매월 말에 다음 달 레코드를 저장하기 위한 신규 파티션을 작성해야 한다. 만약 그 작업을 잊어 버리면 어떻게 될까? 예를 들면, 월의 파티션을 2009년 5월=<일자 칼럼으로 정의하고 있었을 경우, 원래는 2009년 5월의 레코드만 저장하려고 했는데 2009년 6월 이후의 데이터도 이 파티션에 저장되게 된다. 또, 2009년 5월=<일자 칼럼<2009년 6월로 정의하고 있었을 경우, 2009년 6월 이후의 데이터를 저장하는 파티션은 존재하지 않게 된다.

파티션 분할은 운용 작업을 많이 바꾼다

신규 파티션을 작성하려면 파티션을 작성하려는 시점에서 디스크 사용 현황을 파악하여 적절하게 배치를 해야 한다. 매달 필요하게 되는 디스크 용량이 차이가 나거나 하면 설계가 쉽지 않다.

최근 12개월 분의 데이터만 대상으로 한다면 가장 오래된 1개월 분의 데이터를 삭제해야 한다. 삭제 작업은 해당 파티션의 데이터를 백업하고 나서 삭제한다. 파티션은 물리적으로 별도의 테이블로 구축되어 있으므로, 다른 파티션의 처리 성능에는 영향을 주지 않는다. 이 작업은 비교적 용이하기는 하지만 매월 말 이러한 작업을 해야 한다.

파티션을 분할하고 있지 않았다면 어땠을까? 월말에 신규 파티션을 작성하는 작업은 하지 않아도 된다. 가장 오래된 1개월 분의 데이터를 매월 말 조건에 맞는 레코드만 삭제하면 된다. 물론 삭제 처리에 대한 성능 저하도 고려해야 한다.

파티션을 분할함으로써 운용 작업은 대폭 바뀐다. 여기에서 소개한 것 이외에도 필요한 작업이 있을 것이다. 운용 작업의 내용을 충분히 검토하고 나서, 파티션을 분할할지 판단해야 한다.

데이터베이스

오랜 시간 종료하지 않은 트랜잭션을 사용해서는 안 된다

트랜잭션 처리의 설계는 중요하다. RDBMS의 부하에서 보면 트랜잭션이 액티브 상태(트랜잭션이 발생하여 커밋commit도 롤백rollback도 하고 있지 않은 상태)인 시간은 가능한 짧은 것이 바람직하다. RDBMS는 트랜잭션이 액티브 상태라면 얼마든지 리소스를 가져올 수 있기 때문이다. 다시 말하면, LOCK(잠금) 정보나 UNDO 로그(롤백 되었을 때 데이터베이스를 원래의 상태로 되돌리기 위해 사용하는 데이터), REDO 로그(커밋된 후 어떠한 요인으로 손상된 데이터를 복원하기 위해 사용하는 데이터) 등이 있다. 오랜 시간 종료하지 않은 트랜잭션이 있으면 이러한 리소스를 계속해서 가져오지 못하기 때문에 다른 처리나 트랜잭션에 악영향을 주는 일이 있다.

가장 알기 쉬운 예로, RDBMS의 셧다운shutdown이 있다. 셧다운을 할 때 액티브한 트랜잭션이 있으면 신규 트랜잭션을 받아들이지 못하게 하고, 현재 액티브한 트랜잭션이 모두 종료하면 셧다운을 하는 것이 대부분이다. 이 방법의 경우, 오랜 시간 트랜잭션이 액티브 되어 있으면 좀처럼 셧다운을 할 수 없다.

웹사이트에서는 방치되는 일도 있다

여기서, 주문 처리라는 하나의 트랜잭션을 생각해 보자. 주문 처리 트랜잭션은 주문이 있던 상품의 재고 수를 상품 테이블에서 빼고 주문 테이블에 레코드를 삽입하는 매우 간단한 작업이다. 트랜잭션의 시작은 상품을 선택했을 때이고, 상품의 주문을 확정했을 때가 트랜잭션의 커밋, 상품의 주문을 취소했을 때가 트랜잭션의 롤백이다.

콜 센터와 같이 오퍼레이터가 전화로 주문을 받는 경우, 주문 처리 트랜잭션은 어떻게 될까? 고객이 구입하고 싶은 상품을 오퍼레이터에게 전했을 때 트랜잭션이 시작된다. 그 시점에서 고객은 구입을 할지 말지 헤매고 있을 지도 모르지만 오퍼레이터가 응대하고 있기 때문에 주문의 확정 여부가 바로 결정된다.

정해졌을 때가 트랜잭션의 종료다. 콜 센터의 경우 트랜잭션이 액티브된 채로 방치되지는 않는다.

한편, 웹사이트에서 고객이 스스로 상품을 선택해서 주문하는 경우는 어떻게 될까? 콜센터와 같이 생각하면 상품 선택 화면에서 구입하고 싶은 상품을 선택했을 때가 트랜잭션의 시작이다. 그리고, 구입 확인 화면에서 주문을 확정 또는 취소할 때 트랜잭션이 종료한다. 이와 같이 설명하면 문제가 없을 것 같지만, 고객이 상품을 선택하고 나서, 곧바로 구입 확인 화면의 버튼(주문의 확정 혹은 취소)을 눌러 준다고 할 수는 없다. 버튼을 눌러 주지 않으면 트랜잭션은 방치된 채로 오랜 시간 액티브한 상태가 되어 버린다.

이러한 시스템은 오랜 시간 트랜잭션 상태로 두지 않을 방법이 필요하다. 몇 개의 설계 방식이 있지만 여기에서는 전형적인 예를 2개 정도 들겠다.

하나는 트랜잭션에 타임아웃을 설정하는 방식이다. 어느 일정시간 액티브한 상태가 계속되고 있는 트랜잭션을 강제로 롤백 시킨다. 이러한 경우는 타임아웃 값을 어느 정도로 설정할 지가 큰 과제다.

또 하나는 상품을 선택한 시점에서는 트랜잭션을 개시하지 않고 주문이 확정되었을 때 트랜잭션을 발생하여 커밋하는 방식(취소의 경우 트랜잭션을 발생하지 않는다)이다. 이 방식의 최대의 단점은 상품을 선택했을 때 남아 있던 재고가 주문을 확정할 때 남아 있을 것이라는 보장이 없는 것이다. 재고 수의 걱정이 없는 시스템이라면 이 방식이 적합하다.

트랜잭션 처리의 설계는 업무 스타일이나 시스템 특성을 고려해서 설계해야 한다.

네트워크

기술 영역만 고려해서는 안 된다

네트워크 설계에서는 네트워크를 구성하는 기기나 방식이라고 하는 기술 영역만 고려하고 있다가 간과하는 부분이 있다. 신뢰성, 보안, 운용이다. 오류가 발생했을 때의 신뢰성이나 외부로부터 잘못 접근되었을 때에 대한 보안, 네트워크를 둘러싼 사용자의 실제 환경과 보수, 공사, 운용을 포함한 사람들의 움직임 등 현실적인 부분을 잊어서는 안 된다. 구축한 후에도 트러블이 빈발하여 서비스가 정지하거나 불필요한 비용이 들게 된다.

물론, 네트워크 설계에서는 기술 영역의 검토가 매우 중요하다. 네트워크의 구조, 구현 방식, 제품 기능 등, 어느 것도 간과해서는 안 되는 부분이다. 그러나, 기술 영역 부분도 네트워크를 구축하고 운용해 가기 위한 라이프 사이클 중의 하나로 보면 빙산의 일각에 지나지 않는다(그림 1-16).

그림 1-16 기술 영역은 네트워크 구축의 빙산의 일각에 지나지 않는다

수면 아래에 있는 네트워크의 이용과 구축, 운용과 관계된 모든 사람들의 움직임, 네트워크의 구조를 둘러싼 환경, 거점마다 다른 사정, 시스템 라이프 사이클을 통한 운용 전반 등 구체적으로 이미지화하는 능력 또한 기술력 향상 못지 않게 소중하다.

경시되기 십상인 이중 장애의 위험 요소

먼저, 신뢰성에 대한 설명이다. 네트워크의 신뢰성 대책의 대부분은 오래 힘들게 구축되지만 대략 아래와 같이 구축된다.

- 기기내의 부품(전원 모듈 등)
- 기기 자체의 다중화
- 방화벽fire wall이나 QoS 장치 등의 일련의 기기를 여러 가지 준비
- 여러 사업자로부터의 회선 제공
- 기기를 수용할 시설

그리고, 장애가 발생하여 통신을 계속할 수 없을 때의 이중 장애에 대한 위험 요소를 경시해서는 안 된다. 예를 들면, 동일 종류의 회선으로 운반체carrier를 분산해도, 어떤 회선이든 근접해 있는 물리 루트를 경유하는 일이 있다. 통신 경로가 재해나 사고로 여러 회선이 동시에 이용 불능이 될 수도 있다. 대책으로는 모바일계의 라디오 커뮤니케이션 회선을 사용하는 방법 등이 있을 수 있다. 최근에는 모바일계의 회선도 다양해지고 있다. 대역이나 제공 영역 등의 문제를 클리어할 수 있다면 와이어 루트와 에어 루트로 다이버시티[1]diversity 구성을 짜도 괜찮을 것이다.

또, 전원 공급 루트가 하나뿐이라면 전원 장애에 의해 이중 장애가 발생한다. 그래서 중요한 곳에는 전원 공급 루트에 관한 설계를 간과해서는 안 된다.

---

1 다이버시티(diversity): 무선 통신에서 전파 상태가 나쁜 경우, 수신 장소나 주파수를 전환하는 일

잊기 십상인 안전성을 고려한 운용

이번에는 안전성에 대한 설명이다. 최근 네트워크에서는 보안 강도를 높이기 위해 IDS Intrusion Detection System나 IPS Intrusion Prevention System 등의 도입을 검토하고 있다.

IPS는 부정한 접근이 있었을 때 통신을 차단하는 구조다. IPS의 도입은 업무적으로 올바른 통신을 잘못된 접근이라고 잘못 판단하여 차단해 버리는 행위를 어떻게 할 지가 중요한 판단 기준이 된다. 예를 들면 증권의 매매거래 등, 시간의 우선도가 중요시 될 때 다발해서는 안 되도록 설계를 해야 한다.

한편 IDS는 잘못된 접근만 검지하고 차단은 하지 않는 구조다. 그 점에서 IPS보다는 도입하기는 쉽지만 설치만으로는 보안이 보장되지 않는다. 감시 작업이나 검지 시점의 통신의 특징을 기록한 서명의 갱신, 잘못된 검지를 제외하는 튜닝 측면의 운용이 중요하다.

또, 보안 사고가 발생하면 위험도의 판단이나 판단에 따른 구체적인 대책, 잘못된 접근의 증거 취득 등의 행동이 필요하다. 그러려면 고도의 전문 기술이 반드시 필요하고 보안 위험 요소에 관한 최신 정보를 매일 파악하고 있어야 한다.

운용 부담은 보안 강화에 큰 비중을 차지하기 때문에 간과해서는 안 된다. 운용 품질과 비용의 균형을 생각하여 보안 감시를 네트워크 운용 담당자 자신이 하든지, 전문 벤더에게 아웃소싱을 맡기든지, 잘 생각해 선택해야 한다.

구현 방식에 비해 나태해지기 쉬운 운용 설계 검토

마지막으로 네트워크 운용 설계의 중요성에 대한 설명이다. 네트워크 엔지니어가 빠지기 십상인 패턴이, 라우팅이나 성능과 같은 구현 방식에 대한 검토는 충분히 하는데, 운용에 대한 고려를 충분히 하지 못하는 경우다. 특히, 기기를 설치하는 거점이 물리적으로 떨어져 있거나, 기기 수가 많거나 할 때는 설정configuration의 용이성을 고려해야 한다.

대책 방법으로는 여러 기기의 설정 정보를 정리해 두거나 설치 공사를 할 때 현지 작업에 대한 부담을 줄여주는 순서 등을 생각해 보는 것이 중요하다. 운용 설계에 따라 유지보수/공사/구성 관리 부분에 드는 비용을 큰 폭으로 줄일 수 있다.

네트워크

기기의 스펙(명세서)을 bps만으로 판단해서는 안 된다

성능 조건을 만족하는 네트워크 기기를 선정할 때 스루풋을 카탈로그(명세서)에 있는 내용대로 비트/초_{bps: bit per second}나 패킷/초_{pps: packet per second}의 수치로 단순하게 판단해서는 안 된다. 원래, 카탈로그(명세서)에 있는 값은 특정 조건의 경우로 실제 이용하는 장소에서는 똑같은 성능이 나오지 않을 수도 있다.

기본적으로, 카탈로그에 쓰여져 있는 값은 어느 정도 과장된 값이라고 보면 된다.

게다가 기기의 스펙은 실제 트래픽 발생 조건과 비교해 가며 좀 더 자세하게 점검할 필요가 있다. bps나 pps는 기기의 스루풋을 나타내는 수치 중의 하나에 불과하다. 시간이나 물리적인 범위를 치밀하게 고려하지 않으면 성능 부족이나 트러블을 일으키는 경우가 종종 있다.

순간적으로 피크가 되는 시점의 특성을 놓쳐서는 안 된다

시간의 범위는 스루풋을 bps나 pps 등 초 단위의 값뿐만 아니라, 밀리 세컨드~수십 밀리 세컨드의 짧은 시간 단위의 피크 특성까지 생각해 두어야 한다. 평균적으로는 성능 조건을 만족하지만 피크일 때는 만족하지 않는 경우가 종종 있다. 그리고 물리적인 범위는 기기의 포트 단위, 기기 단위, 인바운드/아웃바운드[1] 등을 들 수 있다. 포트 단위로만 보았을 때는 성능 조건을 만족시키지만 기기 전체로 보았을 때는 만족하지 못하는 경우가 있다.

시간 범위에 대해서는, 방화벽 제품에서 실제로 발생한 트러블을 예로 들어 설명하겠다. 100Mbps의 통신 인터페이스를 갖춘 감시용 PC에 접속하여, 백수십 대 기기의 방화벽이 뚫렸는지 ping의 폴링을 통해 감시를 했다. 그러자, 감시 대상 기기가 모두 정상적으로 가동하고 있음에도 불구하고, 반수 가까운 ping 패킷이 손실되었다.

방화벽 제품의 포트 속도도 당연히 100Mbps였지만, 사실 포트 단위의 패킷 수 스루풋에 최대 20ppms(1밀리 세컨드 당 20패킷)의 성능 한계가 있었다. ping의 전송량은 1초 평균으로 보면 100Mbit 이하였지만, 수 밀리 초 단위의 시간에 대량의 ping 패킷이 흘렀기 때문에, 1밀리초 당 20패킷의 한계를 초과한 만큼의 패킷이 손실되었던 것이다.

그림 1-17은 비교적 드문 사례지만, 회선 품목을 선정할 때 평균 1초에 1Mbit의 통신량이 있어도, 실제 처음 0.5초에 1Mbit, 나중의 0.5초에 0Mbit 로 트래픽이 치중되어 1Mbit의 회선에서는 견딜 수 없는 경우다.

---

[1] 인바운드/아웃바인드: 텔레마케팅의 한 형태로 고객으로부터 온 전화를 콜 센터에서 받아 처리하는 것을 인바운드 (inbound)라고 하며, 카탈로그에 의한 통신판매 시 전화 수주 또는 지원 센터 등이 대표적인 예다. 반면, 콜 센터로부터 고객에게 정보 발신을 행하는 것을 아웃바운드(outbound)라고 한다.

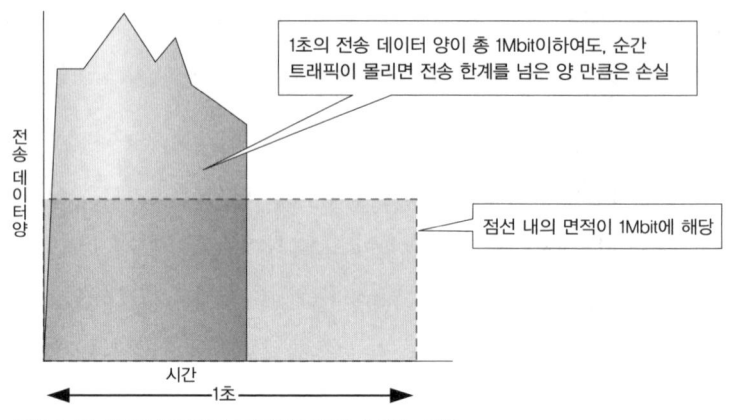

그림 1-17 1Mbit 회선에서 트래픽을 견딜 수 없는 경우

0.5초에 0.5Mbit 밖에 처리할 수 없기 때문이다. 성능을 만족시키기 위해서는 2Mbit/초 이상의 회선을 선택해야 한다.

포트 단위의 성능 조건만 보아서는 안 된다

이번에는 물리적 범위에 대한 설명이다. 먼저, 포트 단위의 성능 조건을 만족하고 있더라도 기기 전체로 볼 때 토탈 패킷 수 등이 기기 자체의 성능을 넘어서게 되면 필요한 성능을 얻을 수 없을 때가 있다.

즉, 인 바운드/아웃 바운드의 성능에 관해 잘못된 인식이 있다. 기기 단위의 스루풋이 400Mbit/초의 라우터에 대해 300Mbit/초 전이중의 회선에 접속하는 경우가 있다. 기기 측 스펙은 송수신 구별 없이 총 400Mbit/초다. 300Mbit/초 전이중 회선에서는 송수신을 합쳐 최대 600Mbit/초 상당의 트래픽 양이 되기 때문에 기기 단위의 스펙이 부족하다.

비슷한 경우로는 IDS 등에 접속하기 위한 미러 포트mirror port 대역이 부족할 때 발생하는 트러블이 있다. 예를 들면 100Mbit/초 전이중의 송수신 양쪽 모든 통신을 미러 포트에 내보내면, 최대 200Mbit/초의 다운 트래픽이 미러 포트에 발생한다. 미러 포트의 링크 속도가 100Mbit/초였을 경우 당연히 성능이 나빠진다.

리소스를 고려한 설계를 하자

또, 대역 제어 장치 등에서 클래스/파티션 리소스 사이즈를 측정할 때, 리소스 제한을 여러 대로 분산 처리하여 회피할 때가 있다. 그 때는 완전히 공평하게 회선을 만들 수는 없고 어느 정도 치우칠 수 있으므로, 이것을 고려해서 설계해야 한다. 실제로 설정할 때는 1대 당 리소스의 상한을 넘어 설 위험이 있다.

특히 한쪽에 트래픽이 집중할 경우가 문제다. 대역 제어 레벨을 평소와 같이 보호하고자 할 경우에는 필요한 클래스 등을 두 배 이상 엄격하게 설계해야 한다. 초기 단계에서 하는, 기기 구성 견적 단계에서 간과하지 않도록 주의해야 한다.

어쨌든, 기기 구성을 선정할 때 성능이나 리소스를 잘못 인식하게 되면, 기기를 변경하거나 추가하는 것 이외의 근본적인 해결책이 없기 때문에 프로젝트에 주는 영향도 상당히 커진다. 설계는 신중하게 해야 한다.

네트워크

가상 네트워크를 물리 네트워크와 똑같이 생각해서는 안 된다

최근에는 가상화 기술이 많이 보급되고 있으며, 가상 기기와 가상 기기 사이, 혹은 가상 기기와 물리적인 기기 사이에 가상 스위치가 존재하는 방식의 네트워크가 증가하고 있다. 물론, 가상 기기 자체의 네트워크 인터페이스 카드NIC까지 가상화 되고 있다.

그러나, 가상화된 스위치나 NIC로 구성하는 네트워크에서는 조심해야 할 것이 많다. 가상 네트워크를 물리 네트워크와 똑같이 생각해서는 안 된다.

연결할 세그먼트를 광범위하게 만들면 안 된다

가상 스위치나 가상 NIC의 동작 관련 트러블은 기본적으로 L2(layer 2) 레벨의 현상이다. 기본 대책으로는 세그먼트를 나누는 것이다. 가상 스위치 동작의 트러블에 대해 알아본다.

가령, 어떤 환경에서 플러딩[1]이라고 하는 통신 증가로 광역 이더넷 망의 네트워크 성능이 현저하게 떨어지는 현상이 발생했다고 하자(그림 1-18). 상세한 내용은 다음에 설명하겠지만, 원인은 가상화한 서버와의 통신이었다. 본래 물리 네트워크를 통과할 필요가 없는 통신이고, 광역 이더넷 망으로 유

---

1 플러딩(flooding): 대규모 네트워크에서 수정된 라우팅 정보를 모든 노드에 빠르게 배포하는 수단으로, 수신된 링크를 제외한 나머지 모든 링크로 패킷을 복사하여 전송하는 일종의 포트 배정 또는 경로 배정 방식을 말함.

출되지 않을 것이었다. 그런데 실제 물리 네트워크에 유출되어 L2 스위치에 플러딩을 일으키게 되어 통신량을 증가시키고 있었던 것이다.

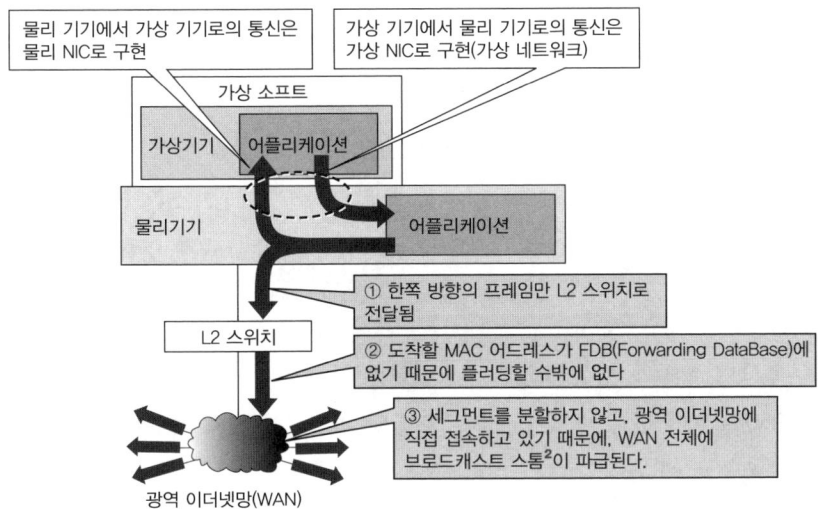

그림 1-18 가상화로 인한 구체적인 트러블의 예

문제가 된 서버를 자세하게 조사해보니 가상 환경에만 있는 특유의 현상이었다. 이 서버에서는 1대의 물리 기기에 가상 소프트웨어를 이용하여 가상 기기를 구축하고 있었다. 물리 기기(호스트 OS)에 있는 어플리케이션과 가상 기기(게스트 OS)에 있는 어플리케이션이 쌍방향 통신을 하고 있었으며, 서버의 물리 NIC는 외부에 있는 L2 스위치에 연결되어 있었다.

게스트 OS에서 호스트 OS로의 통신은 가상 소프트웨어로 만들어진 가상 NIC를 이용한다. 게스트 OS에서 호스트 OS로의 이더넷 프레임은 가상 네트워크 안에서 클로즈 되어, 외부에 있는 L2 스위치에는 흐르지 않는다.

---

2 브로드캐스트 스톰(broadcast storm): 하나의 패킷이 브로드캐스팅되어 수신되고 이것을 다시 하나 이상 수신 또는 브로드캐스팅되어 나타나는 폭주 상태를 말하는 것으로 네트워크 기기의 고장이나 브릿지에서의 루프 발생 등이 주요 원인이다. 브로드캐스트 스톰이 발생하면 네트워크 전 대역이 사용 중 상태로 되어 시스템의 시간 초과 등이 자주 발생하고 결과적으로 네트워크가 제대로 동작되지 않는다.

한편, 호스트 OS에서 게스트 OS로의 통신은 물리 NIC를 개입시켜 수행된다. 호스트 OS에서 게스트 OS로의 이더넷 프레임은 게스트 OS로 흐름과 동시에 물리적인 NIC를 경유하여 그 앞에 접속되어 있는 L2 스위치로 흐른다.

이러한 독특한 통신 방식으로 외부의 L2 스위치는 가상 기기가 이용하고 있는 가상 NIC의 MAC 주소를 알아 낼 수 없게 되었다. 그 결과, 호스트 OS에서 게스트 OS로의 이더넷 프레임은 L2 스위치에 닿았을 때 모든 포트로 송신되는 플러딩이 일어나게 되었고, 불행하게도 외부의 L2 스위치가 직접 광역 이더넷 망에 접속되었다. 그래서, 플러딩이 광역 이더넷 망까지 미치게 되어 네트워크 성능이 현저하게 낮아지는 사태로까지 발전했던 것이다.

원래, 광역 이더넷 망 등 L2 네트워크에서 브로드캐스트 식의 접속은 가상화 기술과 관련이 있다. 브로드캐스트 스톰의 위험성이 있기 때문에 반드시 라우터 등으로 세그먼트를 나누어야 한다.

가상 NIC의 MAC 주소를 고정해서는 안 된다

또 한 가지 주의해야 할 것은 MAC 주소의 중복이다. 이러한 문제는 가상 환경에 많이 있다. 물리 NIC의 경우는 유일한 MAC 주소를 ROM에 기록하고 있기 때문에 MAC 주소가 중복되는 일은 기본적으로 없다. 드라이버 설정 등으로 MAC 주소를 의도적으로 변경할 때 주의하는 정도다.

한편 가상 NIC의 MAC 주소에는 중복의 위험이 항상 있다. 가상 기기를 기동할 때 랜덤하게 생성되거나 임의의 MAC 주소를 설정할 수 있다. 특히, 한 번 기동한 가상 기기를 복제하여 다른 가상 기기를 가동할 경우 MAC 주소가 중복되기 쉽다.

가상 소프트웨어로 MAC 주소를 자동 생성할 경우 중복을 회피하는 메커니즘을 사용하여 트러블이 발생하지 않도록 한다. 그러나, MAC 주소가 고정일 경우 동일 세그먼트에 있는 동일 MAC 주소의 노드가 여러 번 나타날 가능성이 높다. 그렇게 되면 정상적인 통신은 할 수 없게 될 것이다.

여기에 나타낸 예와 같이 가상 환경에서의 네트워크 구축은 물리 환경의 네트워크와 비교하면 아직 그 기술 정도가 얕아서 생각지도 않은 문제가 숨어 있다. 만일을 생각하여 영향 범위를 최소화하기 위해 라우터로 가상 환경과 물리 환경의 세그먼트를 나누는 기본 대책을 세워 두는 것이 중요하다.

네트워크

QoS라는 말로 숨겨서는 안 된다

대역 제어 장치에 한정된 것은 아니지만 "QoS Quality of Service"라는 포괄적인 용어가 보급되면서 QoS 기능을 갖춘 장치라는 말로 모든 장치의 기능을 포함하는 일이 자주 있다.

그러나, QoS는 기종마다 메커니즘의 차이가 크고 기종 선정 및 설계를 할 때 주의가 필요하다. 메커니즘의 차이는 클래스, 큐, 파이프, 파티션이라는 용어로 이것 저것 사용되고 있으며, 각 기종에서 비슷하면서도 다른 정의로 이용되기도 한다. 기종은 다르더라도 거의 같은 의미를 갖는 용어도 있다. 하지만, 동일한 용어라고 해도 사용 방법이나 제약 조건 등이 다른 것이 많으므로 주의해야 한다.

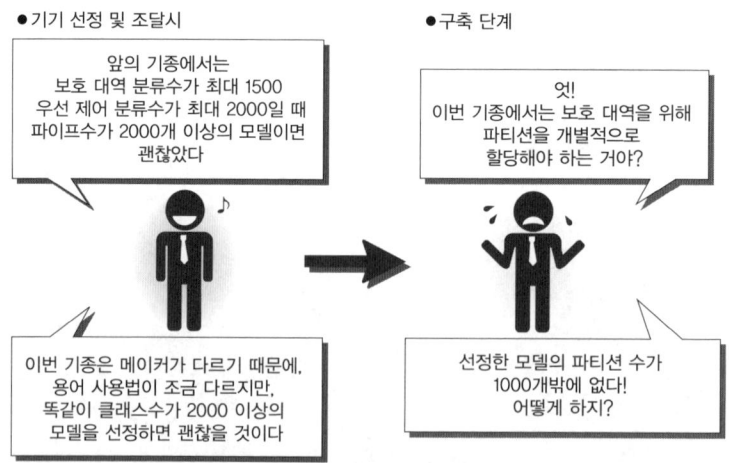

그림 1-19 과거 경험으로 안이하게 설계했을 때의 트러블 예

예를 들면, 어느 기종에서는 파이프pipe 아래 버추얼 채널virtual channel을 정의하여 보호 대역 및 우선 제어를 동시에 지정하고 있다. 한편, 다른 기종에서는 트래픽을 분류하는 단위인 클래스 아래 보호 대역을 설정하는 단위인 파티션을 두고, 각각 리소스를 소비하는 형태다.

과거에 경험했던 기종이라고 개념이 비슷하다고 생각하여 안이하게 똑같은 설계를 하게 되면 구축 단계가 되어서야 기종 고유의 제약에 걸리는 일이 있다(그림 1-19). 예를 들면, 처음에 정의한 설정을 할 수 없을 수도 있고, 혹은 간과하고 있던 리소스가 바닥이 나서 운용시 문제가 발생하기도 한다.

기종이 달라도 기능이 같다고 생각해서는 안 된다

그 밖에도 기종마다의 기능 차이로 주의해야 할 사항으로 아래와 같은 것이 있다.

첫 번째는, 폴리싱polishing과 셰이빙shaving의 차이다. 대역 제어는 패킷의 송출 타이밍을 조작하는 것인데, 일정한 대역 이하로 억제하는 방식이 셰이빙이다. 이에 반해, 폴리싱은 대역을 오버한 트래픽을 잘라 버리기 때문에 복구 용도 이외에 적용해서는 안 된다.

두 번째는, 통신 방향의 제약이다. 저렴한 기기를 구축하고 있는 QoS에서는 아웃 바운드의 트래픽밖에 제어할 수 없는 제약을 가질 때가 있다.

세 번째는, 잉여 대역을 할당할 수 있는가이다. 서비스마다 대역을 제한하고 있더라도, 만약 미사용 대역이 있으면 제한 대역을 초과하여 할당할 수 있는 기능을 갖추는 제품이 있다. 이 기능이 없으면 서비스마다 대역의 상호 압박은 막을 수 있겠지만 회선의 사용 효율이 나빠질 가능성이 있으므로 주의하자.

네 번째는, 패킷이 반대로 처리되는 현상이다. 멀티 스레드로 처리되는 기종에서는 패킷의 순서가 손상될 가능성이 있다. 특히 UDP[1]로 패킷이 거꾸로 처리되어 치명적인 현상을 가져오는 어플리케이션을 사용할 경우 멀티 스레드로 처리하는 기종을 선택해서는 안 된다.

마지막으로, 라우터에 관한 제약이다. 윈도우 사이즈를 조정하거나 유사 ACK를 송수신하는 등 지능적으로 동작하는 기종이 있다. 이러한 기종을 사용할 때는 TCP 통신의 송수신 패킷이 동일한 장치를 통과하는 라우터로 해야만 대역 제어가 올바르게 동작한다. 널브러진 구성이나 로드 셰어링 구성에서 사용할 때 송수신 불일치가 일어나기 쉽기 때문에 특히 주의해야 한다.

여기에 열거한 기능의 차이는 일반적으로 저렴한 라우터나 통합형 가정용 기기 등이 갖는 QoS 기능과 고가 전용기 기능과의 사이에 두드러지게 나타난다. 기기를 선정할 때 가격과 기능이 있는지 없는지 정도로 대충 선정하게 되면, 최악의 경우는 안정된 통신을 할 수 없게 된다. 어플리케이션의 특성과 기종의 특성을 잘 매칭시켜야 한다는 것을 잊어서는 안 된다.

---

1 UDP(user datagram protocol): TCP/IP 4계층에서 봤을 때 UDP는 TCP와 같은 Transport Layer에 위치하며, 인터넷처럼 실제 물리적인 접속이 없어도 데이터를 전송할 수 있는 프로토콜을 말함.

네트워크

QoS를 과신해서는 안 된다

QoS는 통신 회선을 효율적이고 안정되게 이용하기 위해서 반드시 필요한 기술이다. 업무상 중요도가 높은 통신을 우선 처리하거나 VoIP Voice over Internet Protocol와 같이 패킷 손실 및 지연으로 인해 영향을 받기 쉬운 통신 대역을 확보하고, 라우터의 내장 기능이나 전용 장치를 사용하여 구축한다.

브로드 밴드 시대에도 QoS는 더 필요하다. bps당 비용은 큰 폭으로 감소했지만, 반면에 어플리케이션이 이용하는 통신 대역의 증대 및 고속, 안정적인 통신이 요구되는 서비스가 급격히 증가하고 있다.

또, 여전히 WAN Wide Area Network의 비용은 시스템 비용의 가장 큰 비율을 차지하고 있어 절감의 요구가 높다. 회선 요금 체계(관세표 Tariff: 데이터 통신 분야에서 공중 통신 회선이나 전용회선 등의 사용료)는 일반적으로 가는 회선으로 여러 개 만드는 것보다, 굵은 회선 1개를 만드는 것이 저렴하기 때문에 어플리케이션마다 설치하고 있었던 통신 회선을, 광역 이더넷 망이나 IP-VPN망 등으로 교체하여 집약하는 경우도 많다. 그 결과, 물리적으로 하나의 회선에 여러 서비스가 모이게 되어, 각각의 트래픽이 서로에게 주는 영향이 강해지기 때문에 QoS로 대처해야 한다.

그러나, QoS를 실제로 이용하려면 몇 가지 조심해야 할 것이 있다.

먼저, 주의할 것은 QoS를 구현하는 대역 제어 장치가 물리 회선 대역 이상의 통신을 보호할 수 없다는 것이다.

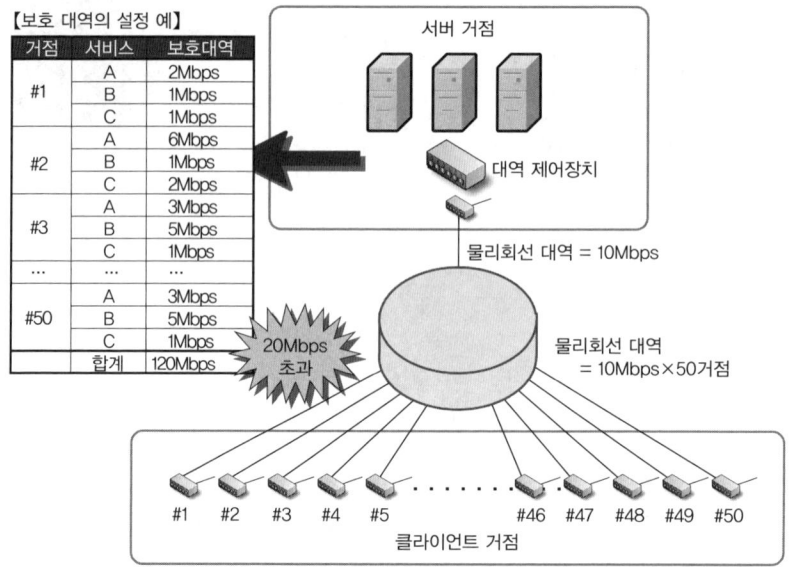

그림 1-20 보호 대역의 합계가 물리 회선 대역을 넘은 예

당연하게 생각되지만 물리 회선 대역 이상의 통신을 자기도 모르게 설정해 버리는 경우가 있다.

가령, 하나의 서버 거점에 여러 클라이언트 거점이 통신하고 있는 경우 Point to Multipoint를 생각해 보자.

흔히 네트워크를 구축할 때 모든 클라이언트의 회선 사용률이 동시에 100% 가 되지 않을 것을 미리 예측하여 클라이언트 거점의 대역 합계가 서버 거점 의 대역보다 크게 설계하지만, 보호 대역을 설정할 때 클라이언트 거점의 대 역만 보게 되면 나중에 문제를 일으킬 수 있다(그림 1-20).

또, 거점 수나 대역을 제어하는 서비스 수가 증감하는 등, 일상적으로 대역 제어장치 설정을 변경해 달라는 요청이 발생하는 일도 많다. 그 때, 전체를 보지 않고 개별 요청 사항에 대해서만 설정을 하게 되면, 어느새 각 클라이 언트 거점의 보호 대역의 합계가 서버 거점의 물리 회선 대역을 넘어 버리게 된다.

모두 다 설정상 대역이 보호되어 있는 것처럼 보이지만, 각 클라이언트 거점의 보호 대역의 합계가 서버 거점의 물리 대역을 넘어서고 있기 때문에 물리 회선의 상한을 넘는 트래픽이 발생하게 되어 기대한 스루풋은 당연히 얻을 수 없다.

대책은 그다지 어렵지 않다. 초기 설정할 때 클라이언트 거점 측의 회선 사용률을 보고 나서, 서버 거점 측 회선의 집약률을 설정하면 된다. 운용 대책으로는 매일 유지보수되는 보호 대역과 물리 회선 대역의 밸런스를 가시화할 수 있는 구조를 만들어 두면 된다.

트래픽을 상세하게 분류해서는 안 된다

다음에 주의해야 할 점은 필요 이상으로 트래픽을 상세하게 분류해서는 안 된다는 점이다. QoS에서는 서비스마다 우선 순위를 설정한다. 그러나, 이용하는 서비스가 10종류가 있다고 대충 10단계의 우선 순위를 설정하도록 설계해서는 안 된다. 아래와 같은 단점 때문에 효과가 없게 된다.

- 운용의 인적 부하나 설정 오류 증대
- 테스트 항목 수 증대
- 단계를 구분하기 위한 리소스(클래스나 가상 채널 등 기종마다 다양한 개념이 있다)를 대량으로 소비하는 것으로 기기 비용의 증대나 확장성에 대한 제약
- QoS 장치를 생각하지 않는 소프트웨어 결함의 위험 요소

냉정하게 생각하면, 9번째와 10번째의 우선 순위는 오십보 백보이며, 이 차이에 의미가 있는 경우는 그다지 보기 드물다. 원래 기종에 따라 우선 순위를 10단계로 세분화할 수 없는 경우도 있고, 만일 설정할 수 있었다고 해도 앞에서 서술한 단점들을 갖고 있다. 대략 하급, 중급, 상급의 3단계나, 최상급까지 추가하여 4단계 정도로 정하는 것이 타당하다.

3~4단계 이상으로 세분화해야만 안정된 통신을 보증할 수 있다면 물리적인 대역이 절대적으로 부족할 가능성이 높다. QoS로 어떻게든 하려고 애쓰는 것보다 실질적으로 회선 증가를 검토해 보는 것이 좋은 결과를 얻을 수 있을 것이다.

아키텍처

구축 멤버의 시선만으로 로그 출력을 설계해서는 안 된다

일반적으로, 가동하고 있는 어플리케이션의 에러 로그에 관심을 갖는 사람은 운용 담당자와 유지보수 담당자다.

운용 담당자는 에러 로그에서 에러 내용이나 중요도 등을 읽어내려고 하며, 또 유지보수 담당자는 에러가 발생할 때 어플리케이션의 상태를 파악하는 데 도움이 되는 정보를 얻으려고 한다. 입장에 따라 에러 로그에서 얻고 싶은 정보에 차이가 있다는 사실에 주의해야 한다.

아키텍트는 에러 로그 정보의 참조자가 컷 오버를 계기로 구축 멤버에서 운용 유지보수 멤버로 바뀐다는 사실을 염두에 두고, 특히 운용 담당자나 유지보수 담당자의 시선으로 로그 출력에 대해 적절하게 설계를 해줘야 한다. 일정이 빠듯한 프로젝트에서는 로그에 관한 설계가 뒷전이 되어 충분히 고려되지 않는 경우가 많기 때문에 특별히 신경 써야 한다.

기록 내용의 부족과 표현에 주의

운용 담당자는 로그 파일이나 감시 콘솔상의 출력 내용이 부족하지 않은지, 출력 내용에 오해를 가져올 듯한 것은 없는지 등을 신경 써야 한다. 어플리케이션에 에러가 발생하면 로그 파일에 출력하고 감시 콘솔에 경고를 출력하는 것이 일반적이다. 감시 콘솔의 경고를 본 감시자는 에러 내용을 보고 운용 담당자에게 연락한다. 감시 콘솔에 표시해야 할 내용은 에러 메시지 ID나 에러 발생 일시, 중요도 등이다.

연락을 받은 운용 담당자는 에러가 발생할 당시의 로그 파일을 참조하여, 에러 내용을 자세하게 조사하고 에러가 일어난 원인을 찾는다. 그리고 어플리케이션을 계속해서 가동할지 서비스를 정지할지 판단한다. 로그 파일의 출력 정보가 부족하거나 잘못된 정보(오해를 가져올)가 있거나 하면, 정확한 판단을 내릴 수 없게 된다.

에러가 발생할 때 상태를 파악하는 데 도움이 되는 정보를 기록한다

또, 유지보수 담당자는 어플리케이션에 에러가 발생했을 때 상태를 파악하는 데 도움이 되는 정보가 기록되도록 하는 것이 좋다. 예를 들면, 어떤 함수나 메소드로 파라미터의 에러를 검출했을 경우 파라미터 에러라고만 출력되면 아무런 의미가 없다. 어디서, 어떤 파라미터가, 어떤 상태였는지, 중요한 정보가 유지보수 담당자에게 전달되지 않기 때문이다.

다음과 같은 정보가 유지보수 담당자에게 전해지도록 고려하는 것이 중요하다.

- 발생 장소를 명확히 알 수 있는 정보(소스 파일명이나 행 번호 등)
- 문제가 된 데이터 항목이나 파라미터 정보와 상태
- 에러가 발생될 당시의 데이터나 관련이 있는 데이터의 특정 키 등

로그 비대화를 문제시하기 전에 에러를 근절한다

어플리케이션 에러의 모든 정보를 로그 파일에 출력하면 파일이 너무 커져 문제가 되거나 디스크 접근이 잦아 성능에 지장을 주게 되지는 않을까, 걱정이 될지도 모른다. 그러나, 그렇게까지 빈번하게 에러가 발생한다면 에러를 근절하는 것이 최우선의 작업이다. 어플리케이션 에러의 로그 파일로 사이즈나 접근 빈도가 문제가 되어서는 안 된다.

추가로, 로그에 출력하는 내용을 결정하려면 각 프로젝트의 보안 정책을 고려해야 한다. 예를 들면, 개인정보 등을 로그에 포함해서는 안 된다.

아키텍처

GC를 정하지 않고 자바 어플리케이션을 설계해서는 안 된다

자바는 메모리 할당이나 해제 등을 담당하는 GC_{Garbage Collection}라는 메모리 관리 처리를 갖고 있다. GC로 번잡한 메모리를 관리할 수 있다는 이점이 있는 반면, GC를 실행할 때 처리가 정지되는 경우가 발생된다는 특징이 있다.

특정 메모리 영역이 가득 차게 되었을 때 실행되는 것이 Full GC다. Full GC는 처리가 무겁고, 실행할 때는 메모리 내의 오브젝트 정합성을 관리해야 하므로 어플리케이션 스레드를 모두 정지시켜야 한다(이 개념을 'Stop The World'라고 한다). 이 특징은 잘 알려져 있음에도 불구하고 프로그램 설계에 반영되어 있지 않은 경우가 의외로 많다.

I/O(입출력) 대기나 네트워크 통신 대기는 어떤 구체적인 처리를 할 때 부수적으로 발생하기 때문에 대기 시간을 의식해야 한다. 한편, GC는 어떤 타이밍에서 발생할지 모르기 때문에 설계 관점에서 누락되기 쉽다. 동작하기 시작한 어플리케이션 스레드는 항상 움직이고 있다고 생각하기 십상이지만, 이러한 생각은 위험하다. 설계할 때 GC에 있는 처리는 어떤 타이밍에서도 정지할 가능성이 있다고 생각해 두어야 한다.

기다리게 되는 것은 인간만이 아니다

GC를 고려하지 않은 설계로 생기는 문제 중 제일 먼저 생각나는 것이 온라인 시스템의 응답 시간이다. 사용성과 직결되므로 GC의 폐해 중의 하나로 잘 알려져 있다(그림 1-21).

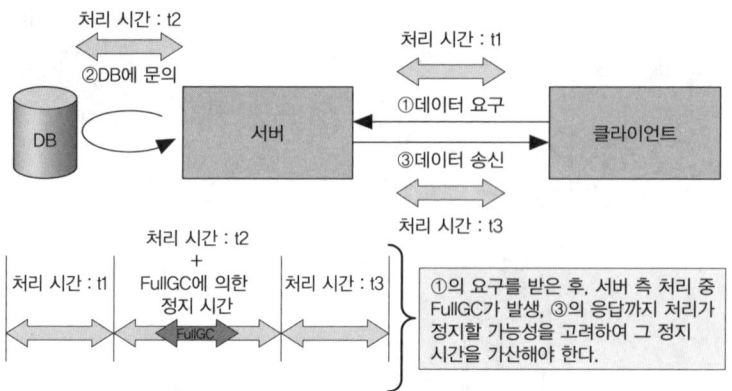

그림 1-21 GC에 의한 정지 시간을 고려한 응답 시간의 측정

처리를 기다리게 되는 것은 인간만이 아니다. 클라이언트/서버 방식으로 서로 통신하면서 처리를 실행하는 어플리케이션의 경우, 서버가 자바로 구축되어 있다면 GC에 의해 타임아웃 되는 사태도 일어난다.

또, 어플리케이션 내부가 폐쇄된 처리라고 해도 타임아웃은 일어날 수 있다. 시스템 타임을 기본으로 대기 시간을 설정하고 있을 경우 GC가 끝난 순간에 시간이 초과되어 바로 타임아웃이 발생할 가능성이 있다. 처리를 개시하기 전의 시각과 처리를 종료하고 난 후의 시각 차이만큼을 처리 시간으로 설정했을 때는 예상 값을 초과한 큰 값이 나올 수도 있다.

자바의 어플리케이션에서 무응답 상태가 문제가 되었을 경우, 어플리케이션 스레드가 고부하 상태여서 응답을 못하는 것인지, 그렇지 않으면 GC로 인해 전혀 움직일 수 없는 것인지 문제를 해결하는 데도 주의가 필요하다. 당연히 어떤 상태인지에 따라 대처 방법이 달라진다.

GC를 고려하여 타임아웃이나 재시도(retry)를 설계한다

GC에 의한 프로그램 정지를 항상 고려하여 설계해야 한다. 설계를 할 때 서버의 GC 발생 빈도와 GC 처리에 의한 정지 시간의 목표 값을 정할 수 있도록 하고, 클라이언트는 서버의 GC 때문에 반응이 없어질 수 있는 시간대를 고려하여 타임아웃이나 재시도를 설계한다.

사실, GC의 정지 시간을 없애기 위해서는 Full GC의 방식 선택도 중요하다. Full GC의 정지 시간 감소를 목적으로 한 GC 방식도 구축되고 있다. GC 처리 중 시간이 걸리는 처리를 어플리케이션 스레드와 병렬로 실행하는 Concurrent GC는 어플리케이션 스레드의 정지 시간을 단축할 수 있다.

그렇지만, Concurrent GC가 좋은 면만 있는 것은 아니다. Full GC가 발생할 때의 정지 시간은 단축시켜 주지만, 스루풋은 낮아진다. 간단하게 말하면, 종래의 Full GC에서는 GC가 발생할 때 간혹 응답 시간이 상당히 나빠지는 경우가 있었는데, Concurrent GC에서는 GC가 발생할 때의 응답 시간이 그다지 나쁘지는 않다. 단, 평균적인 응답 시간은 좋지 않다.

어플리케이션이 비교적 긴 시간 동안 입력이 없는 상태에서 결과를 내는 일괄 처리의 경우에는 총 정지 시간이 짧은 Full GC를 이용한다. 짧은 시간에 응답해야 할 경우에는 Concurrent GC를 이용한다. 이처럼 어플리케이션 특성에 맞춰 최적의 GC 방법을 선택해야 한다.

또, 어떤 경우에는 힙 영역의 전체 사이즈나 힙 내부를 튜닝하는 것으로 GC에 의한 정지 시간을 크게 줄일 수 있다.

리치 클라이언트

실물 모형과 프로토타입을 혼동해서는 안 된다

사용자가 헤매지 않고 조작할 수 있는 것은 물론이거니와 "기분 좋다", "즐겁다", "두근거린다"는 사용자 인터페이스를 갖는 리치 클라이언트 어플리케이션을 만들고 싶으면, 실물과 프로토타입의 차이를 올바르게 이해해 둘 필요가 있다.

어플리케이션은 사용자의 경험을 살려 동작하도록 하는 것이 일반적이다. 최적의 조작을 추구하다 보면, 지금까지 해본 적이 없는 새로운 조작을 만들어야 하고, 그 조작에 대해 디자이너와 사용자(기업의 담당자로 사용자 부문의 중요 인물이나 시스템 부문에서 사양을 결정하는 사람 등)와의 인식을 맞춰야 한다. 디자이너가 일회용을 전제로, 단시간에 작성하여 자신이 만든 이미지를 상대에게 전달하기 위해 실물 모형을 만들기도 한다.

한편, 프로토타입은 실물 모형을 사용하여 확정시킨 UI 컨셉을 구현한 것으로, UI 설계 사양을 확정하기 위해 사용한다. 그래픽이나 조작 방법이 정의되어야 하므로 작성에 많은 노력과 시간이 걸린다.

양자의 차이를 이해하지 않고 사양 검토 단계(실물 모형 작성 단계)임에도 불구하고, 프로토타입 작성을 디자이너에게 의뢰하게 되면 노력(비용)이 허사가 되는 경우가 대부분이다.

리치 클라이언트

어플리케이션을 함부로 리치화해서는 안 된다

리치 클라이언트 어플리케이션을 만들려면 비용도 시간도 많이 든다. 또, 이용하는 기술에 따라서는 읽기나 렌더링 처리에 시간이 걸리기도 하고 런타임 환경의 버전 관리라고 하는 운용에 시간이 들기도 한다. 그래서, 리치 클라이언트로 했다고 해서 반드시 사용하기 쉽다거나 관리가 쉬워졌다거나 할 수는 없다. 특히 기존 어플리케이션에 대해 리치 클라이언트화를 검토할 때는 사용자의 PC 성능이나 기존 어플리케이션의 익숙도를 충분히 고려할 필요가 있다.

실제 예를 들어 구체적으로 설명해 보면, 건강 진단 어플리케이션을 리치 클라이언트화하여 입력 기능을 향상시키고 싶다는 상담을 받은 경우다. VB.NET으로 만들어진 기존 어플리케이션의 화면은, 진단하는 사람이 이용하는 입력계와 진찰 받는 사람이 건강 지도를 받을 때 검사 결과를 확인하는 참조계로 나누어진다. 사용자를 조사해 본 결과, 진단하는 측은 PC 성능 및 기존 어플리케이션의 익숙도가 높았다. 또, 입력 내용은 수치가 대부분이었다. 입력계 화면은 리치 클라이언트화하는 것이 부적절하다는 결론에 이르렀다. 사용 방법이 바뀌어서 입력 효율이 떨어지는 등, 업무 처리를 오히려 방해할 수 있기 때문이다. 결국, 건강 지도에 이용하는 참조계의 UI만을 리치 클라이언트화했다.

리치 클라이언트

화면 디자인이나 화면 이동의 변경에 "이것이 최선"이라고 생각해서는 안 된다

개발 초기 단계에서 UI의 모양이나 조작에 대한 사양은 흔히 정해져 있지 않다. 그래서 리치 클라이언트 어플리케이션을 설계할 때는 그림 1-22와 같이 계층 구조를 염두에 두면 좋다. 계층 구조로 해 두면 상위층의 사양이 정해져 있지 않아도 하위층의 개발을 어느 정도 진행해 갈 수 있기 때문이다. 특히, 대규모 시스템을 개발할 때 효과를 발휘한다.

최하층의 비지니스 로직과 이벤트는 개발 도중에 변경 사항이 나오기가 드물다. 중간층의 컨트롤/레이아웃도 프로토타입을 이용하여 사용자의 의향을 파악, 관계자들과 공통된 인식을 가지고 있으면 나중에 크게 변경될 소지는 적다. 문제는, 상위에 위치하는 "자산"과 "상호 작용"이다. 이 2개의 계층은 최종 단계가 되어도 확정되지 않는 것이 많기 때문에 튜닝 영역으로 두어야 한다.

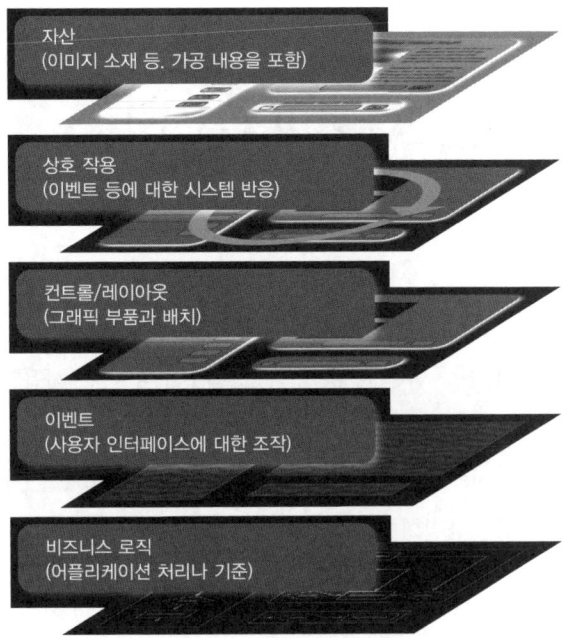

그림 1-22 어플리케이션의 계층(Layer) 구조도

리치 클라이언트

사용자 경험을 무조건 포함시키려 해서는 안 된다

리치 클라이언트가 주목 받은 이유 중의 하나가 보다 나은 사용자 경험을 실현할 수 있다는 점이다. 사용자 경험은 인지 심리학자 Donald A. Norman씨가 미국의 애플(Apple)에서 UI_{User Interface}를 개발하고 있었을 때 만든 개념으로, 타사의 제품과 차별화를 하기 위해 생각한 것이다.

그 생각의 중심은 외관을 먼저 디자인하는 것이 아니라 사용자 시점에서 사용자가 사용하기 쉽게 한다는 점에 목적을 두고 설계하는, 사용자 중심 설계에 있다.

리치 클라이언트에서는 지금까지 본 적도 느낀 적도 없는 조작 위주의 UI를 경험할 수 있다. 다만, 이것을 구현하려면 사용자에게 어떤 서비스를 어떻게 제공해 주어야 감동을 줄 수 있는지에 대해 충분히 검토한 후에 디자인해야 한다. 이러한 디자인을 사용자 경험 디자인이라고 하며, 사용자의 분석, 컨셉이나 목표의 명확화, 태스크 분석, 실물 모형을 촬영한 동영상 제작, 프로토 타입 제작 등, 스텝을 밟아 실시된다.

이러한 일련의 작업들은 노력도 시간도 많이 들기 때문에 비용 증가로 연결된다. 승산 없이 사용자 경험을 포함시켜서는 안 된다.

사용자 경험은 기능 요건이 아니고 부가가치

사용자 경험은 리치 클라이언트에서 반드시 필수인 것은 아니다. 즉, 기능 요건이 아니라 부가적인 것이다.

어플리케이션에 사용자 경험을 적용하면 사용자의 지원 및 비용을 줄일 수 있거나 조작 오류를 감소시킬 가능성이 높다. 경우에 따라서는 몇 번 사용해 보고 기분 좋은 감정을 고객에게 전달해 줌으로써 제품을 계속 사용하게 하는 효과를 얻을 수 있다. 이러한 부가가치 금액을 정확하게 산출하는 것은 일반적으로 어렵지만, 가능한 한 금액으로 환산하여 사용자 경험을 구축하는 데 드는 비용과 비교하여 도입 유무를 검토하는 것이 중요하다.

리치 클라이언트

사용자에게 사용하기 어려운 점을 물어서는 안 된다

리치 클라이언트는 완전한 신규 시스템으로, 제로부터 만들어지는 경우는 적다. 서비스 확대 등을 기회로 쓰기에 불편한 기존 시스템을 다시 개조해서 구축하는 것이 대부분이다. 그래서 기존 시스템을 바탕으로 구현해야 할 요건을 찾게 된다. 이 때 사용자에게 기존 시스템에서 사용하기 어려웠던 점을 물어서는 안 된다. 부분적인 개선은 문제의 근본 해결이 되지 않을 가능성이 높기 때문이다.

예를 들면, 만일 여러 단계에서 작성되는 웹 품의서 작성이 문제여서 사용자에게 사용하기 어려운 점을 물었는데, "2단계의 입력이 요구된 마지막 항목은 해당하지 않기 때문에 공백인 채로 괜찮은지, 필수 입력이 되어야만 하는지 알 수 없어 곤란했다"는 대답을 들었다고 하자.

그래서 이 문제를 2단계에서만 "입력은 필수가 아닙니다. 해당하지 않는 경우는 다음으로 진행해 주십시오"라는 설명서를 추가하게 된다. 그러나, 본래는 사용자에 따라 조건 분기 등을 이용하여 그 항목이 표시되지 않도록 바로 전 단계에서 회피하는 방책을 검토해야 한다.

조작 부위를 비디오로 찍어 흐름을 분석한다

사용자의 작업이 어느 화면의 어느 조작에서 막혀 있는지를 알아 내려면 백그라운드에서 조작 상황을 비디오로 촬영해 두면 좋다. 그것을 나중에 반복 재생하여 무엇을 위해 어떤 조작을 요구했었는지 생각하면서 사용자의 업무 순서를 분석한다. 문제가 생각나면 부분적으로 대처하지 말고 시스템 전체를 생각하면서 최선의 해결책을 찾는 것이 중요하다.

리치 클라이언트 어플리케이션을 작성하고 있는 도중, 사용자에게 프로토타입의 평가나 검증을 의뢰했을 때 사용하기 어려운 점이 무엇인지 묻는 것은 바람직하지 않다. 조작성을 중시하여 디자인된 어플리케이션은 일련의 흐름을 갖고 있기 때문에 전후의 화면 사이에는 깊은 관련성이 있다. 이 때, 하나의 화면에 주목해서 개선점을 찾게 되면 일련의 흐름을 악화시켜 버리는 일이 흔히 있다.

신 클라이언트

신 클라이언트용 어플리케이션이라고 해도 안심해서는 안 된다

서버 공유형(화면 전송형)의 신 클라이언트[1] 시스템에 어플리케이션을 설치할 때는, 비록 그 어플리케이션이 신 클라이언트용으로 만들어졌다고 해도 일반 PC 환경과 동작이 완전히 똑같다고는 할 수 없기 때문에 주의가 필요하다.

과거에 존재하고 있었던 어플리케이션(일반 PC 환경에서 동작하는 어플리케이션)은 신 클라이언트 환경에서 호환이 되는지 사전에 반드시 확인을 해야 했지만, 다행스럽게도 최근에는 신 클라이언트용 어플리케이션이 많이 만들어지고 있다. 그러나, 신 클라이언트 환경을 지원하는 정도에 차이가 있으므로 신 클라이언트용 어플리케이션에 대한 동작 검증을 게을리해서는 안 된다. 실제로, 검증을 하지 않고 신 클라이언트용 어플리케이션을 설치하자 다음과 같은 문제에 부딪힌 일이 있다.

어플리케이션을 실행시키자 사용자의 가상 데스크 탑에 태스크 트레이(태스크 바의 구석에 있는 아이콘 그룹)에 표시되어야 할 아이콘이 표시되지 않았다. 또, 바이러스를 막기 위한 소프트웨어가 바이러스가 검출되면 표시되는 메시지가 표시되지 않아 조사해 본 즉, 가상 데스크탑이 아닌 서버 콘솔에

---

1 신 클라이언트(Thin Client): 네트워크로 연결된 서버에서 모든 처리를 해서 그 결과만 클라이언트에 보내주고 클라이언트에서는 결과만 볼 수 있는 PC 대체용 컴퓨터. 기존 PC에 있는 하드웨어 부분을 없애 신(Thin)이라고 함.

표시되고 있었다. 또 어떤 어플리케이션은 이력 정보가 그 어플리케이션을 이용하는 여러 사용자 사이에서 공유되고 있었다.

그런데, 각 사용자에게 PC와 동등한 환경이 제공되는 가상 PC 타입이나 블레이드 타입의 신 클라이언트의 경우에는 이런 문제가 발생하지 않는다. 다만, 서버 공유형에 비하면 설치 비용이 많이 든다.

신 클라이언트

산출해 보지 않고 TCO를 줄일 수 있다고 생각해서는 안 된다

신 클라이언트는 일반 PC 환경에 비해 도입 비용은 비싸지만, 운용 관리 비용이 적게 들기 때문에 TCO Total Cost of Ownership(총소유비용)를 줄일 수 있다. 확실히 신 클라이언트로 하게 되면 단말이 고장 났을 경우에도 하드를 바꾸기만 하면 된다. OS나 어플리케이션을 다시 인스톨하거나 환경을 다시 설정할 필요가 없기 때문에 단말 관리 비용을 줄일 수 있다.

과거 PC 환경에서는 클라이언트에서 하고 있었던 어플리케이션 설정이나 보안 패치 적용 등 단말 환경 관리를, 신 클라이언트 시스템은 서버 측에서 하게 된다. 그래서, 서버 관리 비용은 확실히 많이 들게 된다. 또, 신 클라이언트의 경우에는 서버가 고장이 나면 전원을 사용할 수 없다. 업무가 멈추지 않도록 세심한 관리가 요구되므로 서버 운용 비용도 많이 들게 된다.

단말을 관리하는 비용이 서버 운용 비용의 증가 폭보다 많이 들게 되면 TCO가 줄어 들게 된다. 단, 각 사용자가 클라이언트 PC에서 실행시키는 윈도우즈 업데이트나 어플리케이션의 인스톨/버전 업이라고 하는 유지보수 비용은 명확히 알 수 없기 때문에 주의가 필요하다. 신 클라이언트로 이러한 작업들이 서버 측에 모아지게 되면 비용을 한눈에 볼 수 있게 된다. 그 결과, 서버의 운용 비용이 한층 더 많아지고 단말을 포함한 관리 비용까지 증가한 것처럼 보이기 십상이다. 신 클라이언트로 운용 비용이 어떻게 바뀌게 될지 제대로 산출하는 것이 중요하다.

덧붙여 서버 공유형의 신 클라이언트에서는 사용자 환경 설정을 어느 정도 통일할 필요가 있다. 좋아하는 에디터나 한영 변환 소프트웨어를 사용하고 싶다는, 개개의 사용자 요망을 어디까지 대응해 줄지에 대해서는 사용자의 편의와 관리의 밸런스를 생각해서 결정해야 한다.

신 클라이언트

신 클라이언트의 도입으로 가용성이 좋아졌다고 트러블이 없다고 생각해서는 안 된다

신 클라이언트 도입의 장점 중의 하나로 가용성 향상이 있다. 사실 신 클라이언트라면 단말이 고장나더라도 교환하면 즉석에서 이용할 수 있다. 또, 일반적으로 PC는 백업이 잘 되지 않은 경우도 있지만 신 클라이언트라면 서버 운용의 일환으로 백업을 할 수 있기 때문에 데이터를 손실할 위험이 줄어든다.

서버 공유형이라면 트러블이 모든 사람에게 영향을 준다

한편, 서버 공유형의 신 클라이언트에서는 어떤 사용자의 트러블이 모든 사람에게 영향을 줄 수 있다는 것을 잊어서는 안 된다. 예를 들면, 특정 업무 어플리케이션 이외에는 일절 동작시키지 않는 전용 환경이나 키오스크 단말이 아닌 한, 프로세스가 폭주하거나 태스크 매니저 등으로는 프로세스를 종료시킬 수 없는 사태가 발생될 가능성이 있다. 그러한 사태에 빠지면 프로세스를 폭주시킨 사용자는 유지보수 시간이 될 때까지 시스템을 사용할 수 없게 된다. 그렇지 않으면, 모든 사람의 업무를 일시적으로 멈추게 한 후 서버를 다시 기동해야 한다(그림 1-23).

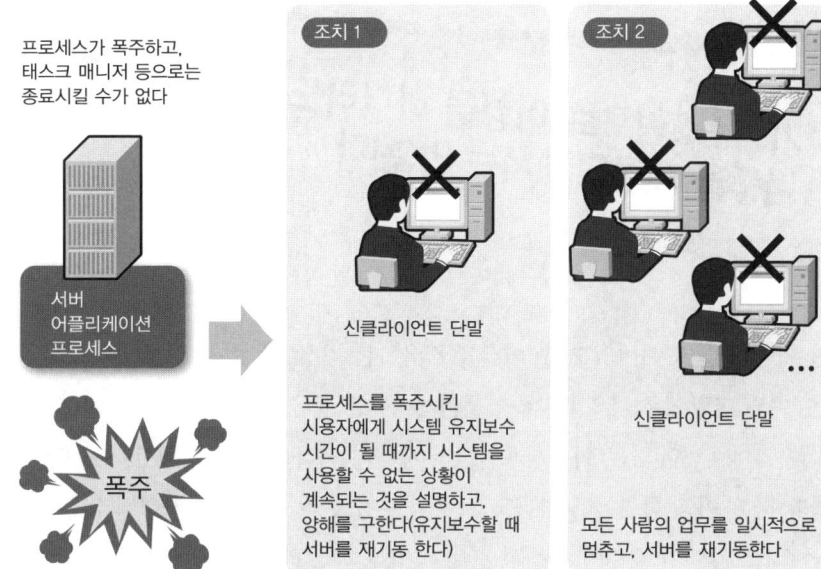

그림 1-23 **폭주 프로세스를 종료할 수 없을 경우의 조치**

가상 OS 타입이나 블레이드 타입의 신 클라이언트 시스템이라면 이러한 문제는 생기지 않는다. 그러나 어플리케이션 실행이 느려지는 등, 일반 PC에서 일어나는 트러블까지 없어지는 것은 아니다.

신 클라이언트

가상 PC형으로 이행을 하더라도 검증을 게을리해서는 안 된다

한 대의 단말이 서버의 가상 머신을 점유하는 가상 PC형의 신 클라이언트에는, 여러 단말이 하나의 OS나 어플리케이션을 공유하는 서버 공유형인 것에 반해, 이용할 수 있는 어플리케이션의 제약이 적다는 장점이 있다. 또, 단말마다 다른 이용 환경을 구축해도 서버의 운용 관리 부담이 증가하지 않는 가상 소프트웨어가 갖추어진 물리 서버 사이에 가상 PC를 이동시켜, 서버의 부하를 조정하거나 가용성을 높이는 등의 장점도 있다.

한편, 가상 PC형은 사용자마다 필요한 리소스가 서버 공유형보다 많기 때문에 설비 비용이 증가하는 단점이 있다. 이용할 수 있는 어플리케이션 제약이 적다는 사실 등으로 일반 PC 환경에서 가상 PC형 신 클라이언트로의 이행은 쉽게 생각되겠지만, 실제로는 잘 이행되지 않는 것도 있으므로 꼼꼼한 사전 검증이 필요하다.

PC에 특수한 디바이스를 사용하고 있을 경우는 요주의

PC에 특수한 디바이스를 사용하고 있는 경우가 있다. 가상 환경에서는 하드웨어 자원을 조정할 수 있도록 하는 가상 소프트웨어가 있다. 따라서, 가상 소프트웨어가 대응하고 있지 않는 하드웨어는 이용할 수 없다. 전용 확장 보드가 필요하기도 하고, 동글dongle(부정 이용을 막기 위한 장치)로만 사용할 수 있는 어플리케이션은 가상 환경에서는 이용할 수 없을 가능성이 높다.

가상 소프트웨어에서는 입출력 성능이 떨어지는 경우도 있다

또, 가상 환경에서는 가상 소프트웨어의 오버헤드로 입출력 성능이 나빠지기도 한다. PC의 로컬 환경에서 DBMS를 이용하고 있는 경우에는 현저하게 성능이 떨어질 소지가 있으므로, 가상 환경으로의 이행은 추천하고 싶지 않다. 가상 소프트웨어의 결함으로 이행할 수 없는 경우도 있다.

최근, PC나 물리 서버의 디스크 이미지로 가상 환경의 이미지를 생성하는, 가상 환경 이행 지원 툴이 많이 좋아졌다. 이러한 툴들을 사용하면 이행 작업은 쉬워진다. 다만, 이행 위험까지 줄어드는 것은 아니기 때문에 주의가 필요하다.

Column 1

IT 아키텍트의 메시지
IT 아키텍트로서 가장 재미있게 느끼는 부분

시스템 개발은 "나이스 샷(Nice Shot)을 연발"하기보다 오류를 최소한으로 막는 것이 중요합니다. 그럼, 어떻게 하면 오류를 최소한으로 막을 수 있을까요? 오류를 최소한으로 막기 위해 IT 아키텍트가 완수해야 할 역할은 무엇일까요? 나름대로의 생각을 정리해 보았습니다.

시스템 개발에서 오류가 일어나는 것은 복잡하기 때문이라고 생각합니다. 인간은 애매한 정보를 다룰 수 있지만, 반면에 오류 또한 발생시키기도 합니다. 복잡해질수록 오류를 일으킬 확률도 비약적으로 늘어나게 됩니다.

시스템 개발의 복잡함을 극복하기 위해서는 각 개인이 담당하는 문제 영역을 명확하게 하거나, 각 개인의 작업을 가능한 한 간단하게 합니다. 이러한 것을 요구 분석, 설계, 개발, 시험, 부적합 관리, 품질 확인, 진척 파악, 리스크 분석 등 생각할 수 있는 모든 작업에 실시합니다. 복잡한 것을 그대로 두지 말고 담당자가 다룰 때에는 가능한 한 단순화합니다.

시스템 개발의 모든 공정에서 복잡한 것을 단순한 작업으로 만드는 역할을 담당하는 것은 "IT 아키텍트" 밖에 없다고 생각합니다. IT 아키텍트는 시스템 개발의 모든 작업에 관여하여, 어떤 담당자가 만들어낸 정보(예를 들어 설계서)를 다른 담당자가 입력물로 사용할 수 있도록(예를 들어 설계서를 보고 프로그램을 작성), 성과물(산출물) 전부를 파악합니다.

복잡한 것을 단순화할 때 몇 개의 룰(규정)이 필요합니다. 하지만 그 룰을 "전사 표준화"로 생각해서는 안 됩니다. 시스템 개발은 도메인에 특화하여,

주식회사 MIXI 다나카 요우이치로

방법을 그때그때 생각해가며 눈 앞의 개발을 최적화하기 위한 정형화나 통일성을 생각해야만 합니다.

표준에 계속 집착하다 보면 실패한다는 사실을, 여러분도 분명 경험이 있을 것이라고 생각합니다. 눈 앞의 도메인에 대한 최적의 순서나 방법을 찾아내어 작업을 진척시키는 것이 중요합니다.

여기에서 IT 아키텍트가 얼마나 깊이 있게 작업 순서나 방법을 정의할 수 있는지가 포인트입니다. 극단적으로 말하면, ① IT 아키텍트가 성과물을 규정하고, 실제 업무 방식은 각 팀의 자주성에 맡긴다. ② IT 아키텍트가 성과물과 업무 방식에 대해 모두 규정하고 각 팀의 자주성을 배제한다. 이 중 어느 쪽인가를 선택하게 됩니다.

이것은 각 팀을 구성하는 멤버의 스킬, 실제 작업의 복잡성 정도, 요건의 규모, 나아가 진척 및 품질 관리의 엄격함 정도를 전부 고려해서 결정해야 하는 것이며, 일률적으로 어느 쪽이 정답이라고 말할 수는 없습니다. 일반적으로 소규모 프로젝트일수록 자주성에 맡기며, 대규모 프로젝트일수록 규정대로 하는 경향이 있습니다. 적어도 IT 아키텍트는 성과물의 형식과 작업 단계마다 각 팀의 성과물의 입출력을 결정해야 합니다.

프로젝트에 필요한 설계, 구축, 관리 3가지를 따로따로 생각할 것이 아니라, 서로 활용하여 심플함을 유지하는 것이 IT 아키텍트의 역할이며, IT 아키텍트가 가장 재미있게 느끼는 부분이라고 생각합니다.

사용자에게 물어보면 모든 요건을 알 것이라고 생각하면 큰 오산이다. 사용자에게 물어보는 것만으로 요건이 명확히 되는 것은 아니다.

No.048 모든 요건을 사용자가 알고 있다고 생각해서는 안 된다

2장
방법론

IT 엔지니어의 성질을 "풍림화산(風林火山)"으로 분류할 수 있습니다.

바람(風)의 엔지니어
신속한 설계/구축으로 팀을 가속시키는 엔지니어. 바람의 엔지니어가 없는 개발팀은 남보다 앞서서 신제품이나 서비스를 릴리즈하는 것이 어려워집니다.

숲(林)의 엔지니어
돌발적인 트러블이 발생해도 냉정하게 대처하고, 팀에 흔들림이 없도록 페이스를 제공하는 엔지니어. 숲의 엔지니어가 없는 개발팀은 트러블이 발생될 때 무엇을 해야 할지 정확한 판단을 하지 못하고 혼란에 빠지기 쉽습니다.

불(火)의 엔지니어
새로운 기술/방법/툴의 적극적인 도입으로 팀이나 성과물의 경쟁력을 높이는 엔지니어. 불의 엔지니어가 없는 개발팀은 동일한 방법을 반복할 뿐, 진보할 기회가 적어집니다.

산(山)의 엔지니어
엄밀한 에러 체크와 탄탄한 프로그래밍으로 성과물의 안정성을 높이는 엔지니어. 산의 엔지니어가 없는 개발팀은 항상 품질 저하에서 오는 불안에 시달립니다.

부정 표현이 아닌 긍정문으로 기술한다. 이중 부정이나 다중 부정의 문장은 읽는 사람의 오해를 불러 일으키기 쉽다. 예를 들어 "재고 충당을 할 수 없는 경우에는 기본적으로 주문을 받지 않는다"고 써넣는 대신에 "재고가 있을 경우에만 주문을 받는다"고 기술한다.

No.050 사용자의 오해를 초래하기 쉬운 요건 정의서를 만들어서는 안 된다

개발 프로세스

유스 케이스를 상세하게 작성해서는 안 된다

기능 요건을 유스 케이스Use Case로 정리한 후, 분석하고 설계하는 것이 일반적인 방법이다. 하지만 많은 사람들이 유스 케이스를 작성하면서 비즈니스 케이스를 추가하거나 if~then 레벨의 로직까지 넣는 등, 불필요한 정보까지 추가하며 상세화하고 있다. 이것에 대해 일부 IT 아키텍트는 우려의 목소리를 내고 있다.

또, 어느 IT 아키텍트는 분석 마비Analysis Paralysis 즉, 상세화하지 않으면 왠지 불안하다며 유스 케이스에는 시스템을 구축하기 위한 목적을 표현해야 하는데 자꾸 기능에만 치중하고 있는 것 같다고 지적했다.

유스 케이스를 상세하게 작성하면 분석하고 설계할 때 오히려 방해가 된다. 실행 조건과 종료 상태 정도만 정확하게 작성하면 그것으로 충분하다(그림 2-1).

잘못된 유스 케이스는 메인 시나리오, 대체 시나리오, 변경 정보Variations가 혼재되어 있으며 비즈니스 룰까지 포함되어 있다. 그와 반대로 올바른 유스 케이스는 메인 시나리오, 대체 시나리오, 변경 정보가 구분되어 있으며, 시나리오를 분석할 때도 불필요한 비즈니스 룰(주문 번호는 고객번호와 고객의 주문번호로 구성 등)은 별도의 카탈로그로 작성하고 있다.

✗ 잘못된 유스 케이스

UC-ORD-002: 신규 주문 작성

Use Case id and name	UC-ORD002: 신규 주문 작성
Scope&Level	홈쇼핑 주문 시스템의 첫 번째 유스 케이스
Goal in context	홈쇼핑 주문시스템에 등록된 고객이 주문서를 작성한다. 처음에는 공백이지만, 재 주문 서비스를 제공하기 위해 이전 주문 내용이 추가될 수도 있다.
Preconditions	콜 센터의 오퍼레이터(Operator)가 액터라면 해당 고객의 입력 대행 환경이 설정되어 있을 것 (UC-CUS-014). 고객은 등록되어 있을 것.
Successful outcome	고객에 관련된 신규, 공백, 진행중인 주문
Failure outcomes	Failure	Outcome	Condition leading to outcome
	진행중인 주문이 있음	진행중인 주문이 있다고 고객에게 통지	고객에 관련된 진행중인 주문이 이미 있음
Primary actor	고객 또는 콜 센터의 오퍼레이터
Secondary actors	N/A

Scenario	1. if 고객이 진행중인 주문이 존재할 경우
	  if 주문을 취소할 경우
	    then 사용자에게 주문 취소 확인 화면을 표시한 후 DB에서 주문을 삭제하고, 이력 리스트를 갱신한다.
	    Else 고객에게 진행중인 주문이 있다고 통지한다.
	  End if
	2. 신규 주문일 경우는 고객번호 + 주문번호로 주문 참조번호를 작성하고, 최소금액 이상인지 체크한다.
	  If 최소 금액 이하
	    then 주문이 성립되지 않았다고 통지한다.
	    Else 주문 번호를 작성한다.
	  End if

- 주어가 생략됨
- if ~ end if로 구조화 되어 있는 듯 하지만 메인 시나리오, 대체 시나리오, 변경 정보까지 혼재되어 있어 본래의 요구사항을 파악하기 어렵다
- 필요 이상으로 시스템의 동작을 상세하게 작성
- 최소 금액 기준이 불명확하다
- 비즈니스 룰이 개개의 시나리오에 들어가 있어 변경할 때 변경 장소를 찾기가 어렵고, 그래서 변경 누락이 발생하기 쉽게 되어 있다.

○ 올바른 유스 케이스

UC-ORD-002: 신규 주문의 작성

Use Case id and name	UC-ORD002: 신규 주문 작성
Scope&Level	홈쇼핑 주문 시스템의 첫 번째 유스 케이스
Goal in context	홈쇼핑 주문 시스템에 등록된 고객이 주문서를 작성한다. 처음에는 공백이지만, 재 주문 서비스를 제공하기 위해 이전 주문 내용이 추가될 수도 있다
Preconditions	콜 센터의 오퍼레이터(Operator)가 액터라면 해당 고객의 입력 대행 환경이 설정되어 있을 것 (UC-CUS-014). 고객은 등록 되어 있을 것.
Successful outcome	고객에 관련된 신규, 공백, 진행중인 주문
Failure outcomes	Failure	Outcome	Condition leading to outcome
	진행중인 주문이 있음	진행중인 주문이 있다고 고객에게 통지	고객에 관련된 진행중인 주문이 이미 있음
Primary actor	고객 또는 콜 센터의 오퍼레이터
Secondary actors	N/A
Main scenario	1. 시스템은 고객과 관련된 주문을 작성하고, 최소 금액과 주문의 확정 방법을 고객에게 알려준다. 2. 유스 케이스 종료(성공)

Alternatives	1a. 고객이 진행중인 주문이 있는 경우
	  1a1. 시스템은 고객이 진행중인 주문이 있다고 통지한다.
	  1a2. 유스 케이스 종료(진행중인 주문이 이미 있다)

Variations	주문이 확정될 때까지 고객은 언제든지 취소할 수 있다. 고객은 주문 내용을 상기(Remind)시키기 위해 주문에 관련된 명칭을 입력할 수 있다. 또한 이 명칭은 재 주문할 때 사용된다.
Related information	고객이 신규로 주문을 한 경우, 홈쇼핑 시스템은 비즈니스 룰 BR-ORD-005를 사용하고, 주문 참조 번호를 생성한다. 시스템은 언제나 뷰에 표시된 주문 헤더 판넬을 표시하고 주문이 변경되면 아이템의 내용을 변경한다.
Issues	고객이 등록되어 있지 않더라도 이 유스 케이스를 가능하게 할 것인지, 필요하다면 등록 유스 케이스를 트리거(Trigger)로 할지 검토가 필요. 고객에게 1개 이상의 미확정 주문을 허가할 근거가 있는가?

그림 2-1 잘못된 유스 케이스와 올바른 유스 케이스

개발 프로세스

납품 문서만 남겨 두면 된다고 생각해서는 안 된다

"문서는 납품 대상이 되는 최종 문서만 남기면 된다."고 생각하고 있지는 않은가?

애자일Agile 개발 방법론에 따르면 문서보다는 소프트웨어가 중요하다는 항목이 있다. 이 말 그대로 소프트웨어만 중요하다고 여기고 있지는 않겠지만, 일반적으로 프로젝트 도중에 작성했던 모든 문서에 대해 버전까지 관리하고 있는 개발 현장은 극히 드물다.

많은 개발 현장에서 소스 코드는 형상관리[1]가 되고 있지만 문서의 경우는 형상 관리가 되고 있지 않은 것이 일반적인 현실이다. 테스트 시나리오나 테스트 데이터 또한 마찬가지다. 더욱이 프로젝트 기간이 짧다면 문서나 테스트의 형상 관리까지는 어려울 것이다.

하지만, 아키텍처 설명서나 회의록 등 납품하지 않아도 되는 중간 성과물에 대한 형상관리는 굉장히 중요하다. 과거 버전의 문서가 남아 있으면 왜 이런 아키텍처가 되었는지, 왜 이런 사양으로 변경되었는지, 프로젝트 중간 중간의 의사 결정에 대한 사유를 알 수 있기 때문에, 운용 이후 유지 보수에도 도움이 된다. 특히 개발할 때의 다양한 상황을 이해하기 위해 중간 성과물의 형상관리는 매우 중요하다.

---

[1] 형상관리(Configuration Management)로 시스템 형상 요소의 기능적 특성이나 물리적 특성을 문서화하고 변경의 과정이나 구현 상황을 기록·보고, 검증하는 관리 방법을 말한다. 형상관리 툴로는 Clearcase, SVN(Subversion), VSS(Visual Source Safe) 등이 있다.

최근 유지보수(SM) 업무가 증가하면서 문서 관리의 중요성이 다시 부각되고 있다. 그 많은 문서들을 수작업으로 관리한다면 많은 시간이 소요될 것이므로 형상관리 툴을 사용하여 성과물의 버전을 유지하고 관리하는 것을 추천한다.

개발 프로세스

패키지를 도입할 때 부가 기능 개발을 선행해서는 안 된다

패키지를 도입할 때 많은 컨설팅 경험이 있는 어느 IT 아키텍트는 메인 모듈을 안정화 시키기도 전에 부가 기능Add-On[1]을 개발하는 프로젝트가 너무 많다고 지적한다. 패키지를 도입할 때 중요한 것은 먼저 마스터 데이터나 인증 방법, 각종 파라미터를 설정하여 메인 모듈을 안정화 시키는 것(최초 프로토타입)이다. 그리고 나서, 안정화된 메인 모듈을 가지고 프로토타입을 여러 번 만들어 보며 부가 기능을 개발하는 것이 바람직한 모습이다.

왜 메인 모듈을 제일 먼저 안정화 시켜야 할까? 그것은 메인 모듈을 안정시키기 전에 부가 기능을 함께 개발하게 되면 어디에선가 모순이 생기기 때문이다. 실제로 테스트 단계에서 트랜잭션이 원활하게 동작하지 않거나 회계 처리의 연산 결과에 이상한 현상이 일어나기도 한다. 이는 본래 기능과 부가 기능 중 어디에서 문제를 일으키고 있는지 판단하기 어렵기 때문이다.

개발자는 개발 규모가 크면 클수록 하루라도 빨리 개발에 착수하여 일정을 단축하고자 부가 기능을 개발한다. 개발자뿐만 아니라 프로젝트를 관리하는 매니저들까지도 프로젝트 초기부터 부가 기능을 포함하여 일정을 관리한다고 하니, 프로젝트의 성패는 불을 보듯 뻔하다.

---

1 부가 기능(Add-On): 본래 패키지에서 제공되는 기능 이외에 패키지의 기능을 보강하기 위한 프로그램이나, 패키지를 구축하는 곳에서 요청한 기능을 추가로 장착시키는 프로그램을 말한다. 인사관리시스템에 기본정보 관리, 고과관리, 조직이동의 기능만 제공되는 패키지가 있었는데, 교육수강이력관리 기능이 필요하게 되어 패키지에 추가해서 구축을 했다면 교육수강이력관리는 부가 기능이 된다.

패키지 도입에 따른 설레는 기분은 잠시 가라 앉히고, 메인 모듈을 안정화 시키는 것이야말로 패키지를 도입할 때의 전제 조건이라 할 수 있다.

개발 프로세스

패키지를 도입하면 납기를 단축할 수 있다고 생각해서는 안 된다

패키지 소프트웨어Package Software[1]를 도입하면, 패키지를 도입하지 않고 처음부터 신규로 개발(내부 개발)하는 것보다 납기를 단축할 수 있다고 생각하는 엔지니어가 지금도 많이 있다. 하지만 패키지 개발은 내부 개발에서는 필요하지 않는 많은 개발 기간이 필요하다(그림 2-2). 오히려 내부 개발이 패키지를 도입하는 것보다 개발 기간이 단축되는 경우도 적지 않다. 그 이유는 다음과 같다.

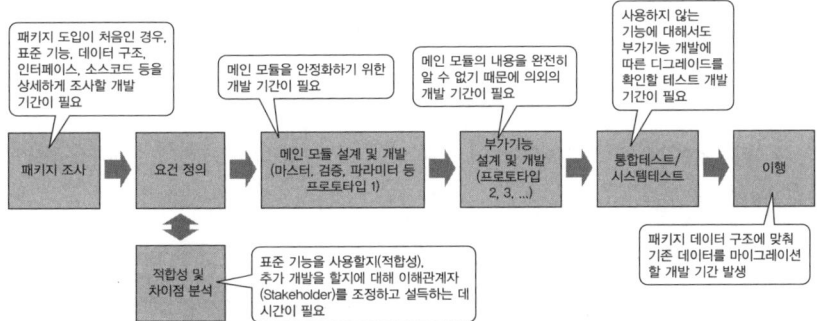

그림 2-2 패키지를 도입할 때 필요한 공수

---

1 패키지 소프트웨어: 어떤 목적을 위해 개발된 별개의 프로그램들을 하나로 통합한 제품을 말한다. 독자적인 목적으로 각각 개발되었지만, 서로 연관성이 있어서 하나로 묶어 특정 업무에 사용할 수 있도록 제품(패키지)으로 통합한 것이다. 예를 들면 급여, 인사, 구매, 회계, 재고관리 등과 같은 업무별 특성들을 연계시킨 제품을 패키지라고 한다.

첫 번째는 패키지의 기본 기능이나 데이터 구조, 소스코드 등을 상세하게 파악해야 하고, 반드시 실 데이터를 사용하여 검증하면서 내부 구조를 파악해야 하기 때문에 많은 시간이 필요하게 된다. 결코 게을리해서는 안 되는 가장 중요한 작업이다.

두 번째는 기능 정의 결과를 바탕으로 표준 기능을 사용할지Fit, 기능을 추가로 개발할지Gap 결정하는 적합성Fit 및 차이점Gap을 분석할 때 사용자나 경영자층 등으로 구성된 다양한 이해관계자를 조정하고 설득하는 데 시간이 필요하게 된다.

세 번째는 의외로 잊기 십상인 패키지의 메인 모듈을 안정적으로 동작시키기 위해 개발 기간이 필요하게 된다. 마스터 데이터[1]나 인증 방법, 기본값 등을 설정하여 프로토타입을 작성한다.

적합성 및 차이점 분석으로 추가 기능이 필요하게 되면 메인 모듈 위에 추가해야 할 기능들을 개발해야 된다. 그러나, 기능을 추가하려면 메인 모듈의 내용을 완벽하게 알고 있지 않기 때문에 의외로 많은 시간이 필요하게 된다. 이것이 개발 기간이 늘어나게 되는 네 번째 요인이다.

다섯 번째는 테스트 기간이다. 이미 메인 모듈이 완성되어 있다고 해서 테스트 기간이 줄어들 것이라고 생각하면 큰 오산이다. 추가된 기능이 메인 모듈에 영향을 미칠 수 있으므로 메인 모듈은 물론이고 사용하지 않는 기능까지도 전부 테스트해야 하기 때문에 개발 기간이 필요하게 된다.

마지막으로 기존의 데이터를 패키지로 이행migration하기 위한 작업 기간이 별도로 필요하게 된다. 이행 데이터는 패키지 소프트웨어의 데이터 구조에 따라 대폭 변경되기도 하므로 변경 작업에 많은 시간이 드는 것은 물론, 이

---

1 마스터데이터(Master Data): 자료를 처리할 때 기본 자료로 제공되는 자료의 집합으로 자주 변하지 않는다. 예를 들면, 인사 데이터에서 이름, 성별, 생년월일, 주민번호, 혈액형 등이 포함될 수 있다.

행 데이터를 작성하기 위해 데이터를 정화하는 작업data cleansing이 수반될 때도 많다.

수요 예측 등 추가 개발이 어려운 부분을 패키지에서 제공된 기능 그대로 사용할 수만 있다면, 확실하게 납기를 단축시킬 수 있다. 그러나, 패키지에 추가해야 할 기능이 많다면 내부 개발과 비교해 볼 때 반드시 납기를 단축시킬 수 있는 것은 아니다.

개발 프로세스

협력사나 고객사와 실데이터 파일을 주고 받아서는 안 된다

협력사나 고객사가 문서를 요구하면 작성한 엑셀이나 워드 등의 파일을 그대로 보내곤 한다. 흔히 있는 일이지만 절대로 그래서는 안 된다. 파일에 원가나 견적의 계산식, 고객명, 작성자나 작성 부서 등 회사의 기밀 정보가 매크로나 속성 등에 남아 있을 수 있기 때문이다(그림 2-3). 숫자가 들어 있는 문서는 PDF나 그림 파일로 하여 속성들을 지우고 보낼 수 있도록 보안을 유지해야 한다.

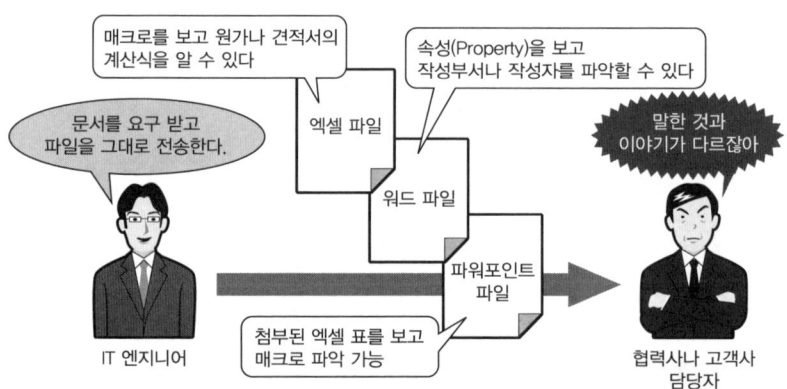

그림 2-3 요청한 자료를 그대로 보내면 정보가 새나갈 우려가 있다.

개발 프로세스

WBS 하나의 작업 항목에 여러 담당자를 선정해서는 안 된다

대부분 개발 현장에서는 WBS Work Breakdown Structure를 작성한다. WBS는 프로젝트에서 필요한 모든 작업에 대해 기능(Task) 단위로 작업을 분할하고 구조화하여 각 작업 항목의 성과물이나 담당을 명기한 것이다. 일반적으로 계약(견적) 시점에 WBS를 대략 작성하고, 프로젝트가 진행되면 점차 WBS를 상세하게 작성해 간다.

하지만, 어떤 베테랑급 프로젝트 매니저는 WBS의 작성 방식 때문에 오히려 프로젝트가 혼란스러울 때가 있다고 지적한다. 가장 큰 요인 중의 하나가, 하나의 작업 항목에 담당자나 담당 기업을 복수로 배분하는 것이다.

왜 하나의 작업 항목에 담당자나 담당 기업을 복수로 할당하면 안 되는 것일까? 그것은 작업 항목에 할당된 각 담당자 또는 담당 기업의 작업 범위가 애매해지기 때문이다.

예를 들어, 업무 프로세스 설계 중 업무 기능 정의라는 작업 항목에 A사는 「◎」, B사는 「○」라고 기술했다고 하자(그림 2-4). A사가 주체가 되어 A사와 B사가 공동으로 실시하는 것은 알 수 있다. 하지만 두 회사의 작업 범위가 애매하다. 구축 단계가 되면 업무 기능 정의를 위해 필요한 업무 용어나 업무 코드 정의 등 구체적인 작업을 A사와 B사 중 누가 담당할지, 옥신각신할 가능성이 있다. 최악의 경우에는 두 회사 모두 자신의 작업 범위가 아니라고 생각하여, 그 작업을 하지 않을지도 모른다. 이러한 문제가 발생하면 계획을 전면 재검토해야 하는 등 프로젝트가 혼란스러워진다. A사와 B사의 신뢰관계가 무너질 우려도 있다.

✕ 작업 분담이 애매한 WBS							작업 분담		
단계	작업 항목						A 사	B 사	C 사
	대분류		중분류		소분류				
	ID	내용	ID	내용	ID	내용			
기본설계	1-1	업무 프로세스 설계	1-1-1	업무 플로우 설계	1-1-1-1	데이터 흐름도 작성		○	
					1-1-1-2	업무 기능 정의	◎	○	
					1-1-1-3	업무 처리 개념도 작성		○	
			1-1-2	사용자 인터페이스 설계	1-1-2-1	화면 천이도 작성	△(지원)	◎	
					1-1-2-2	단말 조작 상세 사양도 작성			○

분담이 애매하게 될 경우 작업 항목을 상세히 나눈다

'지원'이라는 애매한 단어는 사용하지 않는다.

○ 작업 분담이 명확한 WBS							작업 분담		
단계	작업 항목						A 사	B 사	C 사
	대분류		중분류		소분류				
	ID	내용	ID	내용	ID	내용			
기본설계	1-1	업무 프로세스 설계	1-1-1	업무 플로우 설계	1-1-1-1	데이터 흐름도 작성		○	
					1-1-1-2	업무 기능 정의서 작성	○		
					1-1-1-3	업무 기능 구성도 작성		○	
					1-1-1-4	업무 처리 개요도 작성		○	
					1-1-1-5	업무 용어와 업무 코드 정의	○		
			1-1-2	사용자 인터페이스 설계	1-1-2-1	화면 천이도 작성		○	
					1-1-2-2	단말 조작 상세 사양도 작성			○

그림 2-4 **작업 분담이 애매한 WBS의 예**

특히 이러한 문제가 일어나기 쉬운 것은 업무 프로세스 설계와 이행, 사용자 교육이다. 모두 다 벤더와 고객사가 서로 협력해야 할 작업이기 때문이다. 작업 범위의 애매함으로 인한 문제는 일으키지 않도록, 작업을 하기 전에 WBS 하나의 작업 항목에는 1명의 담당자 또는 1업체(1회사)를 선정해야 한다는 것이 대원칙이다.

개발 프로세스

특정 프로세스나 패턴에 집착해서는 안 된다

기업의 정보 시스템 프로젝트는 개발 기간이 긴 대규모 개발이나 개발 기간이 짧은 웹 시스템 개발, 유지보수 개발 등 여러 분야가 있다.

그리고, 시스템 개발 방법론과 성과물을 정한 프로세스도 워터폴waterfall형, 반복형iteration, 애자일agile형 등 여러 가지 방법이 있다. 말할 것도 없이 기업의 정보 시스템의 특성에 따라 가장 적합한 것을 선택해야 한다. 하지만 자신이 성공했던 경험에서 헤어나지 못하고 특정 개발 프로세스만 고집하는 엔지니어가 적지 않다.

항상 동일한 개발 규모, 동일한 개발 형태라고 단정할 수 없다. 성과물이 다르면 개발 방법도 달라진다. 이것들을 고려하여 개발 프로세스를 테일러링tailoring하는 것이 가장 중요하다. 테일러링이란 대상이 되는 개발 프로젝트에 맞춰 개발 프로세스를 재정의하는 것이다. 일본 IBM의 Rational Method Composer와 같이 스스로 개발 프로세스를 정의할 수 있는 툴도 있다.

소프트웨어 패턴도 동일하다. 일정 패턴의 교과서를 "성서"처럼 생각해서 무엇이든 교과서에 써 있는 대로 패턴을 사용해야만 직성이 풀리는 엔지니어가 있다. 자신의 패턴만 고집하다 보면 어느 한 부위의 서브 시스템만 자신의 고유 패턴이 적용된, 난해한 프로그램이 되기도 한다.

개발 프로세스도, 패턴도 "목적"이 아니라 "수단"이다. 목적과 수단이 바뀌지 않도록 개발 프로세스도 패턴도 유연하게 "적재적소"에 적용될 수 있도록 유의해야 한다.

2장 _ 방법론 117

개발 프로세스

"UP=반복 개발"이라고 생각해서는 안 된다

포스트 워터폴로 가장 유력한 개발 프로세스가 UP Unified Process라는 것에 다른 의견이 있는 사람은 별로 없다. 하지만 UP를 직접 컨설팅하는 어떤 프로젝트 매니저가 말하기를, "UP = 반복 개발이라고 오해하는 사람이 많다. UML로 설계하고 구축하는 작업을 반복하는 것이 UP라고 생각하고 있다"고 한다.

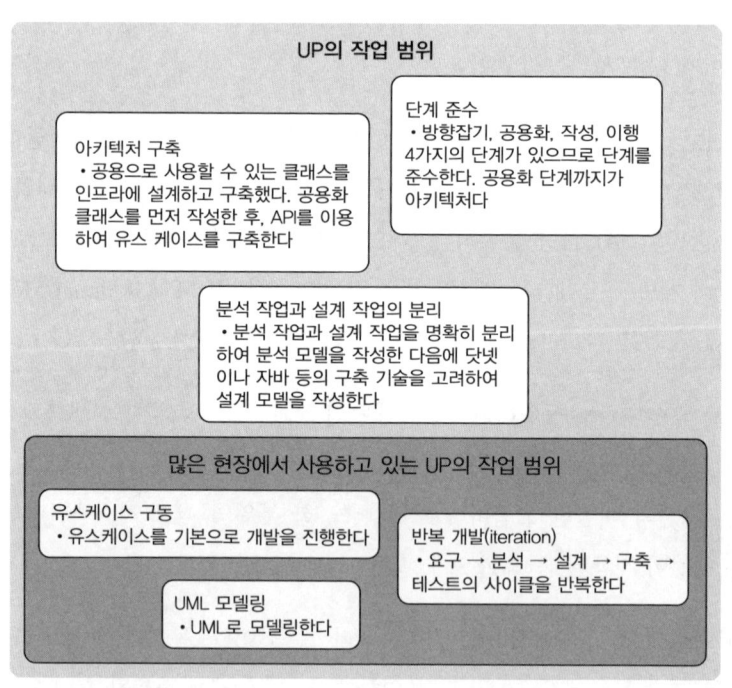

그림 2-5 UP의 작업 범위는 넓다

이 프로젝트 매니저는 "가장 중요한 작업이 많은 개발 현장에서 누락되고 있다."고 한다. 그럼 누락되고 있는 작업이란 무엇인가? 크게 3가지가 있다(그림 2-5).

첫 번째는 분석과 설계를 분리하는 것이다. 분석이란 닷넷이나 자바 기술에 의존하지 않는 UML 모델(분석 모델)을 작성하는 것이다.

설계란 구현하기 위한 상세한 UML 모델(설계 모델)을 작성하는 것을 말한다. 하지만 많은 개발 현장에서는 분석 모델을 만들지 않고 바로 설계 모델을 만들고 있다.

왜 분석이 필요한가? 가장 큰 이유는 보수성이 좋아지기 때문이다. 분석 클래스는 설계 클래스보다 보는 시야가 넓다. 설계 클래스가 1000개, 분석 클래스가 100개 있을 때, 중요한 클래스를 찾으려면 분석 클래스를 보는 편이 훨씬 쉽기 때문에, 보수가 용이하다.

두 번째는 아키텍처의 구축이다. "많은 사람이 하드웨어나 미들웨어, 프레임워크 등 제품의 조합 = 아키텍처라고 생각하지만, UP의 아키텍처는 전혀 다르다"(앞에서 말한 프로젝트 매니저). 그림 2-6에서 나타낸 것처럼, 분석 클래스 중 프로젝트에서 재이용할 수 있는 공용 클래스를 설계하고 구축하여 실제로 동작하는 "환경"이 UP의 아키텍처다. 이 아키텍처의 API를 사용하여 유스 케이스를 구축한다. 프로젝트를 할 때 클래스를 재이용하면 생산성과 품질이 높아진다.

세 번째는 단계phase의 준수다. 앞에서 말한 프로젝트 매니저는 반복보다도 단계 준수가 100배 중요하다고 말한다. UP는 "방향잡기", "공용화", "작성", "이행"의 4가지 단계가 있다. 공용화 단계에서 아키텍처를 구축하고, 작성 단계에서 여러 개의 유스케이스에 적용하여 생산성을 대폭 향상시킬 수 있는 것 이외에 견적에도 도움이 된다.

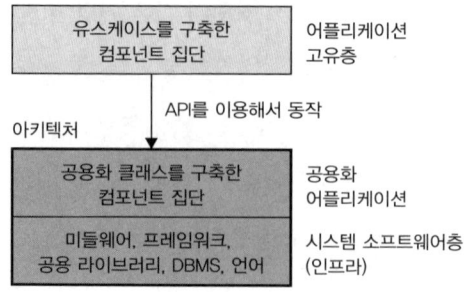

그림 2-6 UP의 아키텍처

ERP

ERP와 현행 기능을 비교해서는 안 된다

ERP 도입 프로젝트의 제일 첫 단계는 기업이 중심이 되어 수행하는 그랜드 디자인 단계grand design phase가 대부분이다. 그랜드 디자인 단계에서는 경영 과제나 경영층의 니즈를 추출하여 그것들을 해결할 수 있는 "만들고 싶은 모습"을 정의한다. 만들고 싶은 모습을 실현하기 위한 수단으로 ERP의 적용 여부를 평가한다. 구체적으로 아래와 같은 작업을 한다.

- 현행 경영 과제의 추출
- 새로운 경영 니즈의 추출
- 경영 과제, 경영 니즈의 해결책 책정
- 해결책을 실현하기 위한 방법으로 적용 시스템(ERP, 개별 패키지, 내부 개발)을 비교 평가
- 신 시스템의 요건 정리, 전체 그림 작성
- RFP 작성
- 제안 비교, 선정

그랜드 디자인 단계에서는 ERP와 현행 기능을 비교해서는 안 된다. 양자를 비교하여 갭이 생긴 부분을 ERP에 무조건 맞춰 주게 되면 경영 과제, 경영 니즈가 해결되지 않기 때문이다. 표면화 혹은 잠재된 경영 과제가 ERP를 도입한다고 해서 자연적으로 해결되지는 않는다.

ERP에는 합리적인 업무 모델이 갖춰져 있다. ERP를 적용하여 비즈니스 모델을 최적화하거나 데이터를 일원화하여 경영진의 판단을 쉽게 해 주는 장점이 있다. ERP와 현행 기능을 비교하여 맞지 않는 부분을 ERP에 맞춰 준다면 ERP의 장점을 살려 경영 과제나 경영 니즈가 해결될 수 있다고 생각하기 십상이다.

그러나, 그렇게 해서 목적이 달성되는 경우는 흔치 않다. 경영 과제, 경영 니즈의 최적화optical solution가, ERP가 제공하는 합리적인 업무 모델이나 데이터의 일원화라고는 할 수 없다. 또한, ERP에서 커버하고 있지 않은 영역에 대한 과제는 해결되지 않는다. ERP는 도입할 수 있을지 몰라도 경영 니즈나 경영 과제의 해결은 불완전하게 된다.

예를 들어 판매 계획과 생산 계획이 연동되어 있지 않아, 여분의 원재료를 사들였다가 재고가 많아진 잠재 과제를 안고 있는 경우를 생각해보자. ERP는 판매 계획을 생산 계획으로 변환하는 시뮬레이션(자재 소요 계획)을 실행하여 최적의 원재료 조달을 제안하는 기능을 갖고 있다. 그래서 ERP를 도입하여 프로세스가 최적화되고, 잠재 과제는 해결될지도 모른다. 그러나 만약 판매 계획에 영업 목표가 들어가 있었다면, 이것은 시스템 이외의 과제이며 ERP의 도입만으로는 해결되지 않는다. 그러한 원인이 있다는 것조차 눈치채지 못할 수도 있다.

여러 가지의 해결책을 만들어 정량/정성 효과를 비교한다

그럼, 어떻게 하면 될까? 우선 그랜드 디자인 단계의 목적을 재확인해야 한다. 그랜드 디자인 단계에서는 경영 과제나 경영 니즈를 도출하여 해결책을 만드는 것이 목적이었을 것이다.

해결책은 과제나 니즈의 원인을 분석하고, 원인에 따라 조직, 비즈니스 모델로부터 무엇을 어떻게 바꿀지 구체적으로 디자인하는 것을 의미한다.

해결책은 하나만 있는 것은 아니다. 여러 가지 해결책을 도출하여 평가 기준에 따라 정량 효과, 정성 효과를 비교하여 최종 해결책을 찾아 경영 과제와 경영 니즈가 해결될 수 있는, "만들고 싶은 모습"을 정의해간다. 이후, 해결책으로써 ERP를 사용할 수 있는지 검토한다. ERP의 검토 대상은 경영 과제와 경영 니즈가 해결되는, 만들고 싶은 모습이다.

위의 예에서 먼저 재고가 많다는 경영 과제를 인식한다. 원인으로 판매 계획과 생산 계획이 연계되지 않는다는 것과 판매 계획에 영업 노력 목표가 들어가 있어 실제 판매된 것 이상으로 계획되어 있다는 2가지 원인을 알아내었다. 전자는 ERP의 시뮬레이션(자재 소요 계획) 기능으로 과제 해결을 검토하고, 후자는 판매 계획 수립 방법을 재검토해야 한다.

그랜드 디자인 단계에서는 경영 과제와 경영 니즈의 해결책을 RFP(제안 의뢰서)에 한데 모아, 구체적인 실행 방안을 여러 벤더에게 의뢰한다. 그리고 나서 비용이나 제안을 받아, 채택한 벤더와 2인 3각으로 프로젝트 실행 계획을 수립하고 프로젝트를 시작kickoff한다.

ERP

다짜고짜 프로토타입부터 시작해서는 안 된다

ERP 패키지의 도입은, ERP에서 제공해 주는 표준 기능으로 어디까지 구현할 수 있는지에 따라 프로젝트의 성공 여부가 결정되기도 한다. 표준 기능의 구현 정도를 검증하는 "프로토타입"은 중요한 의미를 가지고 있다.

여기에서는 프로토타입을 "실 기기를 사용하여 ERP의 표준 기능을 확인하고 ERP의 기능으로 업무를 운용할 수 있음을 확인하는 작업"이라고 정의한다. 프로토타입과 같은 작업을 CRP_{Conference Room Pilot}라고 부르는 경우도 있다.

프로토타입 단계의 목적은 신 업무 프로세스를 결정하고, 표준 기능과 부가 기능을 분리하거나 기본값의 설정 등에 있다. 이 목적을 달성하기 위해 프로토타입에서 "무엇을", "어디까지", "어떻게" 할지 명확하게 해 두어야 한다.

프로토타입에서 가장 유의해 할 점은 다짜고짜 프로토타입부터 만들게 되면 부가기능이 상당수 개발된다는 점이다. 흔히 프로젝트를 개발하는 시점에 업무 담당자들을 모아 프로토타입을 개발하게 되는데, 이 경우는 대부분 실패한다. IT 엔지니어는 가능하면 ERP의 표준 기능에 업무를 맞추려고 하며, 맞지 않는 부분은 과제로 이슈화하여 해결책을 검토하려고 한다.

어떻게 보면, 표준 기능에 맞추려고만 하는 IT 엔지니어의 일련의 이런 작업이 황당하기만 할 것이다. ERP의 표준 기능을 보면 현재 자신이 하고 있는 업무 처리와 너무 달라, 자신의 업무가 앞으로 어떻게 변한다는 것인지 도무지 알 수도 없다. 업무 담당자의 시선에서 보면 표준기능이라는 것이 그다지 만족스럽지 않아 관심에서 멀어지고, 눈 깜짝할 사이에 2개월이 경과하고 만다.

또한 대기업의 대부분은 담당자의 역할이 세분화되어 있어, 각 담당자는 프로세스의 전체 구조를 파악하고 있지 않는 경우가 대부분이다. 업무 전반을 숙지한 슈퍼 사용자를 모으는 것도 어렵고 지시된 새로운 업무 프로세스를 받아들이려는 사람들도 별로 없다.

그러한 상태에서 담당자를 한 자리에 모아 "이 프로세스로 당신의 업무를 처리할 수 있을 것입니다."라고 말한다면 개개의 업무 관점에서 발견되는 많은 갭들로 인해 실패를 하게 된다. IT 엔지니어는 갭이 커지는 것을 막기 위해 패키지의 특수한 기능을 부자연스럽게 조합한 솔루션을 제안하게 되고, 이런 식으로 제안된 솔루션은 심플한 프로세스를 복잡하게 만들게 된다.

복잡한 절차를 떠맡게 된 업무 담당자는 만족할 리 없을 테고 "패키지 따위는 불편할 뿐"이라는 인상만 주고 만다. 패키지 기능에 정통한 어플리케이션 엔지니어일수록 이런 함정에 빠지기 쉽다.

결론은 "저희 회사의 업무는 고유한 기능이 많아 ERP의 적합률이 50% 이하입니다. 표준 기능에 맞추는 노력을 더 할지, 대량의 부가 기능을 개발할지 선택해주십시오". 이렇게 수개월에 걸친 작업이 진퇴양난에 빠지게 된다.

실제 업무 패턴으로 확인하지 않으면 나중에 변경이 발생한다

또 한 가지, 자주 있는 실패로는 주요 업무 프로세스를 대충 진행시키고 나서, 괜찮다고 안심하고 있는 경우다. ERP의 표준 기능에 맞춰 대충 업무를 연결한다. 청구서도 어느 정도 작성되고, 회계 전표도 잘 작성된다. 앞으로 어떻게든 되겠지 하고, 고객도 SE도 안심하고 있다.

이러한 경우에는 사용자 검수 단계에서 문제가 판명되어 당황스러운 입장에 처하고 만다. 실제 업무 패턴에 맞춰 테스트를 하게 되면 "부가가치세의 처리는 여러 가지의 패턴이 있고, 거래처 별로 설정할 수 있어야 한다.", "거래처로부터 문의가 오면 상대방의 청구서 번호로 검색을 할 수 없다.", "자동으로 계산되는 명세가 여러 가지가 있는데, 어떻게 계산된 것인지 헷갈린다." 등의 문제가 발견된다.

기본 값을 변경해서 대응해 줄 수도 있지만, 기본 값을 변경하거나 마스터 데이터에 항목을 추가하면 이미 개발과 테스트가 끝난 다른 업무에까지 영향을 미칠 수 있다. 최악의 경우 개발이 완료된 프로그램을 수정해야 하거나 시스템 테스트를 다시 해야 하는 문제로까지 발전한다. 물론 프로젝트는 대폭 연기될 것이다.

반드시 해야 할 당연한 주요 프로세스임에도 실제 업무 패턴으로 확인하지 않아 실제 업무와 멀어지게 된 것이 실패의 원인이다. 여기에도 개선의 여지가 있다.

목적을 달성하기 위해서는 3개의 포인트를 잡는다

그럼, 어떻게 하면 적절한 프로토타입을 만들 수 있을까? 포인트는 3가지가 있다(그림 2-7, 2-8).

첫 번째는 프로토타입을 개시하기 전에 구현해야 할 업무 프로세스 목록을 정하고, 업무 요건을 정의하는 것이다. 여기에서 중요한 것은 각각의 프로세스의 목적과 성과물, 준수해야 할 비즈니스 룰(계산 내용을 포함한다)을 명확하게 하는 것이다. 업무 목적을 충분히 이해하고 있는 업무 부문의 리더와 풍부한 업무 지식을 가지고 있는 IT 엔지니어가 공동으로 하는 것이 바람직하다.

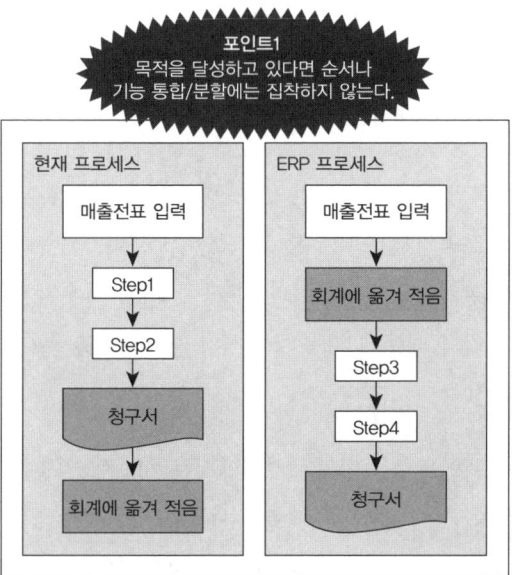

그림 2-7 업무 목적 달성을 확인한다

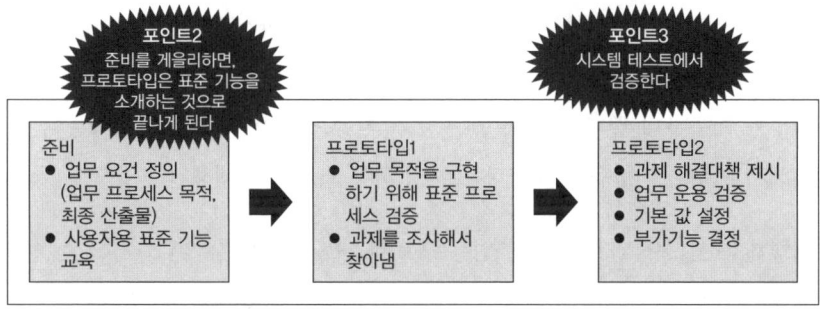

그림 2-8 표준 프로토타입의 단계

예를 들어 매출~수금의 프로세스에서는 고객의 매출을 명세 단위로 기록하고, 부가가치세나 계약 수수료를 계산할 수 있다. 청구서에 필수 인쇄 항목은 무엇이며, 옮겨 적어야 할 회사 분개(부기(簿記)에서 거래 내용을 차변과 대변으로 나누어 적는 일)로는 어떤 것들이 있는지, 승인 권한은 어느 레벨까지로 할 것인지 등을 정의한다. 프로토타입에서는 이 목적을 달성하기 위한 업무 프로세스를 ERP의 표준 기능으로 구현할 수 있는지 검증한다.

그렇게 하면 업무를 목적 위주로 파악할 수 있게 되며, 현재 보유하고 있는 기능을 정리하거나 복잡한 순서 및 많은 추가 기능들을 최대한 줄여가며 목적한 바의 프로세스를 구현할 수 있다.

두 번째는 프로토타입의 평가자인 업무 평가자에게 사용자 교육을 해 두는 것이다. 패키지 제공업체는 대부분 교육(연수) 서비스를 제공하고 있으므로 여기에 참가시키는 것이 이상적이다. 교육에 의해 사용자가 패키지 기능을 대략 파악할 수 있기 때문에 기능 통합이나 분할, 작업 순서의 변경 등도 받아 들이기 쉬워진다.

그리고, 마지막 포인트로는 프로토타입에서는 시스템 기능뿐만 아니라 시스템과 시스템 기능 사이에서 발생하는 수작업도 있을 수 있다는 가정 하에, 모든 업무를 수행할 수 있고 제대로 된 성과물을 얻을 수 있다는 점을, 업무 요건 정의에 참가한 업무 리더와 실 업무 담당자들 모두에게 확인한다. 일반적으로 프로토타입의 검증은 여러 번 실시하기는 하지만, 최종 검증은 시스템 테스트를 실시할 생각으로 실제 사용하고 있는 데이터와 동일한 내용으로 업무를 처음부터 끝까지 진행한다. 부가 기능으로밖에 대응할 수 없는 점에 대해서도 부가 기능을 실시했다는 가정 하에 업무를 진행해간다.

이렇게 해서 수작업을 포함한 업무 프로세스를 확인할 수 있다. 기본값 설정의 타당성도 검증할 수 있으며, 재개발을 최소한으로 줄일 수 있다. 프로토타입의 목적과 목표(달성)를 명확히 하고, 목적과 목표에 맞게 빈틈 없이 준비를 해 두는 것이 성공의 비결이라고 할 수 있다.

ERP

고객이 말하는 패키지의 갭 판단을 그대로 받아들여서는 안 된다

업무 요건을 정리하여 이러한 기능 요건들을 패키지에 끼워 넣는 작업은 패키지 제공업체의 IT 엔지니어에게 있어서는 실력을 발휘할 수 있는 부분이기도 하다. 그러나 고객과 IT 엔지니어의 의견이 충돌하여 쌍방간에 거북한 경험을 하게 되는 경우도 많다.

그 원인 중의 하나는 패키지의 표준 프로세스나 기능에 모든 것을 맡겨 버리는 고객의 일방적인 자세 혹은, 반대로 고객의 요구를 무조건 수용하는 수동적인 자세로 IT 엔지니어가 기능 요건을 정의하는 경우다. 그렇게 진행하게 되면 어떠한 결과를 가져올까?

구현 방법이 전혀 다른 샛길로 빠지게 되어 프로젝트가 멈추게 된다. "운용할 수 있는 신 업무 프로세스를 정의할 수 없다.", "실 업무에 맞는 부분이 너무 적어 패키지를 도입한 장점이 없다."고 프로젝트 오너는 생각한다.

가장 귀찮은 것은 의사 결정의 근거나 전제 조건을 애매하게 진행하여, 실제로 운용하기 어렵게 된 경우다. "업무 수행에 중대한 지장이 생겨 고객의 고객(거래처 · 최종 소비자 · 투자가)에까지 폐를 끼친다.", "많은 부가 기능 프로그램들이 조직 개편이나 패키지의 버전업 등으로 방대한 공수(=비용)가 든다."고 생각한다.

이러한 바람직하지 못한 생각을 막기 위해, "고객의 패키지 기능의 부정"과 "부가 기능으로 개발할 것인지의 판정 기준" 두 가지의 관점으로 대책 방안을 소개한다.

이유를 끝까지 따져 대책을 구상하여 표준 기능으로 해결책 제시

"업무가 제대로 수행되지 않는다."는 현업 담당자의 반응을 무조건 받아들이게 되면, 목표 달성이나 가동 시기 및 예산 준수의 어느 쪽이 파탄 날 위험성이 높다. 그렇게 되기 전에 해야 할 3가지 대책을 열거한다.

제1대책은 업무가 제대로 수행되지 않는 이유를 끝까지 파악/분류하여 각각에 대해 대응책을 구상할 것. 고객이 패키지의 기능을 부정하는 이유는 여러 가지가 있다. 주요 패턴과 대응 방안을 소개한다.

- **원하는 기능이 빠져 있다**: 그 기능이 왜 필요한지, 앞으로도 계속 필요한 기능인지, 필요한 근거를 명확히 확인하고 목표에 부합한 신 업무 프로세스와 조합하여 기능의 추가 여부를 판단한다.

- **수작업으로는 대응할 수 없다**: 작업량이라는 수치로 표현하는 것이 가장 좋다. 대상 데이터(처리)의 발생 빈도를 조사한다. 과거에 발생한 건수를 파악하는 것도 중요하지만, 신 업무 프로세스의 발생 빈도를 추정해 보고 수작업으로도 대응할 수 있는지 판단한다.

- **사용자가 잘 다룰 수 없다**: 현장에서 발생한 어느 정도의 작업 변경에 대해 어떻게 처리할지는 프로세스 방침에 따르겠지만, 불특정 다수가 사용하는 품의나 여비/경비 정산, 근태 입력 등의 공통 기능과 특정 담당자가 사용하는 수주 및 발주, 입고, 청구, 입금, 지급 등의 개별 기능을 구별하여 이용자 레벨에 맞춰 우선 순위를 생각한다. 소위 익숙해지는 문제에 대해서는 사용자 교육을 실시하고, 담당자의 레벨 향상이나 효율화를 목적으로 한 서비스 센터shared service center와 연동하여 조작operating 지식을

가진 인재를 모으거나 소수 정예화를 하는 등으로 어느 정도 극복할 수 있다.

- **수작업으로는 통제하기가 어렵다**: 구현 방법을 검증하기 전에 통제를 어떻게 할 것인지 한 번 더 정의한다. 예를 들어 "통제의 강도와 감사 건수는 서로 관계가 있음", "패키지 내에 승인 이력이 없어도 문서 관리 툴 등에서 승인 이력이 파악된다면 유효함" 등 고객의 요구사항들이 패키지에서 제공되고 있는지에만 너무 집착하지 말고, 개별적인 대응 방안을 검토한다.

제 2대책은 패키지의 표준 기능을 사용하여 고객의 불안 요소에 대한 해결안을 제시할 것. 룰이나 체제 변경의 전제 조건을 명확히 한 후 표준 기능 또는 수작업으로 구성한 구현 방안을 작성한다. 이 때 부가 기능은 표준 기능의 활용을 충분히 생각해 보고 나서 판단해야 한다. 이 작업을 하지 않으면, 예를 들어 단순하게 처리의 자동화를 요구하고 있는지, 전혀 존재하지 않는 기능을 요구하고 있는지 정리할 수 없다.

현 상황에서의 처리 시기나 담당자를 적용시켜보면 왜 고객이 불안해 하는지 그 이유가 보이게 된다. 체제나 업무 순서에 대한 해결 방안이 대부분이고, 만약 부가 기능으로 판정되면 개발할 수 없는 경우에 대한 대체 방안도 필요하다.

제 3대책은 룰을 변경할지의 판단은 단계적으로 확대해 갈 것. 현장 담당자들은 룰을 변경해야 할지 판단할 수 없을 때가 많다.

업무를 변경했을 때 다른 업무에 미치는 영향 정도와 부가 기능을 개발했을 때의 개발 기간, 실제 운용을 시작한 후의 추가 작업 등을 기록하여, 의사결정자들과 단계적으로 의사 결정을 해 나간다.

부가 기능의 우선순위는 PMO가 기준을 정의한다

부가 기능 개발이 필요한 이유를 명확하게 하기 위해 요건을 분류하고 우선순위를 붙인다. 우선 순위를 애매하게 해 두면 프로젝트 오너, 경영자, 현장의 각 업무 팀이 각자의 상황에 맞게 해석되어 제일 먼저 개발되어야 할 요건이 가장 나중으로 밀려 전체 일정에 중대한 지장을 초래하기도 한다. 이러한 혼란을 피하기 위해 경영자와 업무 팀 사이를 중재할 프로젝트 매니지먼트 오피스PMO를 두어 준비할 사항을 명확하게 정의하고 관계사 사이에 합의를 해 둔다.

예를 들면 다음과 같다.

- 프로젝트 목표 실현을 최우선으로 한다.
- 제도나 법령 준수는 기본적으로는 우선한다.
- 거래처와의 관계에 영향이 있다면 개별적으로 변경여부를 검토한다.
- 현재의 서비스 레벨을 유지하기 위한 부가 기능 개발은 우선순위가 낮다.

이처럼 우선순위를 결정한 후에 투자(정량) 대비 효과(정성·정량), 개발 기간과 예산, 운용 부하(정량) 등의 평가 항목을 정의하여 판단한다.

IT 엔지니어는 패키지에서 제공되는 모든 기능에 정통해야 하고, 고객은 현재의 업무 요건에 정통해야 한다.

IT 엔지니어는 (이대로는 사용할 수 없는) 표준 기능을 적용하려고 하며, 고객은 앞으로 필요할지도 모른다는 이유로 현 상황의 업무를 고집하는 등, 무의미한 대립으로 발전하는 것은 비극이다. "고객 vs. IT 엔지니어"의 대립구도가 아닌 "고객 & IT 엔지니어 & 패키지 기능 vs. 차이점"의 구도 아래, 프로젝트 목표를 함께 인식하고 서로의 지식을 보완하면서 구현해야 한다.

부가 기능 개발이란 선택이지 자체가 나쁜 것은 아니다. 프로젝트 목표에 부합한 우선 순위와 판단 기준을 합의하여 필요성을 주장하는 것이 중요하다 (그림 2-9).

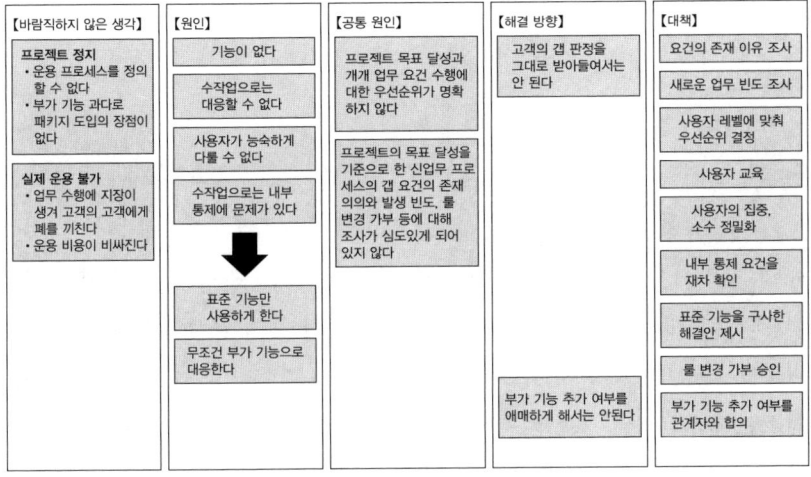

그림 2-9 부가 기능 개발에서 실패하지 않기 위한 방법

ERP

보고서 검토를 뒤로 미뤄서는 안 된다

No. 041

시스템의 기능은 크게 "입력물input", "프로세스process", "출력물output"로 나눌 수 있다. 입력물이란 데이터의 발생 근원이 되는 것으로, 매일 업무를 처리하다 보면 시스템에 많은 입력 처리를 하게 된다. 프로세스는 시스템에 입력된 데이터를 가공하여 처리량, 처리 속도, 계산 등이 올바른지를 담당하며, 이것을 효율화하기 위해 시스템을 도입한다고 해도 과언은 아니다. 출력물은 시스템에서 처리된 결과를 출력하는 것으로 장애 보고서, 재무 보고서, 업무 분석 보고서 등 여러 가지가 있다.

시스템 요건을 검토할 때 이것들 중 어느 것에 중점을 둘 것인가? 물론, 모두 다 중요한 기능이므로 다소 전후는 있더라도 검토는 반드시 해야 한다. 하지만 실제로 시스템 요건을 정의하다 보면, 보고서 검토를 미루게 되는 경우가 많다.

그 이유는 "보고서는 단순히 어떤 업무를 처리하기 전후에 나오는 리스트다.", "ERP에 데이터만 들어 있다면 출력은 간단히 할 수 있을 테니 나중에 생각해도 된다.", "ERP가 아닌 BIBusiness Intelligence 툴 측에서 검증하면 된다."는 잘못된 사고에 빠지기 때문이다. 보고서는 시스템 측면에서 보면 최종 출력물이지만 업무의 흐름 측면에서 보면 입력물이기도 하다. 업무의 전제(시작)가 되는 전표(보고서의 일종) 검토를 뒤로 미뤄서는 안 된다.

보고서에 필요한 항목부터 다시 검토 해야 하고, 일정은 지연된다

보고서를 뒤로 미루면 어떤 불편함이 있을까? 아래의 경우를 생각해보자.

ERP 패키지 도입 안건 회의에 참여한 IT 아키텍트 A씨. 보고서는 매회 프로토타입의 시나리오와 관련된 것만 소개했다. 그 당시에는 업무 담당자의 반응도 나쁘지 않았기 때문에 보고서에 관해서는 별도의 부가 기능 개발을 하지 않아도 끝날 수 있을 것이라고 생각하고 안심하고 있었다.

실제로 업무 담당자가 보고서를 검토하기 시작한 것은 프로토타입 단계가 끝날 무렵이었고, 그 때서야 업무 담당자가 현행 보고서와 함께 추가로 더 필요한 항목들을 가져와 시스템에 반영해줄 것을 요청하였다. 그런데 표준 기능으로는 대응할 수 없는 보고서와 항목들이 상당수 있다는 것이 판명되었다.

보고서의 필요성을 하나씩 확인해 본 결과 가져 온 모든 보고서가 업무에 필요하다고 하여, A씨는 보고서로 출력되어야 할 항목이 시스템으로부터 출력될 수 있는지 하나씩 검토하기 시작했다. 그 결과, 일정이 지연되고 개발해야 할 부가 기능도 급증하게 되었다.

"ERP에 데이터만 있으면 보고서로 출력하는 것은 간단할 것이다". 이렇게 패키지를 과신하고 있는 고객도 많지 않을까?

데이터가 존재하고 있다 하더라도 프로토타입 단계에서 충분히 검토되지 않으면, 필요한 형태로 집계할 수 없거나 분석하려고 할 때 데이터가 분산되어 있어, 필요한 정보를 얻는 데 많은 시간과 노력이 든다. 사용자 검수 단계에서, 최악의 경우에는 실제 가동된 후에 문제가 판명되어 "이럴 리가 없는데..."라며 당황스런 처지에 빠지게 된다.

현재 수행하고 있는 업무를 기반으로 하면 전부 필요하다

보고서 검토는 엔지니어와 고객의 업무 담당자가 협력해서 해야 할 일이지만, 엔지니어는 고객을 리드해야 한다. 보고서를 빨리 잘 검토하기 위해 엔지니어는 어떻게 리드를 해야 할까?

사사로운 모양(템플릿)은 나중에 신경 써도 된다. 주요 포인트는 "어떤 업무를 하기 위해 어떤 정보가 필요한가", "보고서에 표시할 내용은 어디에서 가져와서 어떻게 가공해서 표시할 수 있는가" 이 2가지다.

먼저, "어떤 업무를 하기 위해서"라고 할 때의 업무는 현행 업무가 아니라는 점이다.

현재 수행하고 있는 업무 프로세스를 전제로 하게 되면 현행 보고서는 반드시 필요하다. 왜냐하면, 업무를 진행하기 위해서는 지금의 보고서를 사용해야 하기 때문이다.

"부가 기능을 줄이기 위해 내부 보고서는 ERP 패키지에서 제공해 주는 표준 보고서를 가능한 사용하도록 한다"는 방침은 잘 알고 있지만, "보고서가 없으면 업무가 돌아가지 않는다"고 하면 부가 기능이 개발되더라도 필요하다고 판단하게 될 것이다.

ERP를 도입한다는 것은 업무 프로세스도 바뀐다는 것을 의미한다. 업무 프로세스가 바뀌면 무엇이 필요한지, 현재 사용하고 있는 보고서가 없으면 무엇이 곤란한지 충분히 논의해야 한다. 만약 현재 사용하고 있는 보고서가 꼭 필요하다면 바뀐 업무 프로세스 정보를 어떻게 가공해서 출력할지 결정해야 한다.

무조건 표준 기능을 사용해야 한다고 주장하는 것은 아니다. 기업의 경쟁력 정보를 보기 쉽고 빠르게 얻고 싶은 것은 당연한 일이다. 만약 그러한 경쟁력 정보를 표준 기능으로 만족시킬 수 없다면 부가 기능을 검토하는 것도 하나의 방법이다.

단, 부가 기능을 개발하더라도 꼭 필요한 것인지 혹은 중요한 업무인지, 표준에 맞추면 가능한지 등을 확인해야 한다. 무조건 현행 업무 절차만을 고집한다면 부가 기능 개발만 늘어나게 된다. 그렇게 되지 않으려면 업무 담당자뿐만 아니라 전체 구조를 들여다 볼 수 있는 멤버(경영층이나 외부 컨설턴트 등)를 참가시키는 것도 좋다.

시스템의 출력물은 업무와의 접점이라고 생각한다

시스템의 출력물인 보고서는 업무를 수행하기 위해 필요한 업무와 시스템의 접점이라고 할 수 있다. 입력물이나 프로세스는 어디까지나 출력물을 만들어 내기 위한 수단일 뿐이다. 업무의 목적을 충분히 이해하지 못한 채 입력물이나 프로세스를 만들게 되면, 결국 사용하지 않는 쓸데없는 데이터만 가득 생길 뿐이다.

시스템의 출력물은 업무와의 접점인 것을 이해하고 기능 요건을 처음 검토하는 단계에서부터 어떤 보고서를 어떻게 작성할 것인지 명확히 해 두는 것이, 실패하지 않기 위한 포인트다.

ERP

"고객이 주체가 되어 해야 할 작업"이라고 해서 고객에게 그대로 주어서는 안 된다

프로젝트에는 다양한 작업task들이 있다. 프로젝트 계획 시점이나 프로젝트 단계마다 개시 시점에 만드는 WBS에 해야 할 작업과 담당자, 성과물 등을 명확히 한다. 이 때 벤더는 고객이 주체가 되어 진행해야 할 작업을 고객에게 그대로 주어서는 안 된다.

고객이 주체가 되어 해야 할 작업인데 왜 그대로 주면 안 된다는 거죠? 물론, 이러한 생각도 할 수 있다. 하지만, 고객의 작업을 원활하게 진행하기 위해서는 원하든 원하지 않든, 지원이 많든 적든 발생한다.

예를 들어 "통합 테스트는 고객이 하고, 벤더는 그것을 지원한다", "데이터 이행migration은 고객이 하고, 벤더는 그것을 지원한다". 여기에서 주의해야 할 것이 "고객이 주체가 되는 작업 뒤에 숨어 있는 지원의 내용"이다. 작업을 시작하기 전에 담당할 부분이 명확히 정의되어 있다면 가장 이상적이겠지만, 현실은 계약 단계에서는 작업 내용이 세분화되어 있지 않은 경우가 많다. 적당히 개발 기간을 고려하여 하나로 묶여진 경우도 있고, 처음부터 지원이 고려되지 않은 경우도 있다.

지원이라는 막연한 단어에는 서로가 바라는 작업이 무엇인지 그 내용을 알기가 어렵다. 서로가 각자의 상황에 맞게 해석하여 작업을 진행한 결과 "이렇게까지 벤더가 지원해 줄 것이라고는 생각지도 못했다", "이 정도의 지원은 당연히 해 줄 것이라 생각했다", "별도의 지원 공수까지는 상정하고 있지 않다" 등, 서로 인식하는 정도가 달라 나중에 문제가 되는 경우도 적지 않다.

"봐도 못 본 척"은 단순한 문제의 연기

지원할 내용이 불명확하고 어느 쪽이 주체인지만 명확하게 되어 있으면, 지원하는 측에서는 적극적이고 능동적으로 대처하기를 꺼려하는 성향이 있기 때문에, 나중에 리스크가 생길 우려가 있다. "이렇게 진행하면 안 되는데, 작업이 잘못되고 있는 것 같은데?", "지금 이 작업을 해서는 안 되는데……".

마음 속으로 어렴풋이 느끼고 있어도 그것을 입 밖으로 내기는 어렵다. "작업의 책임자도 아닌데, 다른 업무로도 바쁜데, 어설프게 얘기했다가 긁어 부스럼밖에 안 되니 지금은 가만히 있자"는 것이다.

매일 분주한 상황에서 귀찮은 일은 하고 싶지 않아 뒤로 미루고 싶은 게 보통이다. 하지만 뒤로 미룸으로써 지금 당장은 현실 도피를 할 수 있을지 몰라도, 미루고 있었는데 스스로 문제가 해결됐다는 속 편한 이야기는 있을 수 없다. 결국 모든 책임은 자신에게 돌아오고 만다.

그렇다고 해도, 벤더가 지원해 준다고 해서 무엇이든 해결되는 것은 아니다. 지원에만 신경 쓰다 보니, 상당히 많은 개발 기간이 소요되었다고 해서, 일정이 연기되어서는 안 된다.

지원 작업에도 이름을 붙이면 관리가 가능하다

숨겨진 작업을 표면으로 끌어내어 지원의 필요성을 제대로 인식시키고 작업 내용과 개발 기간을 구체적으로 기술한다.

WBS를 작성할 때, 다음과 같은 점에 유의하면서 주요 작업과 지원 작업에 대해 구체적으로 적는다.

- 고객이 주체가 되어 진행하는 것은 어떤 작업이며 어느 정도의 개발 기간이 드는가?

- 실시하는 것은 누구인가? 겸무의 경우 실제로 할애할 수 있는 공수는 어느 정도인가?
- 전제가 되는 스킬이나 준비물은 준비되어 있는가?
- 고객의 작업에 대해 벤더 측은 어떤 작업(= 지원 작업)을 해야 하는가?
- 지원 작업에는 어느 정도의 공수 Man Month가 예상되는가?
- 벤더 측에서 병행해서 하고 있는 작업은 무엇이며, 그 작업에 대한 지원은 가능한가?

예를 들어, 통합 테스트 작업이라면 테스트 환경 구축, 데이터 등록 등의 지원이 필요하다. 이처럼 지원 작업이 필요한 내용을 문서화하여 고객과 벤더에게 공유한다. 서로 공유함으로써 담당자를 선정하고 관리할 수 있다. 작업이 시작되면 실적을 조사해서 예정 이외의 작업이나 공수 초과 등의 문제를 빠르게 파악하여 고객을 리드해 가는 것도 중요한 포인트다.

고객도 벤더에게 지원을 해 주어야 한다

고객 측도 마찬가지다. "ERP 패키지는 벤더가 가장 잘 알고 있으므로 우리들은 관여하지 않아도 된다", "현재 하고 있는 업무 때문에 프로젝트에 할애할 시간을 낼 수가 없다"고, 벤더에게 무조건 의존하게 되면 결국 자신들의 목을 조르게 된다.

시스템이 오픈되면 한숨만 나오게 된다. 본격적으로 운용되기 시작되면 시스템의 내용도 제대로 모르고, 벤더에게 의존해야만 하는 블랙박스였다는 사실을 알고 나서 당황하게 될 것이다.

벤더가 주체가 되어 하는 작업은 자신들과 무관하다고 무시할 게 아니라, "벤더가 무슨 작업을 하고 있는가?", "시스템 도입이 어떤 의미를 갖고 있는가?", "운용과 어떤 관련이 있는가?" 충분히 이해한 후, 고객이 지원해야 할 내용이나 승인 방법을 명확히 해 두어야 한다.

잘 모르는 부분은 벤더 측에 설명을 요구하고, 벤더에게 좌지우지 되지 않기 위해 필요한 교육을 사전에 받은 후, 고객 자신이 패키지 지식을 갖는 것도 중요하다. 완성된 시스템을 운용하는 것은 고객 자신이므로 잠깐의 노력을 아까워하지 않기를 바란다.

WBS의 역할은 책임 소재를 명확히 하는 것

벤더 주체 작업과 고객 주체 작업이 명확히 정의되지 않으면 프로젝트는 잘 진행되지 않는다. WBS로 역할을 명확히 하는 것은 책임을 누군가에게 떠맡기기 위해서가 아니다. 각 작업에 대한 책임 소재를 명확히 하고, 각 작업에 대한 경험이나 스킬을 살려 프로젝트를 성공시키는 데 목적이 있다. 서로의 입장은 달라도 벤더나 고객의 공통 목표는 프로젝트를 성공시키는 것에 있다는 사실을 잊어서는 안 된다.

요건 정의

요건 정의를 하기 위한 계획을 게을리 해서는 안 된다

요건 정의 계획이란, 요건을 정의하기 위한 일련의 작업 일정을 정리한 것이다. 작업 진행 상황을 가시화하여 문제의 징후를 조기에 찾아 트러블을 사전에 방지하기 위함이다.

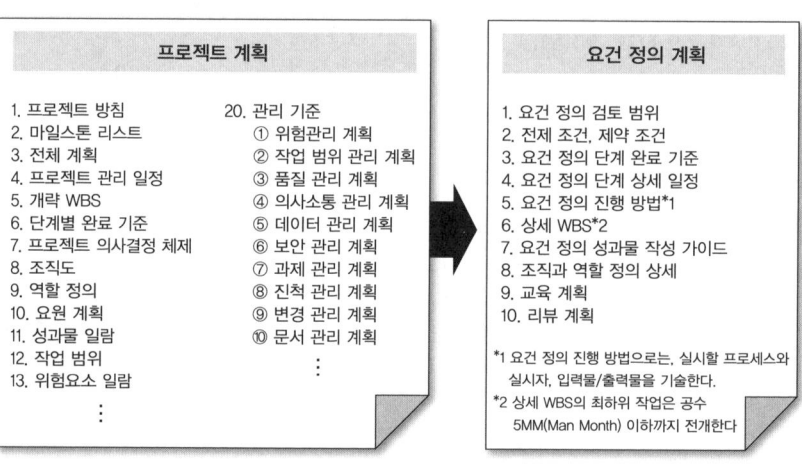

그림 2-10 프로젝트 계획과 요건 정의 계획의 목차 예

대분류(부문)[1] 단위로만 계획을 세우게 되면, 대분류에 대한 진척 정도는 알 수 있어도 실제 대분류 안에 존재하는 각각의 요건들이 어느 정도 완료되고

---

1 대분류: WBS는 흔히 대분류, 중분류, 소분류로 나눠 작성되며, 분류에 따라 대일정, 중일정, 소일정으로 나눠지기도 한다. 예를 들면, ERP 패키지의 경우 대분류는 인사, 급여, 회계, 구매 등이라고 하면 중분류는 분석, 설계, 구현, 이행으로 나눌 수 있고, 소분류는 분석내의 요건(기능) 단위로 정의할 수 있다.

있는지 알 수가 없다. 프로젝트 전체 일정을 받아서 요건 정의 단계를 위한 상세 계획을 별도 작성해야 한다(그림 2-10).

작업의 진척을 파악할 수 있도록 WBS(Work Breakdown Structure)의 최하위 작업(성과물 포함)을 5MM(Man Month) 공수 이하로 잘게 쪼갠다. 진척을 가시화하는 툴인 EVM(Earned Value Management)[2] 그래프로 공수를 계획하고 실적을 관리하면 좋다.

계획을 세울 때는 작업 순서나 성과물/WBS/체제 등을 검토하고 실현 가능성이 높은 것을 우선시하는 것이 중요하다. 그리고 킥 오프 미팅을 개최하여 사용자를 포함한 멤버 전원이 계획을 이해하고 공유할 수 있도록 한다. 팀 전체가 목표 달성을 위해 공통된 의식을 갖는 것이야말로 성공으로 한걸음 바짝 다가서는 첫 걸음이 된다.

계획대로 되고 있는지 감시를 게을리해서는 안 된다

프로젝트 자체의 계획과 함께 계획이 준수되고 있는지 감시, 리뷰, 피드백하기 위한 프로젝트 관리도 중요하다. 프로젝트의 규모나 복잡성, 난이도에 따라 다르지만 당초 계획대로 진행되는 프로젝트는 거의 없다. 요건 정의에 대한 작업 공수를 견적하거나 계획을 수립하기도 어렵지만, 계획 자체를 관리하는 것도 중요하다. 실제 요건 정의 작업에 들어가면 소홀해지기 쉬운데, 계획 관리 플로우를 게을리해서는 안 된다(그림 2-11).

---

2 EVM(Earned Value Management): 프로젝트의 비용이나 일정, 기술 측면 등의 목표와 기준을 설정하고, 실제 성과를 측정/분석 관리하는 것을 말한다. 비용과 일정을 통합하여 관리하여 현재 문제점을 분석하고 만회할 대책을 수립하는 관리 기법 중의 하나이다.

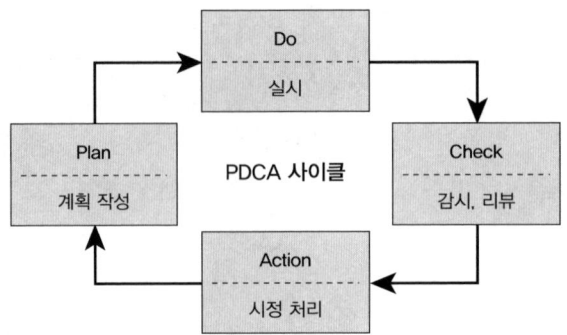

그림 2-11 계획 관리 플로우

요건 정의

비즈니스 요건과 시스템 요건을 혼동해서는 안 된다

기업이 시스템 구축 프로젝트에 투자를 하는 목적은 비즈니스 목표를 달성하기 위함이다. 따라서 비즈니스 요건을 보지 않고 시스템 요건만을 전제로 시작한 프로젝트는 계획대로 시스템이 완성됐다고 하더라도 본래 달성해야 할 비즈니스 목표를 달성할 수 없는 위험이 높다.

과거에는 사람이 일일이 손으로 했던 작업을 시스템화하여 생산성이나 품질을 높일 수 있었기 때문에 비즈니스의 장점을 얻을 수 있었다. 그래서 시스템 요건만 신경을 써도 됐었다. 하지만 한차례 시스템화가 진행된 현재 시점에서는, 단순히 시스템을 도입했다고 해서 비즈니스의 장점을 얻기 어렵게 되었다. 그래서 우선 비즈니스의 목적이나 목표를 비즈니스 요건으로 명확히 정의하고, 비즈니스 요건을 시스템 요건으로 연계하는 것이 중요하다(그림 2-12).

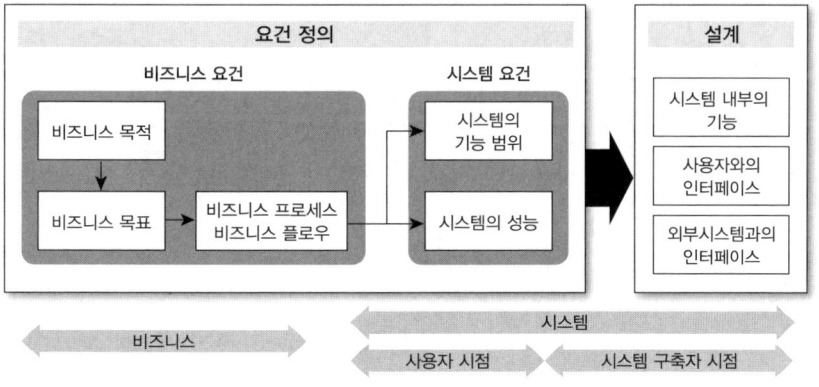

그림 2-12 **비즈니스 요건과 시스템 요건**

비즈니스 요건 정의에서는 주로 다음과 같은 작업을 한다. (1) 비즈니스 목적을 명확히 한다. (2) 비즈니스의 목표를 설정한다(예: 판매액이나 이익 등), (3) 비즈니스 목표를 달성하기 위해 프로세스나 플로우를 정의한다.

(1)~(3)의 활동은 기존 조직을 개편하거나 사업 분야의 혁신을 포함한 기업의 혁신 전략(재구축)으로 발전하는 경우도 있다.

요건을 리뷰할 때는 정의한 비즈니스 요건이 비즈니스 목표를 달성할 수 있는지를 염두에 두고 검증해야 한다. 그리고 나서, 시스템 요건을 정의할 때 비즈니스 요건 정의 과정에서 도출된 시스템화의 방침을 반영해야 한다. 비즈니스 분석이 어느 정도 진행되면 시스템화의 범위를 준비한다. 비즈니스 전체를 보고 시스템과의 연관 방법을 검토하는 것이 중요하다. 솔루션의 비전을 명확히 하여 시스템의 그랜드 디자인[1]의 이미지를 분명하게 하면 이후의 시스템 요건 정의가 휘청거리지 않게 된다.

시스템 요건은 비즈니스 요건과 관련 짓는다

시스템 요건을 정의할 때 중요한 것은 비즈니스 요건과의 연관을 명확히 하는 것이다. 나중에 업무 프로세스 등에 변경이 생겨도 영향을 받는 시스템 요건이 무엇인지 알 수 있게 된다. 이를테면 이력 추적 관리traceability가 가능해진다.

시스템 요건 정의에서는 다음 2가지 작업을 한다. 한 가지는 비즈니스 목표를 달성하기 위해 시스템에 어떤 업무를 반영해야 할지 명확히 정의하는 작업이다. 또 한 가지는 사용자의 관점에서 시스템이 무엇을 해야 할지 정의하는(예: 상품을 발주한다) 작업이다. 요건을 리뷰할 때는 시스템 요건이 비즈니스 요건을 만족시키는지 검증해야 한다.

---

1 그랜드디자인(grand design): 시스템의 중장기 대규모의 계획 및 구상, 설계를 말한다.

또, 요건 정의 후에 진행하는 설계 단계에서는 시스템 요건을 만족시키기 위해 시스템이 제공해야 할 기능, 사용자나 외부 시스템과의 접점(인터페이스)에 대한 사양을 정의한다. 요건 정의와 설계 작업의 차이는 사용자의 관점인지, 시스템 구축자의 관점인지로 구별하면 된다. 시스템의 요건 정의인 "무엇을 할까"에 대해 "어떻게 할까"를 결정하는 것이 설계 작업의 목적이다.

요건 정의

비즈니스 요건을 문장만으로 표현해서는 안 된다

요건을 기술할 때는 문장으로만 표현하지 말고 모델링 방법을 활용하는 것이 좋다. 모델링으로 "요건을 일목요연하게 확인하기 쉽다", "기술의 애매함을 배제할 수 있다", "요건의 논리성, 정합성을 유지할 수 있다", "시각적으로 이해하기 쉽다" 등의 효과를 기대할 수 있다(그림 2-13).

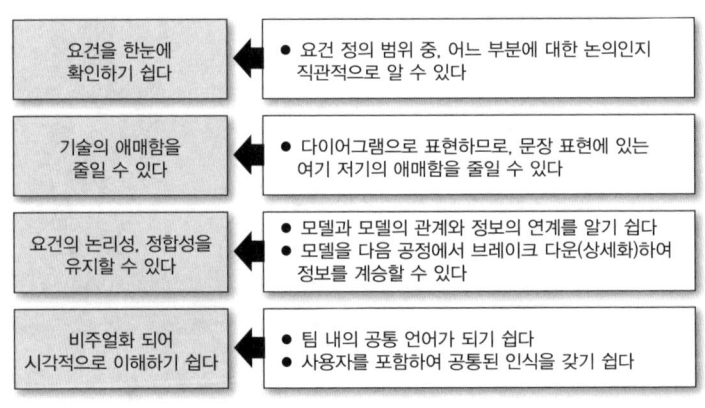

그림 2-13 **요건 정의 모델링 방법을 사용하는 효과**

단, 형식화된 다이어그램 정보만으로는 상세 요건을 전부 표현할 수 없는 경우도 있다. 다이어그램과 문장을 병용하여 상호 보완하는 것이 가장 좋다. 물론, 문장에 적응되어 있는 사용자나 처음 모델을 접하는 멤버에 대한 배려가 필요하다. 망설이지 않고 모델을 도입할 수 있도록, 이해를 돕는 설명 자료를 준비하여 설명회를 개최하는 것도 좋다.

비즈니스 요건 정의에 사용하는 다이어그램

최근 시스템 구축에서 사용되는 모델은 대부분 UMLUnified Modeling Language로 표현된다. UML은 OMGObject Management Group가 관리하는 범용적인 모델링 언어로 UML2.0 이후에는 13종류의 다이어그램이 사용되고 있다(그림 2-14).

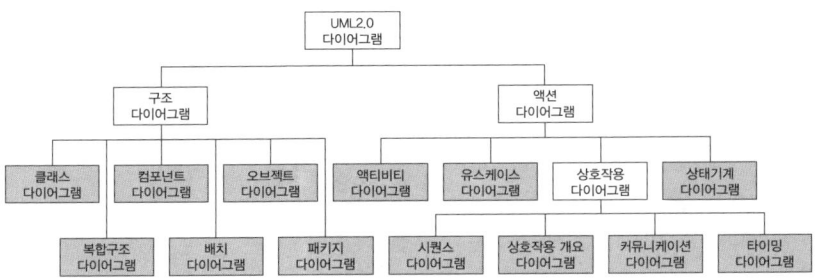

그림 2-14 UML2.0의 13종류의 다이어그램(회색으로 표시된 부분)

특히, 문장에 의존하기 십상인 비즈니스 요건 정의에 적용할 수 있는 모델이 있다는 점이다. 그 예를 표 2-1에 나타냈으므로 참고하기 바란다. 비즈니스 컨텍스트business context는 커뮤니케이션 다이어그램이 적용된다.

표 2-1 비즈니스 요건 기술에 적합한 다이어그램의 예

출력물 명칭	해당하는 UML2.0 다이어그램
비즈니스 컨텍스트	커뮤니케이션 다이어그램
비즈니스 프로세스	액티비티 다이어그램 클래스 다이어그램 오브젝트 다이어그램
비즈니스 플로우	액티비티 다이어그램
비즈니스 유스 케이스	유스 케이스 다이어그램

또한, 비즈니스 프로세스는 액티비티나 클래스, 오브젝트 다이어그램에 적용된다. UML의 다이어그램을 확장하여 보다 적절한 모델을 찾아 볼 수도 있다. 이 분야에서 유명한 모델링 방법의 하나로 "Eriksson-Penker에 의한 비즈니스 확장"이 있으며, 액티비티나 클래스, 오브젝트 다이어그램 등을 확장하여 새로운 프로세스 다이어그램을 정의하고 있다.

요건 정의

현행 업무, 현행 시스템의 조사를 회피해서는 안 된다

사용자에게서 일관된 요건을 끌어내기란 참으로 어렵다. To-be(미래)의 비즈니스 요건 정의가 시스템 요건으로 이어질 때 예외 없이 시스템의 망라성과 정합성 문제에 부딪힌다.

요건 정의에서 망라성 및 정합성 문제가 간과되어, 이후에 시작되는 단계에서 드러나게 되면 요건의 재확인부터 설계, 개발, 테스트를 전부 재검토 해야 한다. 상당히 큰 재작업rework이 된다. 엔지니어는 요건을 전달하지 못한 사용자의 책임이라고 주장하고, 사용자는 현재 수행되고 있는 기능이 보증되는 것은 당연하다고 주장한다.

사용자가 시스템 전체를 파악하고 있다고 생각하기에는 무리가 있다. 특히 대규모 시스템의 경우, 과거에 몇 번이나 개조되어 블랙박스화되어 있는 경우가 대부분이다. 시스템을 운용하고 있는 담당자조차도 그 전후 사정을 전부 파악하지 못하고 있는 것이 사실이다. To-be 모델에서 시스템 요건을 끌어내는 것은 물론, 현행 업무나 현행 시스템을 면밀하게 조사하는 것이 매우 중요하다. 하지만 현실에서는 현행 조사가 경시되거나 회피되기도 한다. 그 이유는 이미 블랙박스화된 시스템을 조사하는 데 많은 비용과 시간이 들기 때문이다.

문제 발생을 줄이기 위해서는 "급할수록 돌아가라"

블랙박스화된 시스템은 사양서가 미비하거나(또는 사양서가 없거나), 운용 담당자의 머릿속에 사양이 들어있는 경우가 대부분이다. 프로젝트에 투자할 수 있는 리소스에는 한계가 있고, 현행 시스템의 소스코드를 전부 문서화한다는 것 또한 비현실적이다.

효율 좋게 확실하게 분석하기 위해서는 UML이나 DOA Data Oriented Approach(데이터 중심 접근) 등의 방법을 적용하는 것이 좋다. 시스템이 바뀌어도 업무에 사용되고 있는 데이터 항목이 거의 변하지 않는다면 DOA를 쓰는 것이 좋다. DOA에 의한 분석 결과를 새로운 논리 모델의 입력물로 요건 정의 작업에 활용할 수 있기 때문이다(그림 2-15).

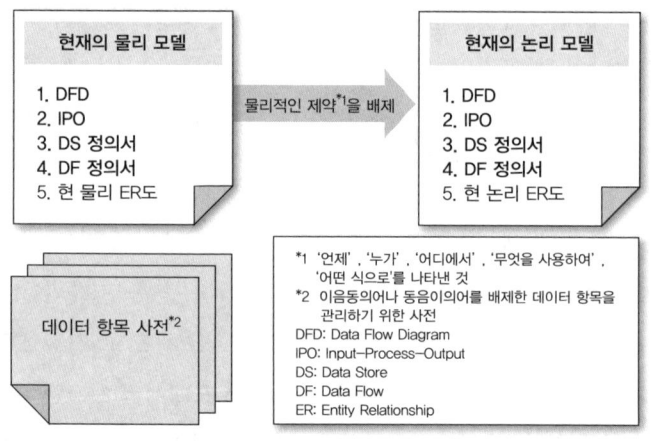

그림 2-15 현행 시스템을 조사할 때 필요한 DAO 출력물

또한, 일반적으로 현행 분석 방법을 검토할 때는 요건 정의에 적용할 방법론 methodology을 선택하면 작업 효율이 높아진다.

비용이나 시간에 제약이 있다고 하더라도 문제 발생을 줄이기 위해서는 현행 조사는 피할 수 없는 작업이라고 인식해야 한다. "급할수록 돌아가라"는 것이다. 현행 조사의 효과는 사용자로부터 끌어낸 요건의 정합성이나 망라성을 보완하거나 현행 기능을 파악할 수 있는 것, 그 이상이다. 다음과 같은 목적을 이루기 위해서는 반드시 필요하다.

- 현행 업무, 현행 시스템의 문제점을 표면에 드러나게 하여 해결책을 검토하기 위해
- 이행 설계(업무 이행, 시스템 이행, 데이터 이행, 운용 이행)를 하기 위해
- ROI Return On Investment 측정의 정량적 평가 기준을 작성하기 위해
- 대상 업무 전체의 시스템 규모를 파악하기 위해

현행 시스템이 블랙박스화 되어 있다는 이유로 To-be 모델로만 요건 정의를 진행한 결과, 이행할 때 고생하는 프로젝트가 많다. 요건 정의 이후의 단계에서 현행 조사를 다시 하는 일이 생기지 않도록, 요건 정의 단계에서 계획적으로 하는 것이 중요하다.

요건 정의

성과물의 선정과 표준화를 뒤로 미뤄서는 안 된다

요건 정의 단계의 출력물을 결정하고, 품질 기준이나 완료 기준을 사전에 설정하는 것은 쉬운 일이 아니다. 하지만, 그러한 작업을 뒤로 미루고 요건을 듣기 시작해서는 안 된다. 요건 정의 작업이 어느 정도 진행되고 있는지 파악할 수 없기 때문이다.

요건 정의를 시작하기 전에 출력물을 선정하고 요건 정의의 완료 기준을 설정해두면 진척 관리가 쉬워진다. 이외에도 다음과 같은 혜택을 얻을 수 있다.

- 진행 방법의 이미지가 구체적으로 떠오른다
- 작업 계획이 쉬워진다
- 작업 공수를 견적하기 쉬워진다

출력물의 선정 및 완료 기준은 가능한 한 효율성을 고려하여 설정한다. 방법론의 표준 프레임워크를 이용할 수 있으면, 프로젝트마다 개별 사정이나 특징을 표준 프레임워크에 반영시키면 된다. 프로젝트마다의 사정이나 특징을 반영시키는 작업을 "테일러링tailoring"이라고 하며, 그림 2-16에 나타낸 순서대로 하면 된다.

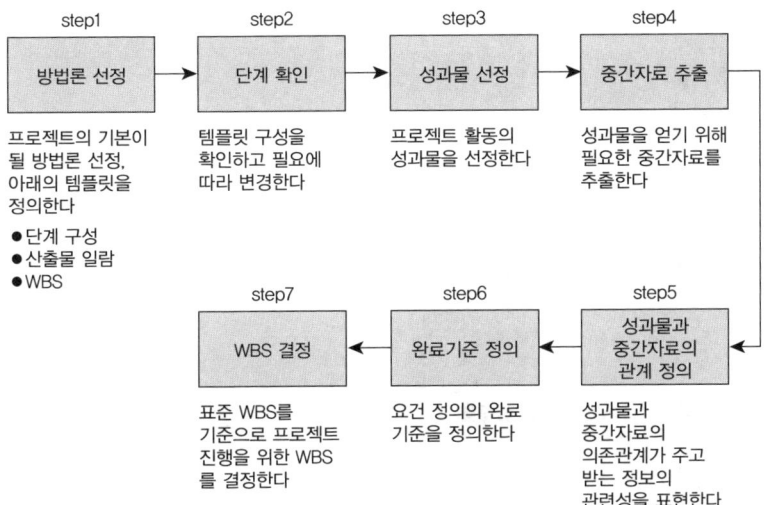

그림 2-16 **테일러링의 순서**

테일러링은 제일 먼저 프로젝트의 방법론을 선정하고, 단계 구성이나 출력물 일람, WBS의 템플릿을 가져오는 것부터 시작한다. 그리고 필요에 따라 템플릿을 프로젝트에 맞춰간다. 테일러링은 프로젝트를 시작하기 전에만 실시하는 것은 아니다. 실질적인 계획이 될 수 있도록, 프로젝트 착수 이후에도 각 단계가 시작될 때나 변경이 발생했을 때 등, 지속적으로 테일러링을 해야 한다.

작업을 시작하기 전에 먼저 표준화를 해 둔다

비즈니스 요건 정의의 대표적인 출력물의 예는 그림 2-17과 같다. 각 다이어그램의 표현 방법이나 레벨은 프로젝트에 따라 천차만별이다. 사용 방법에 따라서도 격차가 크다.

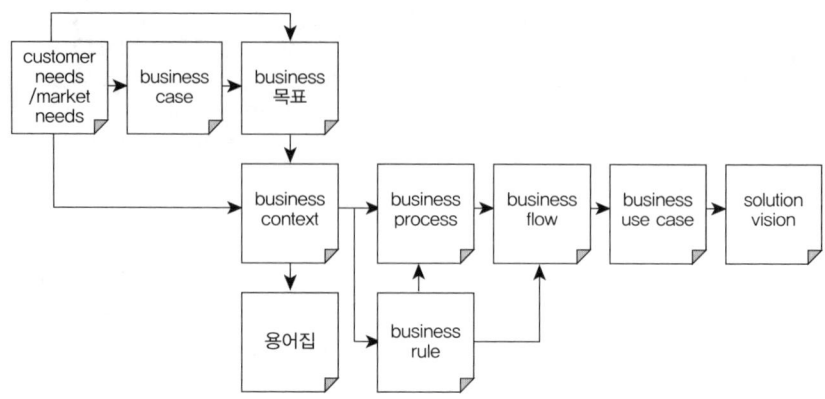

그림 2-17 비즈니스 요건 정의의 출력물

통일된 출력물을 얻을 수 있도록, 프로젝트별로 각 다이어그램을 표준화하는 것이 바람직하다. 프로젝트의 특징에 맞춰 템플릿을 만들고 기재해야 할 내용을 명확히 해둔다. 샘플을 준비하면 효과적이다.

그리고, 어디까지 작성하면 완료가 되는지 기준을 정의하고 진척 관리의 베이스라인으로 활용한다. 작업을 반복하여 출력물을 세련되게 하려면 각각의 완료 기준을 정의해야 한다.

표준화 결과나 샘플은 출력물의 작성 가이드를 작성하여 설명회를 개최하고, 멤버에게 전달하면 좋다. 또한 출력물이 만들어지기 시작하면 리뷰를 해서 표준화 가이드에 따르고 있는지 확인해야 한다. 팀이나 개인에 따라 편차가 생기므로 균형 있게 샘플링을 하는 것이 중요하다.

요건 정의

모든 요건을 사용자가 알고 있다고 생각하면 안 된다

사용자에게 물어보면 모든 요건을 알 것이라고 생각하면 큰 오산이다. 사용자에게 물어보는 것만으로 요건이 명확히 되는 것은 아니다.

사용자에게 질문을 해서 얻은 답을 정리하고 분석해야, 비로소 요건의 후보가 된다. 요건으로 확정시키려면 현행 시스템을 분석한 결과와 대조하여 망라성, 정합성을 확보해야 한다. 사용자의 답을 기록한 것은 단순한 인터뷰(듣기) 기록이며, 요건 정의서라고는 하지 않는다.

철저하고 일관된 요건을 사용자가 스스로 정의하는 것은 어렵다. 요건을 도출해 내기 위해서는 경험을 가진 IT 엔지니어가 커뮤니케이션을 통해 사용자를 도와 주어야 한다. 그럼, 어떤 식으로 도와 주면 될까? 요건을 도출하기 위한 인터뷰 포인트 6가지를 소개한다(그림 2-18).

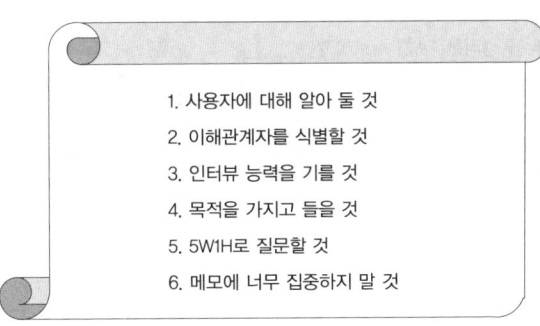

1. 사용자에 대해 알아 둘 것
2. 이해관계자를 식별할 것
3. 인터뷰 능력을 기를 것
4. 목적을 가지고 들을 것
5. 5W1H로 질문할 것
6. 메모에 너무 집중하지 말 것

그림 2-18 요건을 도출하기 위한 인터뷰 포인트 6가지

포인트 1은 사용자에 대해 알아 두는 것이다. 사용자와 커뮤니케이션을 하기 전에 사용자를 알아두는 것이 중요하다. 사용자를 안다는 것은 사용자의 기업 문화나 경영 방침, 업계 내에서의 위치 결정, 업적의 추이, 조직 구성 등의 정보를 파악하는 것이다.

이러한 준비를 해 두어야 커뮤니케이션 도중 사용자가 말하는 비즈니스 목표의 의의나 중요성을 파악하기 쉬워진다. 또한 사용자가 사용하고 있는 업계 용어나 사용자 고유의 용어, 약어에 대해서도 대강 파악해두는 것이 좋다. 용어집이 존재하지 않는 경우는 프로젝트에서 용어집을 정리하는 것이 좋다. 용어를 확인하기 위해 사용자의 이야기 도중에 끼어들거나 하면 원활한 커뮤니케이션을 할 수 없기 때문이다.

포인트 2는 기업의 이해관계자$_{stakeholder}$를 식별하는 것이다. 인터뷰 상대를 누구로 할지 확인한다. 인터뷰 할 업무 영역의 사용자를 분석하고 어떤 이해관계자와 연관되는 것이 유효한지 식별해야 한다.

이해관계자를 식별하기 위해서는, 역할 분담을 명확히 하기 위해 사용되는 RACI$_{Responsible,\ Accountable,\ Consulted,\ Informed}$ 차트(표 2-2) 등 책임 분담표 (RAM$_{Responsibility\ Assignment\ Matrix}$)를 작성하면 좋다(RACI나 RAM의 상세 내용은 RMBOX Guide 등의 서적을 참조).

표 2-2 **책임 분담을 정리한 RACI 차트의 예**

작업 항목	담당자				
	이성호	정재식	송민준	황선봉	조인영
요건정의	A	R	I	I	I
설계	I	A	R	C	C
개발	I	A	R	C	C
시스템 테스트, 수입 테스트	A	I	I	R	I

R: Responsible(실행책임), A: Accountable(설명책임), C: Consulted(상담대응), I: Informed(정보보고처)

요건의 최종 합의 상대가 반드시 프로젝트 책임자라고 할 수 없다. 경우에 따라서는 업무 지식이 풍부한 현장 담당자이거나 비즈니스 목표 달성과 직접적으로 관련이 많은 부문의 책임자일 수도 있다. 최종 합의에서 정리된 요건이 뒤집히는 일이 없도록, 관련된 이해관계자의 역할이나 책임 범위를 확실히 확보해두어야 한다.

포인트 3은 인터뷰 능력을 기르는 것이다. IT 엔지니어가 가치관이나 사고방식이 다른 사용자와 커뮤니케이션 하려면 어느 정도 어려운 면이 있을 것이다. 엔지니어의 시선이나 사고 방식으로 사용자의 이야기를 들으면, 말하는 사람의 의도와는 다른 내용을 떠올릴 수도 있다.

일반적으로 남의 말을 잘 들어주는 사람은 커뮤니케이션을 통해 인간 관계도 양호하게 구축한다. 요건 정의를 해야 하는 엔지니어는 대처하는 자세에 유의하여, 의욕을 갖고 듣는 능력을 단련해서 사용자의 진의를 파악할 수 있도록 한다.

포인트 4는 목적을 가지고 듣는 것이다. 인터뷰 내용에 깊이가 있으려면 목적에 맞는 질문을 하고, 논점을 사전에 명확하게 해 두는 것이 중요하다. 미리 인터뷰의 목적이나 기본적인 질문 사항을 사용자에게 전달해두는 것도 효과적이다. 그러면, 사용자는 생각을 정리하거나 부족한 정보를 사전에 수집해 둘 수 있다.

듣고 있는 도중에 이야기 내용이 산만해지면 인터뷰 목적이나 테마를 다시 한번 확인하는 것이 좋다. 이야기가 사용자의 관심사로 심취되기 시작하면, 본래의 테마로 되돌리는 것도 듣고 있는 엔지니어의 중요한 역할이다.

포인트 5는 5W1H로 질문한다. 사용자가 요건을 이야기하고 있을 때는 표면적인 내용이 아닌 배후에 있는 본질적인 문제나 개선점을 확인할 수 있도록 신경을 쓰는 것이 좋다.

만약 사용자의 이야기에 불명확한 점이나 부족한 정보가 있다면 질문하여 보충하는 것도 중요하다. 여기에는 "왜?"를 포함한 5W1H의 질문을 하는 것이 효과적이다(그림 2-19). 단, 인터뷰는 쌍방의 원활한 커뮤니케이션으로 성립하는 것이므로 추궁하는 어조가 되지 않도록 주의해야 한다.

```
사용자 조건: 매출실적을 파악하고 싶다

Why    매출실적을 왜 파악하고 싶습니까?
When   매출실적을 언제 참조합니까?
Where  매출실적을 참조하는 것은 어느 부문입니까?
Who    매출실적을 참조하는 사용자는 누구입니까?
What   매출실적 표시에서 개선하고 싶은 것은 무엇입니까?
How    매출실적은 어떤 방법(매체)으로 제공해 주면 됩니까?
```

그림 2-19 5W1H의 질문 예

포인트 6은 메모에 너무 집중하지 않는 것이다. 듣는 사람이 뭔가 적으면서 듣고 있으면 말하는 사람은 말하기가 어렵다. 듣고 있는 도중에 사용자에게 들은 이야기를 메모하는 것도 중요하지만 메모에 집중한 나머지 계속 아래만 쳐다보는 것은 사용자와의 대화가 일방 통행이 되고 만다.

요건 정의

후속 공정에 들어가고 나서 테스트를 시작해서는 안 된다

결함 발견이 늦어지면 재작업이 발생하고, 수정에 많은 시간과 많은 비용이 든다. 그래서 출력물을 검증하는 테스트는 후속 공정에서 시작하는 것이 아니라 시작 공정에서부터 시작하는 것이 맞다.

요건 정의의 출력물 품질을 높이기 위해서는 워크 스루walk through나 검사 inspection가 대표적이다. 워크 스루는 프로젝트 멤버가 출력물을 서로 확인하는 비공식적인 리뷰다. 한편 검사는 책임자로서 중재자moderator가 지정된 공식적인 리뷰다. 프로그램을 실행시켜서 동작시키는 것을 동적 테스트라고 한다면, 이러한 리뷰들은 정적 테스트라고 한다(그림 2-20).

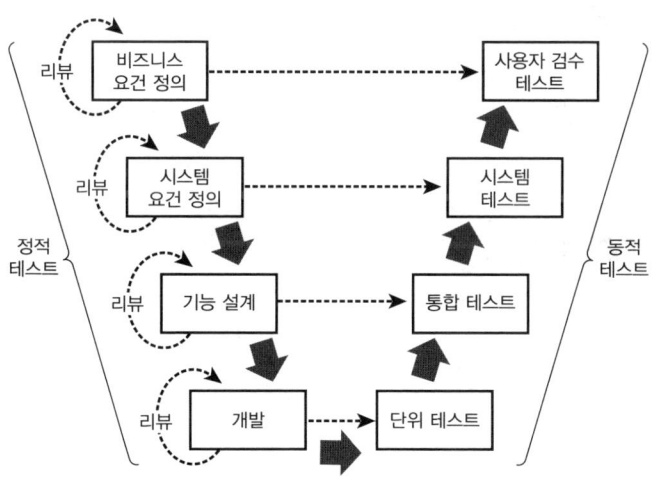

그림 2-20 **정적 테스트(리뷰)와 동적 테스트**

리뷰는 요건 정의의 출력물이 한 차례 완성되고 나서 하는 것이 아니라 완료된 부분부터 시작하여 요건 정의 기간 내내 지속적으로 하는 것이 중요하다. 특히, 앞 단계에서 리뷰를 해 두면 재작업을 최대한 줄일 수 있기 때문에 상당히 유효하다.

리뷰할 때는 철저하게 일관성이 있는지 검증한다. 게다가 요건 정의의 출력물의 품질을 높이기 위해 모델 간의 정합성을 확인하는 것도 중요하다.

다시 말하면, 업무 플로우와 관련된 유스 케이스의 타당성을 확인하고, 나아가 유스 케이스와 연관된 화면이나 보고서가 적절한지 확인한다. 또한, 시스템 요건부터 위로 더듬어 올라가면서 업무 요건을 만족시키는지도 확인한다.

워크 스루에서 문제가 발견되면 기록보다도 가능한 한 그 자리에서 해결할 수 있도록 하고, 반면에 검사에서 문제가 발견되면 결과를 명확하게 기록해 두는 것이 중요하다. 검사 템플릿의 예는 그림 2-21과 같다. 검출한 결함을 기술하는 것은 물론, 검사 중에는 결함인지 알 수 없어 확인이 필요한 항목에 대해서도 기술해 둔다.

검출한 결함의 기록

검사 기록: 결함 항목	대상물		검출일	

No.	검출자	결함 내용				결함 분석				대응자	대응 업무		
		해당 부분	결함 내용	중요도	긴급도	원인 타입	원인 보충	파급 범위	대응 공수		완료 목표일	대응 실시일	완료일

⋮

확인이 필요한 항목의 기록

검사 기록: 확인이 필요한 항목	대상물		검출일	

No.	검출자	결함 내용				확인 예정자	확인 실시			확인 결과와 집계	
		해당 부분	결함 내용	중요도	긴급도		완료 목표일	대응 실시일	완료일	확인 결과	대응 방침

⋮

그림 2-21 검사 템플릿의 예

요건 정의

사용자의 오해를 초래하기 쉬운 요건 정의서를 만들어서는 안 된다

사용자와의 인터뷰나 현행 시스템을 조사해서 요건을 도출했다면, 그것을 자연스러운 문장이나 모델로 가시화하고, 요건 정의 단계의 출력물이 되는 요건 정의서로 정리한다. 이렇게 함으로써 사용자가 엔지니어에게 자신들의 의도가 바르게 전해졌는지 확인할 수 있게 되고, 요건에 일관성이나 정합성이 있는지 검증할 수 있다.

여기에서 주의해야 할 점은 요건 정의서를 리뷰하고 최종적으로 결재(바른 요건으로 인정)하는 것은 사용자라는 점이다. 즉, 요건 정의서는 사용자가 이해하고 바르게 검증할 수 있어야만 한다.

유스 케이스에는 시스템 사용자의 동작만 상세하게 기술하는 것이 중요하다. 그래서 시스템 내부의 사양이 기술되어 있어서는 안 된다. 설계, 개발 경험이 어느 정도 쌓여 프로젝트 전체를 바라볼 수 있게 되면, 엔지니어는 후속 공정을 의식하여 결국 요건 정의서에 내부 사양이나 프로그램 사양을 적어 버리기 십상이다. 하지만 그렇게 되면 사용자가 요건 정의서를 이해하지 못하게 되고, 요건을 바르게 검증할 수도 없게 된다. 심지어 테스트 단계에서 해야 할 본래의 테스트 시나리오를 식별할 수 없게 될 우려도 있다.

추상적인 표현이나 이중 부정을 피한다

시스템 요건에 대해 기술한 액티비티 다이어그램의 예를 그림 2-22에 나타냈다. 영업이 주문을 받으면 창고에서 재고를 충당해 출하하고, 경리가 매출을 계산하는 업무 흐름을 기술한 것이다. 우측의 시스템 부문에는 내부 사양을 일절 적지 않고 블랙박스로 해두는 것이 포인트다.

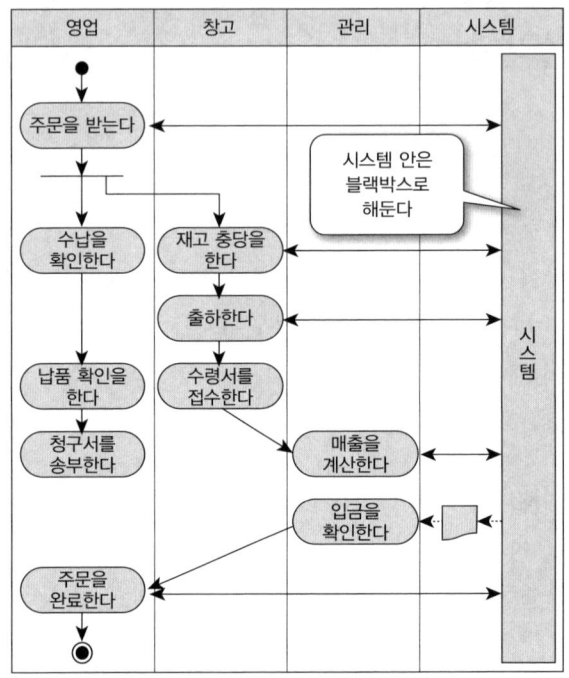

그림 2-22 액티비티 다이어그램에 의한 업무 흐름의 이미지

문장을 사용하여 요건을 기술할 때는 사용자의 오인을 피하기 위해 애매함을 배제하는 것이 중요하다. 애매함을 배제한 문장을 쓰는 포인트는 다음의 5가지가 있다.

(1) 가정이나 전제를 생략하지 않고 기술한다. 암묵 속의 이해는 트러블의 원인이 될 가능성이 높다.

(2) 수식이나 숫자의 경계를 명확히 한다.

(3) 추상적인 표현을 피하고, 구체적으로 기술한다.

(4) 부정 표현이 아닌 긍정문으로 기술한다. 이중 부정이나 다중 부정의 문장은 읽는 사람의 오해를 불러 일으키기 쉽다. 예를 들어 "재고 충당을 할 수 없는 경우에는 기본적으로 주문을 받지 않는다"고 써넣는 대신에 "재고가 있을 경우에만 주문을 받는다"고 기술한다.

(5) 예외 처리나 에러가 발생했을 때의 대응에 대해 누락이 없도록 모든 경우에 대해 기술한다.

사용자는 모델이나 개발 방법에는 관심이 없다

요건을 문장으로만 표현할 게 아니라 모델링 방법을 적용하는 것이 문장의 애매함을 줄일 수 있다. 모델링 방법을 도입하면 요건이 누락되었는지 확인하기 쉽다. 시각적으로 이해하기 쉬운 장점도 살릴 수 있다.

여기에서 업무 부문의 사용자는 업무를 수행할 때 관련 있는 시스템의 기능에 대해서는 관심이 있지만 모델이나 개발 방법에는 관심이 없다는 점에 주의해야 한다. 그래서 시스템 개발 프로젝트에 참가하는 사용자가 많을 경우에는 사용자가 이해하기 쉬운 출력물을 선정하고, 이용하는 모델에 대해 이해를 돕는 설명 자료나 작성 가이드를 만들 것을 추천한다.

요건 정의

유스 케이스를 기능 요건이라고 착각해서는 안 된다

유스 케이스는 액터actor 관점의 시스템으로, 사용자에게는 관점이 사람이기 때문에 이해하기 쉽고, 엔지니어는 추상화된 모델로 후속 모델에 정보를 넘겨주기 쉽다는 장점이 있다.

유스 케이스를 기능 요건을 표현하기 위해서만 사용한다고 착각해서는 안 된다. 비즈니스 유스 케이스, 시스템 유스 케이스 둘 다, 사용자와 시스템의 관련 방식이나 시스템화 범위를 정의하는 목적으로 이용한다.

개발자는 유스 케이스만으로는 시스템을 구축할 수 없다. 유스 케이스가 불완전하기 때문이 아니라 유스 케이스의 이용 목적이 기능 요건의 정의 이외에 있기 때문이다.

유스 케이스를 이용하여 기능 요건을 도출한다

유스 케이스는 기능 요건을 도출하기 위한 툴로 유용하다. 유스 케이스는 처음부터 사용자 관점에서 만든 모델이므로 사용자와 공동으로 만들면 정말 필요한 기능이 표면에 드러나게 된다. 유스 케이스를 이용하여 기능 요건을 도출하기 위해서는 다음과 같은 점에 주목한다.

(1) 유스 케이스를 실현하기 위한 시스템 기능

(2) (1) 이외의 예외 처리

(3) (1)을 위해 필요한 전처리나 후처리

요건 정의 단계에서 출력물의 표현 방법이 제대로 정의되어 있으면 사용자는 이해하기 쉽고, 후속 설계 단계에 정보를 넘겨 주기 쉽다.

시스템 기능의 개요를 후속 단계에 넘겨줄 때 사용하는 표현 방법 2가지를 소개한다.

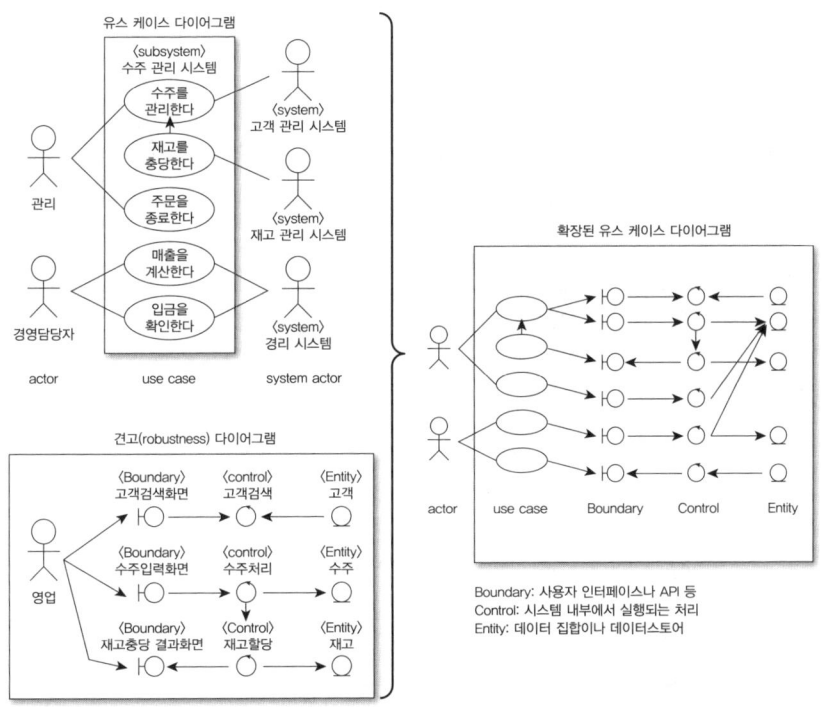

그림 2-23 유스 케이스 다이어그램에 견고(robustness) 다이어그램의 클래스를 합한 예

한 가지는 유스 케이스 다이어그램에 기능 요건을 넣는 것이다. 시스템 구축 현장에 따라서는 UML을 확장해서 관련된 시스템 기능의 출력물을 유스 케이스 다이어그램에 추가하는 방법을 사용하고 있다. 겉모습은 유스 케이스 다이어그램과 견고robustness 다이어그램을 조합한 것이다(그림 2-23). 견고 다이어그램은 UML2.0의 표준 사양에는 포함되지 않으나, 시스템 내부 구조를 표현하는 모델링 방법으로 널리 사용되고 있는 다이어그램이다. 유스 케

이스와 관련된 견고 다이어그램의 경계를 선으로 묶고 유스 케이스와 기능 관련을 표현한다.

또 한 가지는 유스 케이스와는 별도로 모델을 작성하는 것이다. 유스 케이스와는 별도 출력물로 컴포넌트 모델이나 어플리케이션 기능 모델을 작성하는 방법도 있다. 작업 기술이라고도 한다. 추적 이력 관리를 확보하기 위해 유스 케이스와의 관련을 별도로 정의한다.

상호작용 다이어그램(시퀀스 다이어그램)를 사용해 컴포넌트의 연계에 대해 기술한 예를 그림 2-24에, 또한 컴포넌트의 구조나 의존 관계에 대해 기술한 예를 그림 2-25에 나타냈다.

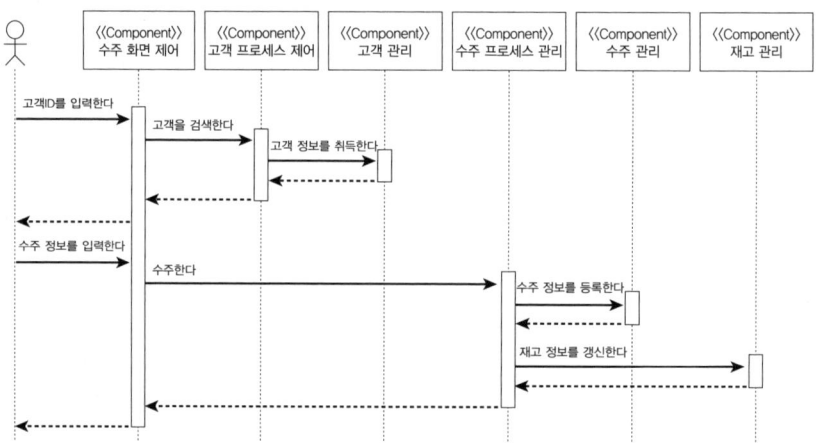

그림 2-24 상호작용 다이어그램(시퀀스 다이어그램)을 사용해 컴포넌트의 연계를 기술한 예

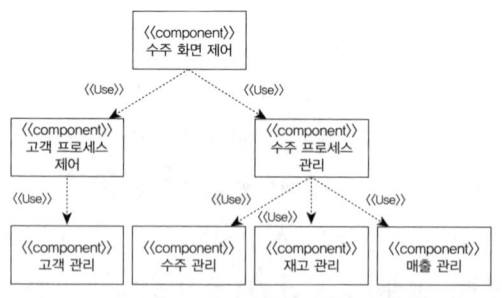

그림 2-25 컴포넌트 다이어그램에서 의존관계 등을 기술한 예

이 외에 클래스 다이어그램을 사용해 컴포넌트의 내부 사양을 표현할 때도 많다.

유스 케이스를 견적에 사용한다

현장에 따라서는 유스 케이스를 개발 공수 견적에 사용할 때도 있다. 개발 규모(유스 케이스 수와 난이도)를 매트릭스matrix(지표)로 해서, 과거 실적에서 취합한 생산성 데이터를 곱해 개발 공수를 산출한다. 기능 점수function point 등의 견적 방법과 비교하면 용이하게(빠르게) 견적할 수 있다는 것이 특징이다. 단, 사용자와의 상호작용을 수반하지 않는 처리나 예외 처리, 전처리나 후처리가 누락될 우려가 있다는 점에 주의가 필요하다.

요건 정의

사각지대에 있는 요건을 놓쳐서는 안 된다

사용자 요건을 정리하는 것만으로는 요건 정의 작업이 아직 불충분하다. 사용자 요건 즉, 기능 요건을 전부 시스템화한다고 하더라도 품질의 특성이나 운용 기반 등, 비기능 요건에 대한 고려가 부족하면 테스트 단계나 본격적으로 가동된 후에 생각지도 못한 트러블이 발생할 우려가 있기 때문이다.

예를 들어 "온라인 처리의 대응 시간이 느리다", "장애 발생으로 업무에 지장을 초래한다", "표시해서는 안 되는 정보를 표시하고 있다", "보수성이 나빠 시스템 변경에 시간이 걸린다" 등의 문제가 발생한다.

그렇게 되면 수정하는 데 엄청난 재작업이 발생한다. 여하튼 기능 요건에만 신경을 쓰다 보면, 비기능 요건은 사각지대가 되어 놓치기 십상이다. 그러나, 비기능 요건에 대해서도 상위 공정에서 정리를 해야 한다. 비기능 요건도 기능 요건과 상호 보완적으로 정의하는 것이 중요하다.

비기능 요건이란 각종 환경 조건을 말한다

비기능 요건이란 플랫폼 선정이나 시스템 구성, 운용 절차 및 체제 검토의 전제가 되는 품질이나 기술 요건의 환경 조건을 말한다. 소프트웨어의 품질을 측정하기 위한 세계 표준인 ISO/IEC 9126에서는 비기능 요건 6가지를 품질 특성으로 정리하고 있다(표 2-3).

표 2-3 ISO/IEC 9216(JIS 0129)에서 나타낸 비기능 요건

품질 특성	개요	품질 부특성
기능성	명시적 및 암시적 필요성에 일치하는 기능을 제공한다	보안, 정확성, 합목적성, 상호 운용성
신뢰성	제공된 달성 수준을 유지하는 특성	성숙성, 회복성, 장애허용성
사용성	이해, 습득, 이용 가능, 이용자에 따라 매력있는 특성	이해성, 습득성, 운용성, 매력성
효율성	사용하는 자원 양에 대해 적절한 특성을 제공하는 특성	시간 효율성, 자원 효율성
보수성	보수(변경) 작업의 편리에 관한 특성	분석 허용성, 변경 허용성, 안정성, 시험 허용성
이식성	다른 환경으로 옮겼을 때 그대로 동작하는 특성	환경 적응성, 설치성, 공존성, 치환성

비기능 요건은 품질 특성이나 품질 요건이라고 하며, 정의하는 방법이 다소 다르다. 여기서는 시간과 자원의 효율성에 초점을 맞춰 성능과 용량 요건의 주요 포인트에 대해 설명한다.

성능 요건에는 응답 시간(response time)을 정의한다

성능 요건이란 시스템 성능에 관한 요건으로, 아키텍처나 플랫폼을 선정할 때의 기본 정보다. 업무 처리를 효율화하기 위한 기능 요건으로도 많은 영향을 미친다는 점에서, 명확히 정의해 두는 것이 좋다.

성능 요건의 지표로는 특정 업무를 완료하기까지의 경과 시간을 의미하는 응답 시간을 사용한다. 현행 시스템의 서비스 레벨 등을 참고해서 새로운 업무 프로세스가 통과할 때 혹은 트랜잭션 양이 최대가 될 때의 응답 시간을 설정한다.

특히, 어느 일정 시기에 부하가 집중되는 업무는 피크 타임에 성능이 떨어져서 업무 수행에 지장을 초래하는 일이 없도록 충분히 주의를 기울여야 한다. 인사 이동이나 인사 고과, 연말 조정 등의 업무 시스템은 특정 시기에 부하가 높아질 가능성이 높다. 현행 시스템의 사용 상황을 빈틈없이 조사하는 것이 중요하다.

응답 시간은 네트워크나 하드웨어/소프트웨어 사양의 영향을 크게 받는다. 그래서 개개의 이용 환경에 따라 목표값을 설정하면 더 좋다. 또한, 응답 시간의 측정 방법이나 측정 타이밍에 대해서도 정의해야 한다.

용량 요건으로 처리 능력 등을 정의한다

용량 요건이란 처리 능력이나 용량에 관한 요건을 의미한다. 시스템에 요구되는 처리 능력을 견적할 때 기본 정보로 사용된다. 시스템을 가동한 후, 몇 년 정도의 용량을 확보할지는 사용자와 협의한 후에 결정한다. 과거 수년의 처리량과 데이터 양의 변화(증가율)로 장래 예측되는 증가량을 산출하여 견적에 반영한다.

표 2-4 용량 요건을 정의할 때 이용하는 주된 지표

지표	개요
업무 처리량	시스템화 대상 범위의 업무 처리량(업무적인 처리량)
스루풋(throughput)	단위시간당 처리 가능한 트랜잭션 양 또는 업무 처리량(시스템 처리량)
사용자 수	시스템 전체 사용자 수 및 어느 시점에서 시스템을 동시에 사용하는 사용자 수
데이터 양	시스템이 취급하는 데이터 건수, 파일 사이즈, 테이블 사이즈, 데이터베이스 사이즈 등(사이즈는 평균과 데이터 보유 시간을 참고한 최대값)
지원 사용률	CPU 사용률이나 네트워크 사용률 등 자원의 사용 정도

지표로는 표 2-4에 나타낸 업무 처리량이나 스루풋, 사용자 수, 데이터 양 등을 사용한다.

기능 요건과 비기능 요건의 조화가 중요하다

비기능 요건을 정의할 때에는 기능 요건과 조화를 이루고 있는지 확인하는 것이 중요하다. 시스템 요건 정의 단계의 대표적인 성과물과 비기능 요건의 관계를 그림 2-26에 나타냈다. 워크 스루walk through를 통해 비기능 요건과 기능 요건의 정합성이나 타당성을 체크하고 비기능 요건이나 모델operation model의 정밀도를 향상시킨다.

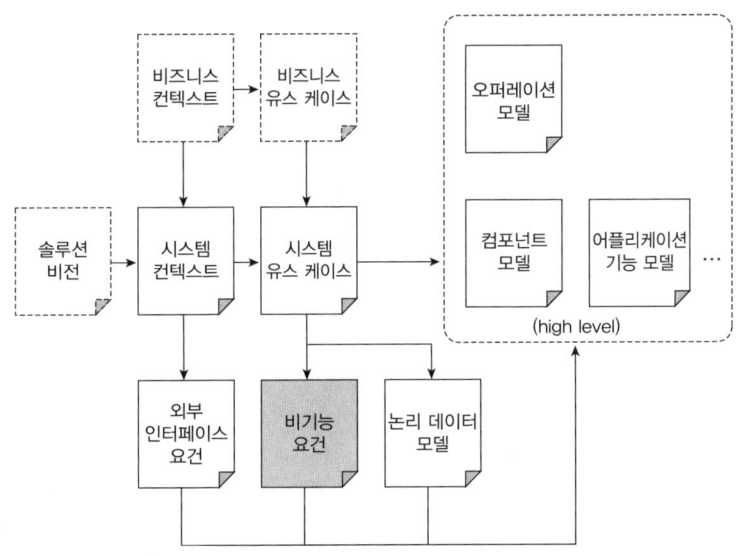

그림 2-26 시스템 요건 정의 단계별 성과물 관련도

또한, 시스템 품질이나 성능 등 위험 요소를 줄이기 위해 비기능 요건이 기술 측면에서 너무 과하거나 모자라는 내용이 없는지 잘 확인하도록 한다.

요건 정의

비용과 기간의 밸런스를 무시해서는 안 된다

시스템 사양으로 정리된 요건은 외부 설계가 끝나고 나면 비로소 작업 대상이 된다. 시스템 요건에 대한 작업 계획을 세울 때 일정이나 비용이 프로젝트 계획과 맞지 않으면 범위를 조정해야 한다.

비용과 기간에는 한계가 있다

비용이나 일정을 시스템 규모에 맞춰 변경할 수 있는 경우는 그다지 많지 않다. 대부분의 경우, 사용자의 예산이나 프로젝트 기간에는 한계가 있다. 사용자는 계획한 비용이나 일정 내에서 보다 많은 요건을 구현하고 싶다고 생각하고 있기 때문에, 사용자와의 범위 조정은 상당히 귀찮은 작업 중의 하나다.

만약 일정 내에서 모든 기능을 개발해 주기만 하면 프로젝트에 드는 추가 비용은 얼마든지 더 지불하겠다고 사용자가 이야기를 꺼냈다고 하더라도, 그것으로 모든 것이 해결되는 것은 아니다. 일반적으로 일정 기간 내에 개발할 수 있는 시스템 규모에는 한계가 있기 때문이다. 시스템 구축 프로젝트는 공수(단위 시간당 비용, 즉 투입 사람수)와 시간(개발 기간)의 밸런스가 중요하다(그림 2-27).

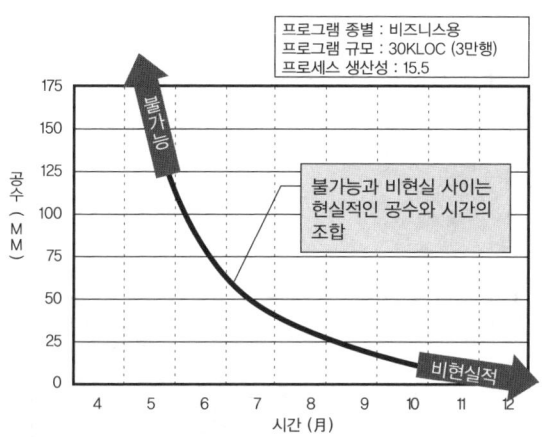

그림 2-27 현실적/비현실적 개발(브룩스의 법칙)

우선순위에 따른 작업 범위 조정

작업 범위를 조정하기 위해 요건에 우선순위를 정하려면 이해관계자와 함께 조정해야 한다. 작업에는 많은 시간을 요하는 경우가 많다.

작업 범위로 할지의 판단은 비즈니스 목표에 가장 근접한 순서대로 평가되어야 한다. 이해 관계에 얽매이지 않고 넓은 관점에서 우선순위가 결정되는 것이 바람직하다.

우선순위를 결정하기 위해서는 점수 배분법이나 5단계 우선순위 방식 등을 사용한다. 점수 배분법은 요건 건수에 따라 각 이해관계자에게 각자 할당된 점수를 부여한다(예를 들어 100점).

합계 점수가 높은 요건일수록 우선 순위를 높게 한다.

그런데, 기업의 경영층이 시스템화에 대해 무엇을 기대하고 있는지 이해를 해야 한다. 그들은 비즈니스 요건이 달성되면 개발 비용이 조기에 회수될 수 있을 것이라고 기대하고 있다. ROI(투자대비 효과)를 기반으로 작업 범위를 조정하기 위해서는 개개의 요건에 대한 투자와 본격적인 가동 후에 상정되는 이익을 정량적으로 파악해야 한다. 이익은 매출 증대나 비용 절감, 일정 단축 등을 환산한 금액을 사용한다. 손익분기점을 견적할 때의 비용은 시스템의 라이프사이클에 기초하여 보수 및 운용 비용을 더한 누적 비용을 사용한다(그림 2-28).

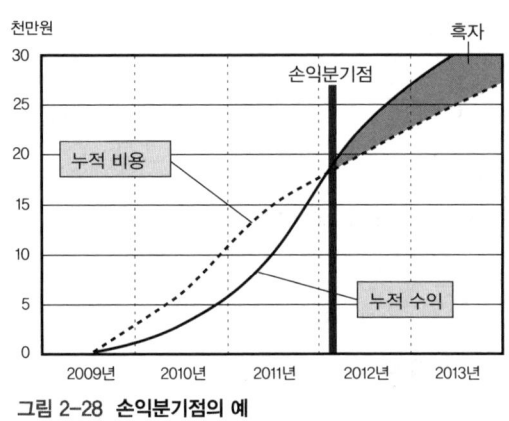

그림 2-28 손익분기점의 예

또한, 상위 공정에서 범위를 조정한다고 해서 후속 공정에서 비용이나 일정 부족이 발생하는 위험 요소가 제로가 되는 것은 아니다. 상위 공정에서 정확한 견적을 하기란 그다지 쉽지 않기 때문이다. 이러한 위험 요소를 줄이기 위해서는 프로젝트의 구현 가능성을 적절히 평가하고 계획을 다시 검토하는 것이 좋다.

요건 정의

요건 정의가 충분하다고 요건 변경이 발생하지 않는다고 생각해서는 안 된다

요건을 정의할 때는 나중에 변경이 생기지 않도록 전부 망라해서 일관된 것으로 정리하는 것이 중요하다. 단, 그렇게 노력했다고 해서 나중에 요건의 변경 요구가 일절 발생하지 않는다는 것은 아니다.

요건의 변경을 전부 받아들이게 되면 일정이나 비용이 계획과는 전혀 무관하게 동떨어지게 된다. 경우에 따라서는 제대로 된 시스템을 완성할 수 없게 된다. 하지만, 계획대로 프로젝트를 추진할 수 없다고 하여 무조건 변경 요구를 퇴짜 놓으면 시스템이 완성되어도 비즈니스 목표를 달성할 수 없게 되거나, 사용자에게 불만만 주게 된다.

변경 요구에 대해서는 필연성이나 효과, 소요될 일정이나 비용 부담 등을 검토하여 채택 여부나 조건을 판단해야 한다. 즉, 적절한 변경 관리가 필요하다.

베이스라인이 변경되면 변경관리 위원회에서 채택 여부를 판단한다

변경 관리를 할 때 제일 먼저 베이스라인을 제어해야 한다. 요건에 관련된 활동을 "요건 정의"와 "요건 관리"로 크게 구별하여 생각해보자.

- 요건 정의: 요건 인터뷰, 분석, 문서화, 확인
- 요건 관리: 요건 합의, 변경 요구의 대응, 추적 이력 관리 traceability 확보

요건 정의는 요건을 세련되게 갈고 닦으면서 서서히 정착시켜 간다. 아직 변경이란 개념은 없다. 대략 요건이 전부 갖추어졌다면 그것을 분석하여 문서로 정리해서 이해관계자들에게 합의를 받는다. 이 합의로 요건 정의는 완료되고, 합의된 문서가 요건의 베이스라인이 된다. 이후의 요건 변동이 변경 관리의 대상이 된다.

변경 요구를 받아 들이지 않을 때도 있다. 변경 요구 접수, 변경이 미치는 영향 조사, 변경의 채택 여부를 결정하는 일련의 작업에는 시간이나 비용이 든다는 사실에 유의한다.

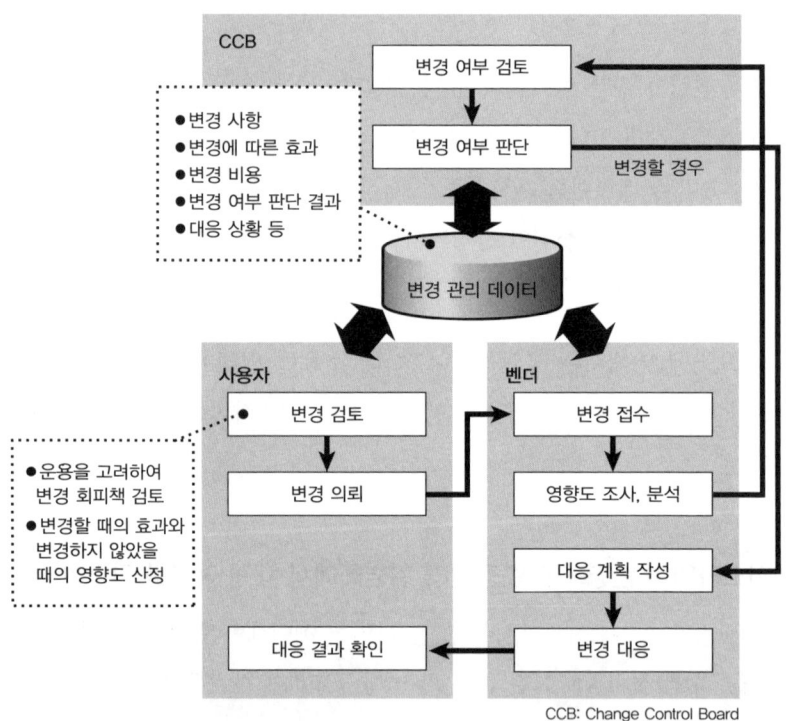

그림 2-29 **변경 관리 프로세스의 예**

변경 관리를 하기 위해서는 사전에 프로세스를 정의해 두어야 한다. 변경의 채택 여부를 판단하기 위해 CCB_{Change Control Board}라는 위원회를 사용자 및 벤더를 포함한 이해관계자로 구성한다. 변경 관리 프로세스의 예는 그림 2-29와 같다.

프로세스를 정의할 때는 다음 3가지를 유념하는 게 좋다.

- 프로세스가 복잡하지 않도록 한다.
- 변경 베이스라인이 설정되기 전에 결정한다.
- 사전에 이해관계자와 합의를 해 둔다.

결재 라인을 규정한다

변경 요구의 이해 관계자는 변경의 영향 범위에 따라 결정된다. 변경의 영향이 프로그램 전체에 미치거나 하나의 프로젝트뿐만 아니라 다른 프로젝트까지 미칠 경우에는 변경 요구에 대한 결재가 필요하다.

CCB를 프로젝트 레벨, 프로그램 레벨의 상황에 따라 다뤄질 수 있도록, 변경 레벨에 따라 구성해두는 것이 좋다.

요건 정의

프로젝트 특성을 생각하지 않고 모두 동일하게 진행해서는 안 된다

시스템 개발 프로세스나 접근 방법은 여러 가지가 있으며, 프로젝트 특성이나 조건 등에 따라 적절한 것을 고르는 것이 중요하다. 대표적인 개발 프로세스나 접근 방법은 그림 2-30과 같다.

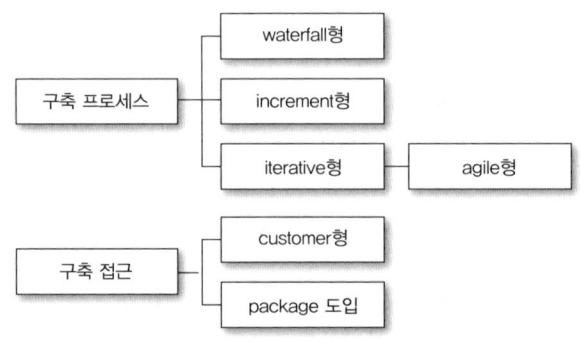

그림 2-30 개발 프로세스와 개발 접근

개발 프로세스의 차이에 따라 요건 정의의 시점 등이 달라진다. 예를 들어 반복형iterative에서는 요건 정의와 구축을 몇 번 정도 반복하면서 개발을 진행하므로 요건의 일부가 명확하지 않은 상태에서 개발을 시작해도 큰 문제가 발생하지 않는다. 그러나, 워터폴형waterfall에서는 반드시 트러블의 원인이 된다.

개발 프로세스나 접근 방법에 따라 달라지는 요건 정의에 대한 포인트를 몇 가지 소개한다. 시스템 구축 프로세스의 변화나 특성을 이해하고 나서 최적의 개발 방법을 선정하고, 선정한 개발 방법에 적합한 요건 정의를 하도록 하자.

워터폴형은 요건 누락에 주의한다

워터폴형은 순차적으로 공정을 진행해가는 개발 방법으로 널리 보급되어 있다. 특징은 역행하지 않고 과제를 다음 공정으로 미루지 않는다는 것(그림 2-31)이다. 따라서 요건 정의 단계에서는 누락 없이 요건을 추출하는 것이 특히 중요하다. 설계 단계 이후에 영향도가 높은 변경이 발생하지 않도록, 빈틈없이 정합성을 파악한 뒤 요건 정의서를 완성시켜야 한다. 앞에서 서술한 인터뷰(히어링)의 포인트, 요건의 표기법, 리뷰 방법 등을 잘 이해하고 나서 작업하는 것이 중요하다.

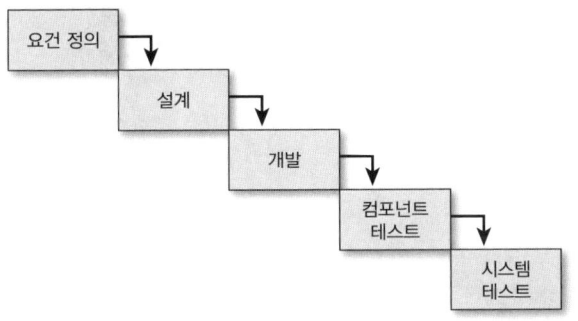

그림 2-31 **워터폴 개발 프로세스 예**

워터폴형의 경우 사용자는 프로젝트 막바지가 아니면 시스템이 요건대로 만들어졌는지 확인할 길이 없다. 즉, 만들어진 시스템이 사용자가 원하는 것과 다를 수 있다는 위험 요소가 있다. 이 위험 요소를 줄이는 방법이 다음에 소개할 점진형incremental과 반복형iterative이다. 이 두 가지 방법은 워터폴형에 비해 좀더 빨리 실제로 동작하는 시스템을 사용자가 확인할 수 있다는 점이 최대 특징이다.

점진형은 요건을 순차적으로 정의할 수 있다

제일 먼저 시스템의 기반이 되는 부분을 구축한다. 그리고 나서, 우선 순위에 따라 기능을 추가하고 출시한다(그림 2-32). 이 개발 방법은 구축을 전부 완료하지 않아도 완성된 부분부터 시스템을 이용할 수 있다.

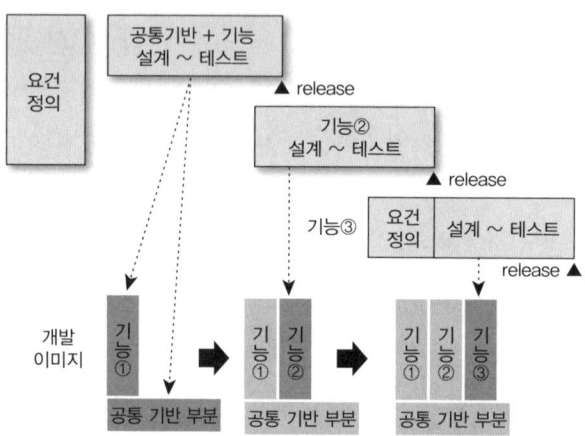

그림 2-32 점진형 개발 프로세스의 예

처음에는 모든 기능을 포함한 요건을 정의하고 설계 이후에는 점진적으로 실시하는 방법과 요건 정의까지 포함하여 점진적으로 실시하는 방법이 있다.

전자의 경우는 시스템 전체의 정합성 확보를 기대할 수 있으나, 워터폴형의 경우와 마찬가지로 요건 정의 단계에서는 누락 없이 요건을 추출해야 한다. 처음부터 모든 요건을 명확히 하기 어려울 경우에는 요건 정의도 순차적으로 실시하게 된다.

반복형은 요건의 변화에도 대응

요건 정의, 개발, 테스트의 사이클을 반복하면서 시스템을 완성해 가는 방법(그림 2-33)이다. 요건을 사전에 명확하게 할 수 없을 때나 요건이 프로젝트 도중에 바뀌는 것을 전제로, 그 변화를 받아들일 경우에는 반복형이 유리하다.

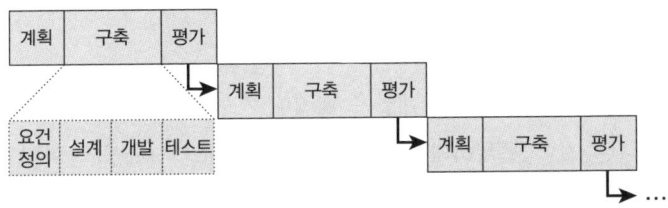

그림 2-33 반복형 개발 프로세스의 예

변화가 급격한 사회 환경에서 시스템에 요구되고 있는 요건도 변화해가는 것이라는 사고 방식에 적합한 개발 프로세스라고 할 수 있다. 단, 요건이 끝까지 완료되지 못하고 계속 반복될 우려가 있다. 반복 횟수에 제한을 설정하는 등의 제어가 필요하다.

애자일형은 프로그램에서 요건 확인

익스트림 프로그래밍(XP Extreme Programming) 등으로, 신속한 소프트웨어 개발에 무게를 둔 개발 프로세스다. 개발 프로세스만을 받아들인다면 반복형이지만 애자일형의 특징은 반복 사이클 기간이 짧다는 데 있다. 1사이클을 1주 정도로 설정하는 경우도 있다.

형식적인 문서를 작성하는 데 가치를 두지 않고 실질적으로 필요한 요건이나 사양을 망라할 수 있다는 점을 중시한다. 요건을 문서가 아니라 움직이는 프로그램으로 확인하려는 성향이 강하다. 프로그램을 사용자에게 보이고 요건대로 만들어졌는지 확인하는 방식으로 사이클을 움직인다. 움직이는 실제 소프트웨어를 보여 줌으로써 인식의 차이가 줄어들 수 있다고 생각한다.

패키지 도입은 추가 개발 요건을 정의한다

직접 개발하는 것이 아니라 패키지 소프트웨어를 이용하는 접근 방식이다. 단기간의 개발이나 업계의 경험을 활용할 수 있는 반면에 패키지에 업무를 맞춰야 한다.

패키지를 기반으로 한 시스템 개발은 패키지 기능과의 적합성&차이점 분석이 필요하다는 점이 독특하다. 전체적인 맥락에서의 적합성과 차이점을 분석하여 패키지를 선정하고, 상세 레벨로 재차 분석한다. 추가 개발이 필요한 부분을 확인하여 요건 정의를 하는 것이 일반적이다(그림 2-34).

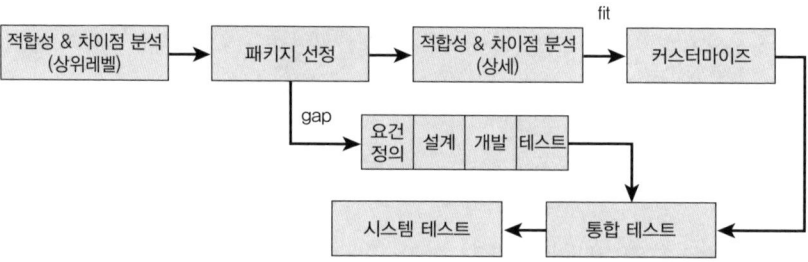

그림 2-34 패키지 도입 프로세스의 예

Column 2

IT 아키텍트의 메시지

"풍림화산"과 IT 아키텍트

주식회사 Appresso 오노 카즈토시

IT 엔지니어의 성질을 "풍림화산(風林火山)"으로 분류해보았습니다.

바람(風)의 엔지니어

신속한 설계/구축으로 팀을 가속시키는 엔지니어. 바람의 엔지니어가 없는 개발팀은 남보다 앞서서 신제품이나 서비스를 릴리즈하는 것이 어려워집니다.

숲(林)의 엔지니어

돌발적인 트러블이 발생해도 냉정하게 대처하고, 팀이 흔들림이 없도록 페이스를 제공하는 엔지니어. 숲의 엔지니어가 없는 개발팀은 트러블이 발생될 때 무엇을 해야 할지 정확한 판단을 하지 못하고 혼란에 빠지기 쉽습니다.

불(火)의 엔지니어

새로운 기술/방법/툴의 적극적인 도입으로 팀이나 성과물의 경쟁력을 높이는 엔지니어. 불의 엔지니어가 없는 개발팀은 동일한 방법을 반복할 뿐, 진보할 기회가 적어집니다.

산(山)의 엔지니어

엄밀한 에러 체크와 탄탄한 프로그래밍으로 성과물의 안정성을 높이는 엔지니어. 산의 엔지니어가 없는 개발팀은 항상 품질 저하에서 오는 불안에 시달립니다.

이 풍림화산의 분류는 프로젝트 매니저가 팀의 특성을 가시화할 때 사용하거나, 개인이 향후 자신의 스킬 관리를 할 때 사용하는 것으로 본래 IT 아키텍트가 사용하는 것은 아닙니다. IT 아키텍트를 위한 칼럼에서 굳이 이 내용을 소개한 것은 2가지의 이유가 있습니다.

첫 번째는 기술이나 아키텍처(구조)의 선택은 팀 멤버에 따라 달라지기 때문입니다. 두 번째는 선택한 기술이나 구조에 따라 팀 멤버를 변화시켜야 할 일이 있기 때문입니다.

"산"의 개발팀에 오히려 "불"의 요소가 강한 기술을 도입해 보거나, 역으로 "바람"의 팀에 테스트 관련 프레임워크 도입을 철저히 함으로써, 지금까지 새로운 일을 하지 않으려고 했던 팀 중에 신기술을 도입하려는 멤버가 나오기도 하고, 이제까지 짧은 기간의 신규 개발을 중시하고 있던 팀이 테스트나 도큐먼트(document) 정비 부분을 강화하려고 하는 행동이 나오는 경우가 있습니다.

역으로 개발팀이 "산"이나 "숲"의 엔지니어를 중심으로 구성되어 있었던 경우에는, 테스트나 도큐먼트 정비 부분에 대해 안정감을 얻을 수 있으므로 신기술 채용 등의 공격적 개발 부분에 더욱 더 중점을 두고 구조를 설계하면 프로젝트 전체가 균형 있게 진행되는 경우도 있습니다.

이러한 관점은 IT 아키텍트에게 있어 무시할 수 없는 부분이 될 것입니다. 프로젝트 매니저와 IT 아키텍트는 머지 않아 융합될 것이라고 생각하고 있습니다.

팀의 성질을 분석하고 나서 아키텍처(구조)를 선택하고, 아키텍처가 팀을 성장시킬 수 있는 시스템을 설계할 수 있도록, 지금이라도 의식적으로 수행하면 프로젝트 전체를 균형 있게 진행시킬 수 있다고 생각합니다.

설계자는 정의되지 않은 것에 대해 어떻게 처리해야 할지 설계서에 명기해 주어야 한다. 그리고, 프로그래머는 "그 이외의 경우는?"이라고 하는 의문을 갖고 구축하는 습관이 필요하다.

No.059 정의된 것 이외의 것을 가볍게 보아서는 안 된다

3장

구축 및 테스트

Tim O'Reilly가 말하는 웹2.0에 대해서도 마찬가지입니다. Tim O'Reilly는 웹 진화 과정을 개념적으로 명확히 함으로써 웹 진화를 촉진시켰습니다. 웹2.0이란 말이 널리 퍼지기 시작하면서 웹이나 업계 전체가 활기차게 된 것은 틀림없습니다. 웹2.0이 해 준 역할이 상당히 큽니다.

타인에게 설명하기는 어렵지만, 커뮤니케이션을 하기 위해 필요한 개념에 대해 이름을 붙입니다. 그렇게 함으로써 커뮤니케이션이 원활하게 되고, 막연하기만 했던 개념이 인식되는 "형태"가 되어 보급됩니다.

IT 아키텍트라는 말도 아작스나 웹2.0처럼 시스템 개발을 원활하게 하고, IT의 질을 향상시키기 위한 요소로서 필요한 개념입니다.

튜닝은 현상이 나타내는 메시지를 주의 깊게 파악하여 그 근본 원인을 해결하는 작업이라고 할 수 있다. 절대 단순히 현상 하나만 파악하여 일시적으로 부분적인 결론을 도출해서는 안 된다.

No.078 현상만 보고 튜닝을 서둘러서는 안 된다

플랫폼

64비트 OS가 32비트 OS보다 우수하다고 생각해서는 안 된다

Intel 64(EM64T)나 AMD 64와 같은 64비트 아키텍처를 채택한 CPU가 보급되자, 윈도우즈나 리눅스에서도 64비트가 이용되는 경우가 많아졌다. 지금까지 주류였던 32비트 아키텍처와 비교해 보면, 한 번에 연산할 수 있는 비트 수가 증가되어 성능을 올릴 수 있기 때문에, 64비트 OS를 사용하고 있는 것 같다. 사실, 동작하는 어플리케이션이 32비트임에도 불구하고 64비트 OS를 채택하는 경우를 본 적이 있다. CPU가 64비트 아키텍처니까 64비트 OS를 선택하는 것이 베스트라고 단순하게 생각해서는 안 된다.

32비트 바이너리를 64비트 OS에서 동작시켜도 그다지 혜택은 없다

OS는 구축하고자 하는 서버의 하드웨어 스펙과 동작하는 소프트웨어의 특성을 보고 선택해야 하며, 64비트 OS를 고집할 필요는 없다. Intel 64나 AMD 64는 64비트 모드이지만, 32비트 명령세트로도 처리 성능을 떨어뜨리지 않고 실행할 수 있는 모드가 하드웨어 레벨에서 준비되어 있다. 그래서 32비트 OS도 64비트 OS도 동작할 수 있다. 또, 64비트 OS에서 32비트 어플리케이션을 동작시킬 수도 있지만, 32비트 어플리케이션은 OS가 64비트여도 64비트 모드의 혜택은 받을 수 없다.

64비트 모드는 레지스터를 이용하여 어플리케이션을 고속화할 수 있다. 단, 64비트 어플리케이션으로 컴파일이 되어 있어야 한다. 기존의 32비트 바이너리를 이용하는 어플리케이션은 64비트 OS에서 동작시켜 보았자 혜택은 없다. 어플리케이션에 따라서는 64비트 OS에서 제대로 동작되지 않은 경우도 있다.

프로그램 사이즈가 커진다

32비트 OS와 64비트 OS를 메모리 이용 관점에서 비교해 보자(그림 3-1).

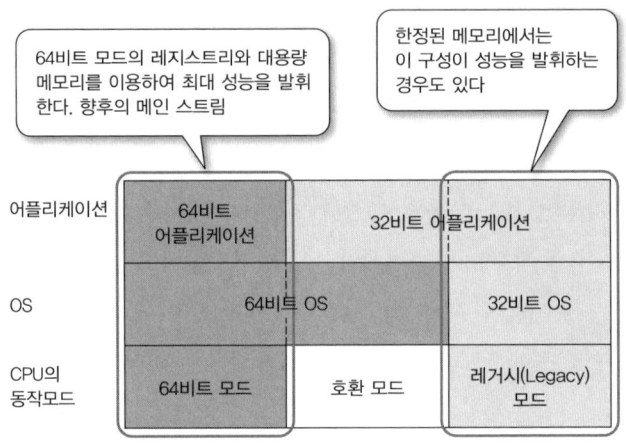

그림 3-1 OS와 어플리케이션의 선택

64비트 OS를 이용하는 가장 큰 장점은 메모리 제약을 받지 않는다는 점이다. 32비트 OS에서는 일반적으로 4GB(기가 바이트)까지의 물리 메모리밖에 취급할 수가 없다(32비트로 지정할 수 있는 메모리 주소가 2의 32승 = 4GB이므로). 한편, 64비트 OS의 경우는 논리적으로 약 1678만 TB(테라 바이트)의 메모리 공간을 사용할 수 있다. 실제 하드웨어 제약상 이보다는 훨씬 작은 사이즈지만, 그렇다고 해도 TB(테라 바이트) 사이즈의 메모리를 이용할 수 있다.

더욱 더 중요한 것은, 하나의 프로세스가 취급할 수 있는 메모리 공간의 사이즈다. OS는 실제 탑재되어 있는 물리 메모리보다 많은 메모리 공간을 논리적으로 이용할 수 있도록 가상 기억 구조를 갖고 있다.

가상 기억의 메모리 주소는 가상 주소로 관리된다. 32비트 OS에서는 가상 메모리의 주소도 32비트로 제한된다(32비트 윈도우즈의 경우 절반을 OS에 할당하기 때문에, 어플리케이션은 2GB밖에 이용할 수 없다). 64비트 OS에서는 이 제약이 해소된다.

지금까지의 설명으로는, 64비트 OS를 이용하는 편이 좋다고 생각될지도 모른다. 다만, 문제는 메모리의 데이터 양이다. 64비트 어플리케이션을 실행시키면 주소를 보관하기 위한 포인터의 사이즈가 두 배가 되고, CPU의 명령 코드 사이즈도 커진다. 그래서, 프로그램의 바이너리 사이즈가 커진다.

프로그램을 실행할 때 바이너리를 메모리에 전개하는 경우도 32비트보다 많은 용량이 필요하고, 캐시의 히트율도 떨어진다.

RDBMS와 같이, 취급하는 데이터 사이즈가 큰 어플리케이션은 32비트 어플리케이션보다 64비트 어플리케이션이 데이터 파일(보존용)의 사이즈가 커진다는 것도 주의할 점이다. 조작해야 할 파일이 크기 때문에, 파일에서 데이터를 검색할 때 성능이 좋지 않다.

어플리케이션이 이용하는 메모리의 최대 용량이 32비트 OS의 가상 메모리가 이용할 수 있는 최대 사이즈를 넘지 않으면, 32비트 OS에서 32비트 어플리케이션을 이용하는 편이 처리 성능을 높일 수 있다. 64비트 OS에 집착할 필요는 없다.

소스코드

기호 링크를 조심성 없이 이용해서는 안 된다

시스템에 산재한 설정 파일을 한 곳에 모아 관리 효율을 높이고 싶을 때가 있다. 유닉스계 OS에는 파일을 닉네임으로 참조하는 기호 링크 기능이 있어, 이것을 이용하여 관리 효율을 높일 수 있다.

링크할 실제 파일과 기호 링크는 동등하게 취급되므로, 어느 쪽으로 링크해도 괜찮다고 생각할지도 모른다. 그러나, 그렇지 않다.

링크에는 하드 링크와 기호 링크가 있다. 유닉스계 OS의 파일시스템은 하나의 파일에 여러 개의 파일명을 붙일 수 있다. 즉, 하나의 파일에 여러 개의 이름을 붙이는 처리가 하드 링크다. 하드 링크의 경우 여러 개의 파일명의 내용이 모두 똑같다.

이에 반해 기호 링크는 닉네임을 붙이는 것에 해당하며, 기호 링크를 하게 되면 파일의 외형만 링크되고, 링크된 파일명과 파일이 존재한 패스가 보관된다.

즉, 보관된 파일명과 패스 정보를 기반으로 링크를 한다.

2개의 파일명으로 동일한 파일에 접근해야 할 경우에는 하드 링크를 이용하는 편이 좋다. 다만, 하드 링크는 디바이스나 파티션이 다르면 링크할 수 없다. 또, 대부분의 파일시스템이 디렉토리 하드 링크를 쉽게 작성할 수 없다. 그래서 기호 링크가 많이 사용된다.

복사(copy)와 이동(move)에 따라 생성되는 파일이 다르다

기호 링크는 데이터와는 무관하게 파일의 외형만 링크되기 때문에 프로그램에서 링크된 파일명을 지정하게 되면 원본 파일과 똑같이 취급할 수 있다. 그러나, 링크된 파일명 자체를 이용하여 처리할 경우에는 원본 파일처럼 사용하면 문제가 발생하므로 주의가 필요하다.[1]

다시 말하면, 파일의 이동(mv), 복사(cp) 등의 조작이나 파일의 아카이브(tar) 처리 등이다.

```
테스트 파일(리눅스에서 실행)
실제 파일 「realfile_a」「realfile_b」, 기호 링크 「symlink」가 존재한 디렉토리에서 실행

# ls -l
합계 8
-rw-r--r-- 1 root root 20 6월 16 08:39 realfile_a
-rw-r--r-- 1 root root 10 6월 16 08:40 realfile_b
lrwxrwxrwx 1 root root 10 6월 16 08:40 symlink -> realfile_a
```

```
(1) cp 커맨드로 실제 파일 「realfile_b」를 「symlink」로 복사했을 경우
    → 실제 파일 「realfile_a」가 「realfile_b」의 내용으로 덮어써진다.

$ cp realfile_b symlink
cp: 'symlink'를 덮어 쓸까요?(yes/no)? yes
$ ls -l
합계 8
-rw-r--r-- 1 root root 10 6월 16 08:40 realfile_a
-rw-r--r-- 1 root root 10 6월 16 08:40 realfile_b
lrwxrwxrwx 1 root root 10 6월 16 08:40 symlink -> realfile_a
```

```
(2) mv 커맨드로 실제 파일 「realfile_b」를 「symlink」로 이동했을 경우
    → 「realfile_b」의 이름이 「symlink」로 바뀐다.

$ mv realfile_b symlink
mv: 'symlink'를 덮어 쓸까요?(yes/no)? yes
$ ls -l
합계 8
-rw-r--r-- 1 root root 20 6월 16 08:40 realfile_a
-rw-r--r-- 1 root root 10 6월 16 08:40 symlink
```

그림 3-2 cp커맨드와 mv커맨드의 차이

---

1 파일을 저장하면 하드디스크의 어딘가에 저장한 파일의 내용이 기록된다. 그리고 하드디스크에 기록된 정보를 헤더에 저장한다. 즉, 헤더에 있는 위치 정보만을 갖고 있기 때문에 파일을 호출하면 호출한 파일이 갖고 있는 위치 정보를 이용하여 하드에서 내용을 찾아 사용하게 된다.
하드 링크는 이 위치 정보를 갖고 있는 이름을 여러 개 생성한다고 생각하면 된다. 그래서 하나를 지우더라도 하드에서 내용을 찾아 갈 수 있다. 하지만 기호 링크는 위치 정보를 갖고 있는 파일명을 또 한번 다른 이름으로 연결시키고 있기 때문에 원본 파일을 삭제하면 기호 링크 파일들은 위치 정보가 없어져서 무용지물이 된다.

원본 파일로 기호 링크 파일을 덮어 썼을 경우 복사 커맨드(cp)와 이동 커맨드(mv)의 결과는 다르다. 그림 3-2처럼 커맨드를 실행하면 cp 커맨드는 참조할 원본 파일이 갱신되는데 반해, mv 커맨드는 기호 링크에 덮어 써진다.

기호 링크는 읽기 전용으로 사용한다

커맨드 실행 결과의 차이를 의식하지 않기 위해서는 기호 링크는 읽기 전용으로만 사용하고, 변경이 필요하면 원본 파일을 변경한다는 방침을 세워야 한다.

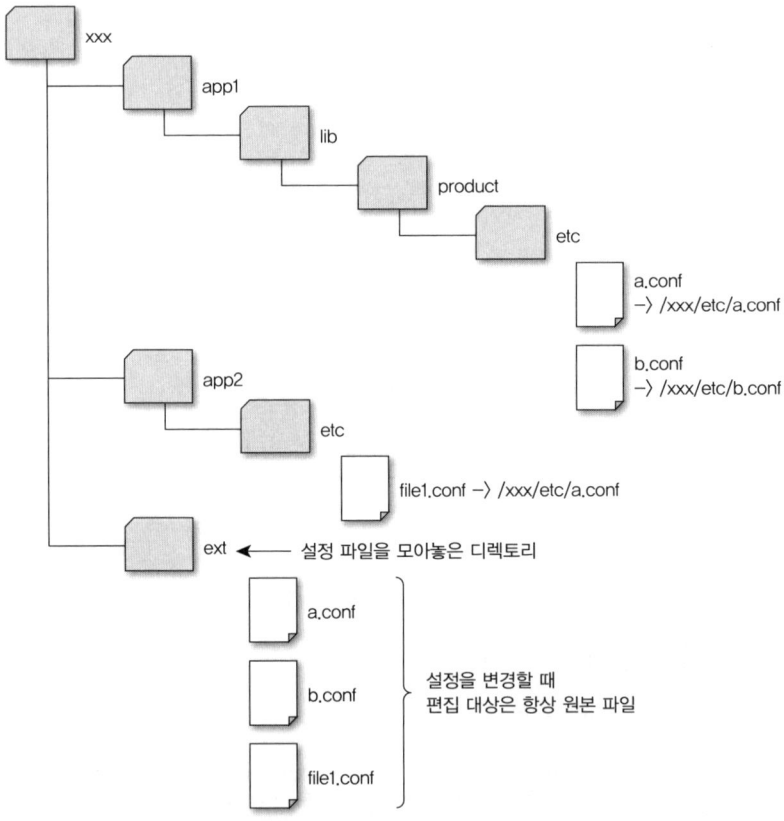

그림 3-3 기호 링크를 이용한 설정 파일

여러 디렉토리에 산재되어 있는 설정 파일을 효율적으로 갱신하기 위해, 하나의 디렉토리 안에 모아 놓는다(그림 3-3). 기호 링크를 이용한 파일 조작은 피한다는 방침에 따라 편집을 하기 위해 설정 파일을 모아 놓은 디렉토리(그림 3-3에서는 "ext")에 원본 파일을 넣고, 원본 파일에 기호 링크를 한다. 이렇게 하면, 설정 파일을 모아 놓은 디렉토리 안에 원본 파일들이 모이기 때문에 파일 조작은 신경 쓰지 않아도 된다.

또 한 가지, 기호 링크를 이용하는 데 있어 주의해야 할 점은 기호 링크의 지연 평가[1] 성질이다. 기호 링크를 작성한 시점에 링크한 파일이 존재했다고, 그 파일이 계속 존재한다고는 할 수 없다. 파일이 삭제되어, 이른바 링크가 끊어진 상태가 될 수 있다. 즉, 파일이 존재해도 다른 실체의 파일일지도 모른다.

---

1 지연평가: lazy evaluation으로 진짜 필요해 질 때까지 미루는 것

소스코드

여러 가지의 OS를 이용할 때는 개행 코드를 무시해서는 안 된다

유닉스계의 OS로 구축된 시스템은 주로 여러 종류의 OS를 사용한다. 서비스를 제공하는 서버가 유닉스계 OS로 통일되어 있어도, 관리용 단말이나 개발용 단말 OS는 윈도우즈가 많다. 다른 종류의 OS로 작업할 때 조심해야 할 것 중의 하나가, OS간의 개행 코드의 차이다. 개행 코드는 유닉스계 OS에서는 "LF", 윈도우즈에서는 "CR+LF"다(CR: Carriage Return(0x0A), LF: Line Feed(0x0D)).

단말과 단말 사이에 파일을 전송할 때 쉘 스크립트나 펄 스크립트를 텍스트 파일 그대로 전송하고 있을 것이다. 그러나, 스크립트는 가독성이 있는 텍스트 형식으로 기재되기는 하지만, 프로그램이 번역되어 실행되기 때문에 개행 코드가 다르면 실행되지 않는 것이 있다.

확장자에 따라 전송 모드를 변경한다

파일 전송 툴 안에는 텍스트 형식 파일의 개행 코드를 자동으로 번역하는 기능을 갖고 있기 때문에, 텍스트 파일을 그대로 전송하려면 주의가 필요하다. 실제로, 개발 환경의 유닉스계 OS머신에서 작성하고 시험까지 통과했는데도, 윈도우즈 경유로 실제 환경에 전송하여 동작을 확인하려고 하자 개행 코드가 바뀌어서 실행할 수가 없었다(그림 3-4).

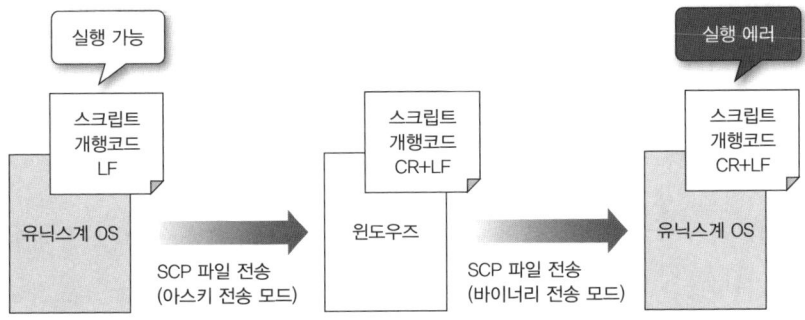

그림 3-4 전송 모드의 설정 오류

파일 전송은 전송용 프로토콜인 FTP나 SCP를 주로 이용하지만, 이러한 프로토콜에 대응한 클라이언트 툴의 대부분은 "ASCII 전송 모드"와 "바이너리 전송 모드" 이 두 종류의 전송 방식을 제공한다.

윈도우즈에서 동작하는 클라이언트는 파일 확장자에 따라 모드를 바꿔서 구축해야 하는 경우가 많기 때문에 주의해야 한다.

"README.txt"라는 파일은 개행 코드가 변환되어 전송되고, "README" 파일은 변환되지 않고 전송된 적이 있었다. README 파일처럼 텍스트 파일이라면 그렇게 심각할 정도는 아니지만, 스크립트 파일의 경우는 개행 코드가 다르면 실행할 수 없는 사태가 발생한다.

FTP나 SCP의 ASCII 전송 모드로 파일을 전송했을 때는, 전송 후에 파일의 개행 코드가 의도한 대로 되어 있는지 항상 확인해야 한다.

개행 코드의 영향을 받지 않는 전자 메일

전자 메일에 첨부해서 서로 다른 OS간에 파일을 송수신할 경우, 기본적으로 첨부 파일은 바이너리 형식으로 송부되고 OS의 개행 코드의 영향은 받지 않는다. 메일의 첨부 파일은 메일 전송 프로토콜 SMTP로 첨부 파일을 취급하기 위해, 확장 규격인 MIME으로 전송되기 때문이다.

SMTP에서는 기본적으로 7비트 이하의 코드만을 취급하는 제약이 있기 때문에, MIME 인코드로 바이너리 파일을 일단 7비트 이내의 ASCII 코드로 변경해서 송부한다. 수신 측은 송부된 내용을 디코드해서 바이너리 데이터로 복원한다.

MIME은 첨부 파일의 종류를 나타내기 위한 Content-Type에 텍스트 파일임을 나타내는 "text"를 지정할 수도 있지만, 메일러(이메일의 송수신 기능을 수행하는 프로그램)로 Content-Type을 해석한다. 개행 코드를 변환하는지 알 수는 없지만, 변환 처리가 생길 수도 있으므로 전혀 없다고 단언할 수 없다.

이와 같이 전송에 이용하는 툴로 인해 개행 코드가 변경되는 위험이 존재한다. 개행 코드가 변경되는 위험을 회피하기 위해 파일을 작성한 기기에서 tar나 zip 커맨드로 전송 대상 파일을 압축하여 바이너리 파일로 전송하고, 전송 대상 기기에서 해제하는 것을 룰로 정하면 개행 코드까지 확실하게 전해 줄 수 있게 된다.

로그 파일이나 소스코드에도 요주의

여러 종류의 OS가 혼재하는 시스템을 개발할 때는 문자 코드도 주의해야 한다. UI는 물론이고 네트워크로 교환하는 데이터 내용까지, 데이터베이스를 설계할 때는 문자 코드가 가장 신경이 쓰이는 부분이다.

반면, 로그나 소스코드의 설계는 소홀해지기 십상이다. 프로그램의 보수성 측면에서 로그나 소스코드도 명확하게 규정해야 한다.

로그를 출력할 때 로컬의 로그 파일에는 OS 내에서 사용할 수 있는 문자 코드로 출력하기 때문에 그다지 문제가 되지 않지만, 로그를 모아 놓는 서버의 경우에는 문제가 된다. 로그를 송신한 곳, 혹은 로그 서버를 수신한 곳에서 문자 코드의 변환 처리가 필요하기 때문에, 대응하고 있는 문자 코드를 조사하여 송신 측에서 변환할지, 수신 측에서 변환할지 정해 두어야 한다. 로그 출력은 바이트 코드를 많이 사용하지 않고, ASCII 코드만으로 설계하는 것도 좋은 방법이다.

소스코드는 형상관리 소프트웨어로 관리할 때 문제가 생기기 쉽다. 개발 기기의 OS 종별에 따라 문자 코드가 다른 상태로 저장되는 사태는 가능한 피해야 한다. 통합 개발 환경에 따라서는 저장 장소에서 소스코드를 취득한 시점에 자동적으로 문자 코드나 개행 코드가 환경에 맞춰 변경될 때가 있다. 자동으로 변환되고 있는 것도 모르고, 변환된 채로 저장해 버리면 통합 개발 환경 이외에서는 빌드할 수 없는 사태가 발생할 수도 있기 때문에 특히 주의가 필요하다.

소스코드

정의된 것 이외의 것을 가볍게 보아서는 안 된다

상세 설계나 프로그램 개발에 정의되어 있지 않은 "미지 상태"에 대해 사전에 고려를 해 놓으면, 트러블 발생을 미리 막을 수 있다. 설계나 구축 시점에서는 있을 수 없는 일일지도 모르나, 횟수를 거듭할 수록 상황이 바뀌어 일어날 수 있기 때문이다. 미리 정의를 해 두는 것이 중요하다.

미지 상태를 고려하지 않아 오류가 발생

미지 상태란 요구 사양에 기록되지 않은 상태를 말한다. 예를 들면, 다음의 요구 사양이 있었다고 하자.

상태state가 100이면 X처리(테이블 A의 갱신)를 하고, 200이면 Y처리(테이블 B의 갱신)를 한다.

이 요구 사양에는 상태가 100도 200도 아닌 그 이외의 경우에 대해서는 어떻게 취급해야 할 지 기록되지 않았다. 설계자나 프로그래머가 이 요구 사양을 "100과 200 이외의 상태는 고려하지 않아도 된다"라고 생각했다면 리스트 3-1과 같이 구축했을 것이다.

리스트 3-1은 100 이외는 모두 200으로 간주한 것이다. 요구 사양을 만족하고는 있지만, 100이나 200 이외의 상태에 대해서는 고려하고 있지 않기 때문에, 다음과 같은 트러블이 발생할 가능성이 높다.

예를 들면, 메소드나 함수의 파라미터는 state 변수고, 외부에서 100이나 200 이외의 상태, 예를 들어 state에 500이 지정되면 state가 200일 때 처리되어야 할 Y처리를 하게 되어 테이블 B가 갱신되게 된다.

또, "300이 추가되면 Z처리(테이블 C의 갱신)를 한다"는 사양 추가가 생겼다고 하자. 이 때 다른 소스 코드는 전부 수정했는데, 리스트 3-1만 수정하는 것을 깜박 잊었다면 300에서도 Y처리를 하게 되어 테이블 B가 잘못 갱신되게 된다.

리스트 3-1 state가 100, 200 이외를 고려하지 않는 구축의 예

```
if( state == 100 ){    // state가 100의 경우
    X 처리 ( 테이블 A의 갱신 처리 )
}else{    // 그 이외의 경우
    Y 처리 ( 테이블 B의 갱신 처리 )
}
```

이렇게, 누락이나 오류에 의한 버그는 생각 외로 많다. 그리고 이러한 버그는 늦게 발견될 가능성이 높기 때문에, 설계자나 프로그래머는 정의되지 않은 것까지도 빠트리지 않도록 주의해야 한다. 설계자는 정의되지 않은 것에 대해 어떻게 처리해야 할지 설계서에 명기해 주어야 한다. 그리고, 프로그래머는 "그 이외의 경우는?"이라고 하는 의문을 갖고 구축하는 습관이 필요하다. 정의되지 않은 상태를 고려하여 구축했을 때는 리스트 3-2와 같다.

리스트 3-2 state가 100, 200 이외를 고려한 구축의 예

```
if( state == 100 ){    // state가 100의 경우
    X 처리
}else if( state == 200 ){    // state가 200의 경우
    Y 처리
}else {    // 정의되지 않는 state의 경우
    에러 ( 예를 들면, 예외를 발생시킨다 )
}
```

소스코드

공개 기능 클래스의 인스턴스를 직접 생성해서는 안 된다

일반적으로 자바로 클래스의 인스턴스를 생성하려면 리스트 3-3과 같이 구축한다. 여기서 Supplier는 공개 기능을 제공하는 인터페이스이고, SupplierA는 구축할 클래스, User는 공개 기능 클래스를 이용하는 클래스다. User 클래스는 Supplier 인터페이스가 제공하는 공개 기능을 이용하기 위해 SupplierA에 new 연산자를 이용하여 인스턴스를 생성하고 있다(리스트 3-3 ❶).

리스트 3-3 인스턴스를 생성하는 자바 코드의 예

```
[Supplier.java]
public interface Supplier {
    void doSomething();
}
[SupplierA.java]
pulibc class SupplierA implements Supplier {
    public void doSomething(){
     ....
    }
}
[User.java]
public class User {
    private Supplier supplier;
    public void process(){
        // ❶ SupplierA 의 인스턴스를 생성
        Supplier supplier = new SupplierA();
        // ❷ Supplier 의 doSomething 기능을 이용한다
        supplier.doSomething();
 ....
    }
}
```

그리고 나서, 인터페이스 Supplier의 구축 클래스(SupplierA)의 인스턴스로 제공된 doSomething 메소드를 이용하고 있다(리스트 3-3❷).

그런데, 이 구축에는 아무런 문제가 없는 것처럼 보인다. 그러나, 새로운 SupplierB 클래스가 추가되어 인스턴스의 생성 대상 클래스가 SupplierA에서 SupplierB로 무조건(혹은 특정 조건에서) 바뀐다면 어떻게 될까?

SupplierA에서 SupplierB로 바뀐 경우는 ❶의 부분을 다음과 같이 수정하게 된다.

```
// ❶ SupplierB의 인스턴스를 생성
Supplier supplier = new SupplierB();
```

일반적으로 공개된 공통 기능은 다양한 클래스에서 이용된다. 만약, Supplier의 공통 기능을 이용하는 클래스가 User 이외에도 있었다고 하면, 그것들에 대해서도 똑같이 수정이 필요하다.

리스트 3-3에 나타낸 코드에서 문제점은, 공통 기능을 이용하는 User 클래스가 직접 구축 클래스의 인스턴스를 생성하고 있는 점이다. User 클래스는 인터페이스 Supplier가 제공하는 공통 기능을 이용하고 싶은 것뿐이며, 인터페이스 Supplier의 구축 클래스인 SupplierA나 SupplierB에 의존하고 싶지 않다. 공통 기능을 제공하는 측은 구축 클래스에 의존하지 않고 공통 기능을 이용할 수 있도록 배려해야 한다.

Factory Method로 간접화한다

이 과제를 해결하려면 Factory Method라는 디자인 패턴을 이용하면 좋다. Factory Method란 오브젝트의 생성을 맡고 있는 메소드factory method를 이용하여 간접적으로 오브젝트를 생성하는 방법을 말한다. 개별적으로 인스턴스를 생성하지 말고 인터페이스를 이용하여 클래스의 인스턴스를 생성할 수 있도록 메소드를 준비한다.

리스트 3-4의 구축 예를 보자. SupplierFactory 클래스로 인스턴스를 생성하는 클래스 메소드 createSupplier를 준비했다. User 클래스는 클래스의 인스턴스를 직접 생성하는 것이 아니고 createSupplier를 이용하여 인스턴스를 생성한다. 인스턴스의 생성을 SupplierFactory 클래스에 맡긴다는 얘기이다.

리스트 3-4 Factory Method의 구축 예

```
[SupplierFactory.java]
public class SupplierFactory {
    public static Supplier createSupplier(){
        // Supplier의 구축 클래스의 인스턴스를 생성하여 돌려준다
    }
}
[User.java]
public class User {
    public void process(){
        Supplier supplier = SupplierFactory.createSupplier();
        supplier.doSomething();
    }
}
```

소스코드

거대한 정수 클래스를 만들어서는 안 된다

정수의 정의는 정수 클래스(정수 정의 클래스)에 모여 있다. 자바나 C++은 리스트 3-5와 같이 정수 클래스를 구축한다.

리스트 3-5 정수 클래스의 구축 예

```
【 Java 의 경우】
public class Construct {
    public static final int MY_CODE = 100;
}
【 C++ 의 경우】
class Construct {
public
    static const int MY_CODE = 100;
}
```

정수 클래스에 정수를 정의하려면, 정적 변수를 나타내는 static 수식자를 붙이거나 final(C++의 경우는 const) 수식자로 고정 변수라고 정의한다.

정수 클래스에 대한 지침은 대부분 어플리케이션 개발 지침 등에 간결하게 기록되어 있다. 그런데, 대규모 프로젝트임에도 불구하고 역할이나 목적에 따른 정수 클래스에 대한 방침이 없을 때가 있다. 정수가 여기 저기 분산되지 않도록 정수 전용 클래스를 준비한다는 식의 기록이 있으면, 하나의 정수 클래스에 모든 정수 정의가 집중되어 거대한 정수 클래스가 완성된다.

일반적으로, 프로그래머가 필요로 하는 정수는 1개 내지 기껏해야 몇 개 정도다. 프로그래머가 리스트 3-6과 같이 거대한 정수 클래스에서 필요한 정수를 찾아야 한다고 상상해 보기 바란다.

리스트 3-6 거대한 정수 클래스의 예

```
【Java 의 경우】
public class Construct {
    /** 처리 결과 코드 : 대상 없음 */
    public static final int NOT_FOUND = -1;
    /** 처리 결과 코드 : 정상 */
    public static final int SUCCESS = 0;
    /** 응답 메시지 : 변경 없음 */
    public static final String NOT_CNANGE = "Not change.";
    /** 응답 메시지 : 변경 있음 */
    public static final String UPDATED = "Updated.";
    /** 처리 옵션 : 일반 */
    public static final int NORMAL_OPT = 100;
    /** 처리 옵션 : 확장 */
    public static final int SPECIAL_OPT = 101;
··· ( 이하, 다양한 정수의 정의가 끝없이 계속된다 ) ···
}
```

프로그래머는 개발 지원 툴로 오로지 IDE(통합 개발 환경)를 이용하고 있다. IDE에는 프로그래밍을 효율적으로 할 수 있도록 코드 보조 기능(입력 보완 혹은 입력 후보를 제시하는 기능)을 갖추고 있다. 그런데, 정수 클래스가 거대하다면 코드 보조 기능으로 많은 입력 후보들이 표시된다. 그 중에서 적절한 정수를 선택하기란 너무 어렵고 작업 효율 또한 크게 떨어진다.

정수 클래스를 분할하는 네이밍도 중요하다

본래 정수 클래스를 마련하는 목적은 다양한 정수를 정수 클래스에 정리하는 것에 있다. 혼재된 상태의 거대한 정수 클래스는 본래의 모습이 아니다.

정수 클래스는 기능이나 목적에 맞게 적절한 사이즈가 되도록 분할해야 한다.

앞에서 말한 거대한 정수 클래스는 "처리 결과 코드", "응답 메시지", "처리 옵션" 등과 같이 분류하면 된다.

가령, 고객 구분 등 코드 분류마다 독립된 정수 클래스를 작성하는 방침이 있었다면, 필요한 정수 클래스를 설계서에서 모두 찾아 내어 자동 생성하는 툴을 만드는 것이 좋다. 대규모 프로젝트라면 설계서에서 자동으로 정수 클래스를 생성해 주면 가장 알기 쉽고, 정착하기 쉽다.

정수 클래스의 작성과 더불어 클래스의 이름이나 정수 이름의 네이밍도 중요하다. 어떤 분류 기준으로 정수 클래스를 분할했다고 하더라도, 각 정수 클래스에 어떤 정수가 모여 있는지 클래스명으로 예측할 수 없다면 클래스를 분할한 의미가 희미해진다.

분할에 관한 지침(가이드라인)을 조기에 수립한다

적절한 사이즈가 되도록 정수 클래스를 분할하는 작업을 시스템을 구축하는 도중에 하는 것은 바람직하지 못하다. 프로젝트 멤버의 혼란을 가중시키기 때문이다.

정수 클래스의 분할 지침은 설계 공정 초기에 결정하는 것이 바람직하다. 늦어도 구축 공정에 들어가기 전까지는 수립해야 한다. 방침을 결정하면 어플리케이션 개발 지침 등에 명기해서, 프로젝트 멤버에게 주지시켜야 한다.

소스코드

분량이 많은 코딩 규칙을 만들어서는 안 된다

코딩 규칙은 프로젝트 멤버에게 프로그래밍 룰을 알려 주기 위해 작성하는 문서다. 일반적으로 소프트웨어 아키텍트가 정리한다. 코딩 규칙이 너무 많으면 프로그래머가 그 모든 것을 이해할 수 없게 되어, 결국 준수되지 못하게 되므로 주의가 필요하다.

실제 상황에 맞춰 기존의 규칙을 수정한다

코딩 규칙 작성은 귀찮고 노력이 많이 드는 작업이다. 프로젝트마다 새로 작성할 필요는 없다. 다른 프로젝트에서 사용되고 있는 기존의 코딩 규칙을 기본으로, 사용하는 플랫폼이나 개발 언어에 맞춰 수정하면 된다.

코딩 규칙에 기술하는 항목은 일반적으로는 코딩 스타일이나 코멘트 서식, 식별자의 네이밍, 프로그래밍의 금지 사항, 관례나 팁들, 이 4가지다.

이 중, 코딩 스타일이나 코멘트 서식과 식별자 네이밍 규약을 제정하는 목적은 소스코드의 가독성 향상에 있다. 소스코드의 가독성이 높으면 프로그램을 작성한 당사자, 리뷰 담당자 모두 버그를 찾아내기 쉽다. 또, 가독성이 높으면 다른 프로그래머가 유지보수 할 때 작업 효율이 높아진다. 프로그래밍의 제약 사항을 적어 놓는 이유는, 프로그래머에 따라 별생각 없이 부적절하게 코딩을 해 버리는 경우가 있기 때문이다. 프로그래머가 재차 의식을 하면서 코딩할 수 있도록, 코딩 규칙에서 사용하는 플랫폼이나 개발 언어의 특성을 고려하여 위험한 내용을 표시한다.

관례나 팁들을 나타내는 것은, 알고리즘 등에 따른 차이를 프로그래머에게 인식시켜 처리 효율이 높은 소스코드를 만들기 위해서다(리스트 3-7).

리스트 3-7 관례나 팁들의 기재 예

```
【나쁜  예】루프의 조건식에서 메소드를 호출한다. 성능 문제가 일어나기 쉬워 바람직하지
않다.
List list = new ArrayList();
...
for(int index = 0; index < list.size(); index++){
// 조건부에서 size 메소드를 매회 호출하고 있다!
...
}
【좋은  예】사전에 size()를 호출, 로컬 변수에 저장하고 나서 그 로컬 변수를 참조한다.
List list = new ArrayList();
...
int size = list.size();
for(int index = 0; index < size; index++){
...
}
```

필요한 내용을 충분히 알기 쉽게 표시한다

이러한 내용을 모두 포함하게 되면 코딩 규칙의 양이 늘어나서 인쇄했을 때 두꺼워지기 십상이다. 완성도가 높은 코딩 규칙이란 필요한 내용을 충분히 알기 쉽게 나타내야 하지만, 필요 이상으로 상세하고 두꺼운 것은 바람직하지 않다.

프로그래머가 구축 작업을 할 때는 설계서를 참조하여 IDE(통합 개발 환경) 등의 툴과 서로 대조하게 된다. 코딩 중에 코딩 규칙을 참조할 필요는 없다. 프로그래머가 코딩 규칙을 읽는 것은 구축 작업을 하기 전이어야 하며, 그때 규칙을 충분히 이해하고 나서 코딩 작업을 해야 한다. 다시 한번 강조하지만 코딩 규칙이 두꺼우면 전부 기억할 수 없고, 금지 사항 등 중요한 규칙마저 지킬 수 없게 된다. 그렇게 되면, 어렵게 만들어 놓은 코딩 규칙이 아무런 의미가 없게 된다.

오픈소스

오픈소스는 무료라고 생각해서는 안 된다

오픈소스는 자유롭다. 자유롭다는 것은 다음 2가지를 의미한다.

- 자유롭게 이용해도 상관없다.
- 소스코드를 자유롭게 수정, 변경해도 상관없다.

이러한 프로그램들이 인터넷에 무수히 공개되어 있다. 오픈소스를 이용하면 쓸데없는 코드를 일일이 작성하지 않아도 되기 때문에 단기 개발이 요구되는 웹 시스템 등에서는 당연하게 사용되었다. 장르도 많다. 리눅스와 같은 OS부터 펄, PHP, 파이썬, 루비 등의 개발 언어, 루비 온 레일즈와 같은 프레임워크까지 있다.

오픈소스의 이용이나 수정은 자유롭지만 무료라고 생각해서는 안 된다. 어떤 트러블이 발생하면, 오픈소스는 상용 제품처럼 문의 혹은 A/S를 받을 수 없다. 문의에 대응을 해 주는 벤더가 있기는 하지만, 벤더의 서비스를 받으려면 상응하는 비용을 부담해야 한다. 예를 들면, 레드 햇이 제공하고 있는 "Red Hat Enterprise Linux"를 이용하여 지원을 받으려면 연간 예약 구독 같은 비용이 든다.

지원을 받지 않으려면 필요한 정보를 스스로 모아야 한다

벤더로부터 지원을 받을 수 없는 상태라면 어떻게 하면 될까? 제일 먼저 인터넷에서 필요한 정보가 있는지 찾아 본다. 블로그나 위키를 검색하면 필요한 정보를 찾을 수 있을 때도 많다. 그러한 정보들을 모아서 테스트를 해 본다. 필요에 따라서는 소스코드를 파악해 가며 수정해 가는 것이 기본이다. 그 과정에서 모르는 것이 있으면 커뮤니티에 질문하는 방식도 있다. 대부분의 주요한 오픈소스는 커뮤니티가 존재한다.

운이 나쁘게도, 버그가 있는 오픈소스를 적용했을 때는 어떻게 하면 될까? 오픈소스의 버그를 혼자서 수정한다는 것은, 작업적으로는 스크래치로 개발한 프로그램 버그를 수정하는 것과 그다지 다를 바가 없다. 버그를 재현하기 위해 테스트 코드를 쓴다.

그리고 나서, 코드를 수정해서 자신이 쓴 테스트 코드를 제대로 통과하는지, 또 그 밖의 기존 동작들도 제대로 통과하는지 확인하고, 디프diff(기존 소스와 비교하여 다른 부분만 추출하는 프로그램)로 패치patch(다른 부분만 적용하는 프로그램)를 만든다.

오픈소스의 버그 관리로 "BTS"를 사용할 때도 있다

오픈소스 안에는 "BTS(버그 트랙킹 시스템)"라고 하는 버그나 과제를 관리하는 구조를 갖고 있는 것도 있다. 예를 들면 "CPAN"이라는 펄 프로그램 라이브러리를 모아 놓은 사이트라면 "RT"라는 BTS를 사용하고 있다.

BTS는 다음과 같이 사용한다. BTS에서 이미 보고된 버그가 없는지 확인한다. 보고된 버그가 없으면 신규 버그로 추가한다. 다만, BTS를 사용할지의 여부는 오픈소스를 만든 사람의 의향에 달려 있다. BTS로 버그 보고를 해 주었으면 하는 사람도 있고, 메일로 직접 연락해 주었으면 하는 사람도 있다. 외부에 사이트를 갖고 있는 사람이라면 게시판에 기재해 달라는 경우도 있다. 오픈소스를 만든 사람이 요청하는 형태로 버그를 알려줘야 한다.

또, 모든 BTS를 누구나 이용할 수 있는 것도 아니므로 주의해야 한다. 펄의 유명한 웹 프레임워크인 "Catalyst"은 "trac"이라는 프로젝트 관리 툴을 기반으로 BTS를 운용하고 있다. trac은 등록 권한을 갖는 사용자가 아니면 BTS에 버그 리포트(티켓이라고 함)를 보낼 수가 없다.

등록 권한을 갖지 않은 사용자라도 기존의 버그 리포트나 현상을 참조할 수는 있다. 수정 상황 또한, 타임라인timeline 기능으로 RSS에서 볼 수도 있다. 적극적으로 이러한 정보를 수집하여 사전에 정보를 전부 모아 놓고, 그때그때 대처해 가면 갑작스럽게 발생한 트러블에 대해 당황하지 않고 대응할 수 있을 것이다.

오픈소스

직접 빌드한 바이너리를 실제 환경에서 이용해서는 안 된다

리눅스나 BSD 등 유닉스계의 OS를 사용하여 웹 어플리케이션을 개발하는 프로그래머는, 적어도 한번쯤은 configure의 make 커맨드를 사용하여 실행 바이너리 데이터를 생성한 적이 있을 것이다. LAMP_{Linux, Apache, MySQL, Perl/PHP/Python}로 유명한 아파치나 MySQL은 개발자 환경에서 직접 빌드(실행 바이너리를 생성하는 것)할 수 있다. 하지만, 테스트 용도로 이용한다며 실제 환경에서 이용해서는 안 된다.

프로그래밍의 상급자라면 스스로 빌드 옵션을 지정해서 빌드하는 편이, 이미 제공되어 있는 바이너리보다 고속으로 실행할 수 있는 바이너리를 만들 수 있을지도 모른다.

MySQL이라면 온라인 매뉴얼(http://dev.mysql.com/doc/)의 "6.5.4 MySQL 5.1 참조 설명서 ::MySQL의 속도에 대한 컴파일과 링크의 영향"을 보면, 직접 빌드한 편이 보다 빨리 바이너리를 만들 수 있다는 것을 알 수 있다.

그러나, 이것은 예외적이라고 봐야 한다. MySQL에서 제공되고 있는 패키지 형식의 RPM판은 대부분 플랫폼별로 튜닝된 바이너리로 되어 있다. 직접 빌드해도 성능의 이점은 이제 거의 없다고 생각하는 것이 좋다.

정적 링크는 보수성이 나빠진다

아파치의 경우는 어떨까? 아파치는 RPM[1]을 인스톨하기 위해 DSO_{Dynamic Shared Object}로 동적으로 링크하거나 제거할 수 있는 다양한 모듈을 제공하고 있다. 아파치의 설정 파일 내에 **LoadModule** 지시문의 서식에 따라 모듈을 동적으로 링크하고 있다. 동적 링크보다 정적 링크가 빠르기 때문에, 필요한 모듈만 정적 링크로 직접 빌드하면 실행 속도는 빨라진다. 다만, 정적 링크는 모듈로 제공된 기능까지 하나의 바이너리에 포함되어 있기 때문에, 나중에 모듈이 불필요하게 되면 떼어낼 수가 없다. 그래서 제거하려면 다시 빌드를 해야 하므로 다소 빠르다고 해도, 보수성이 현저하게 떨어진다.

잠깐 동안 유지보수를 하기 위해, **mod_rewrite**라고 하는 요청 데이터_{Request Data}를 수정하는 모듈을 사용하고 싶다든지, 서버를 이전하기 위해 요청 데이터를 유연하게 전송하는 **mod_proxy**를 사용하는 등, 일시적으로 요청이 생길 때가 있다. 이러한 것들은 아파치의 최적화를 생각한다면 제외해야 하는 모듈이다.

그러나, 일시적인 요구에 대응하기 위해 정적으로 링크하고 있으면 아파치 자체를 다시 빌드해야 한다. 운용하던 중에 업무 시스템을 재빌드 한다는 것은 너무 비현실적이다.

DSO를 사용하여 동적으로 링크하고 있으면 빌드를 한 후 설정을 수정하기만 하면 된다. 빌드하기 전이면 해당 모듈만 빌드하여 설정 파일을 수정한다. 예를 들면 **mod_proxy**를 없애고 싶으면 아래와 같이 하면 된다.

```
#LoadModule proxy_module modules/mod_proxy.so
```

---

1 RPM(redhat package manager): 레드햇에서 만든 패키지 배포 및 관리 프로그램으로 리눅스 소스나 컴파일된 프로그램의 배포, 업그레이드 등을 쉽게 관리하기 위해 프로그램과 설정 파일 등을 하나로 묶어서 만든 것을 말한다.

LoadModule 부분을 코멘트로 묶어두면 된다. 매우 간단하다. 그 점을 고려해서인지 아파치의 RPM에서는 대부분의 모듈이 DSO로 제공되고 있다.

버전 업의 추종도 문제

직접 빌드하는 것에 대한 문제는 이외에도 있다. 만약, 사용하고 있는 소프트웨어에 보안 문제가 생겨 버전업을 해야 할 경우 어떻게 될까? 소프트웨어는 버전 업을 하고 나면 빌드 옵션이 바뀔 수도 있다. 이전의 configure 옵션이 원하는 대로 동작할 것이라고 장담할 수도 없다. 게다가 버전업한 소프트웨어가 의존하고 있는 다른 소프트웨어까지 새로운 버전으로 업데이트해야 될지도 모른다. 직접 빌드하면 그러한 의존성까지도 스스로 해결해야 한다.

예를 들면, 소프트웨어의 "httpd"를 수정하면, httpd와 의존관계에 있는 "httpd-devel"이라고 하는 소프트웨어에 영향을 주거나, httpd-devel과 의존관계에 있지 않은 소프트웨어(apr-devel 등)에도 영향을 줄 수 있다. RPM 등의 패키지 관리 시스템을 사용하면 그러한 의존관계도 관리를 해 준다.

개발한 곳에서 제공하는 바이너리나 패키지를 사용하고 있으면 적어도 동작 확인은 되었을 것이므로 우리가 만든 것보다 안심하고 사용할 수 있다. 다만, 검증을 게을리해서는 안 된다.

배포나 적용에 시간이 든다

노력과 시간을 들이면 해결되지 않는 것은 없다. 실제, Makefile이나 셸 스크립트에 빌드 절차를 기술하여 여러 대의 서버에 배포한 후 빌드 시스템을 실행하기도 하고, 좀 더 철저한 환경에서는 rpm이나 deb 파일이라는 OS 고유의 패키지 시스템에 맞춰서 배포하기도 한다.

이러한 방법을 사용하면 여러 대의 서버에 특정 패키지를 인스톨 하려는 목적 자체는 달성할 수 있다. 또, OS 고유의 패키지 시스템에 들어 있는 파일을 사용하면 의존성 문제도 해결될 수 있다. 그러나, 이것들도 꽤 많은 노력이 필요하다.

관리 체제가 갖추어진다는 것 자체는 가치가 있을 지도 모르겠다. 그러나, 그렇게까지 노력을 들인 효과가 있을지 의문이다.

개발자라면, 프로그램을 보다 깊게 이해한다는 의미에서 직접 빌드를 해 보는 경험이야말로 한 번쯤은 반드시 필요하다(오히려 몇 번이라도 괜찮다). 다만, 그것을 실제 환경에 사용하게 되면 안 된다. 얻을 수 있는 혜택보다 관리 측면에서 발생할 문제가 더 많기 때문이다.

오픈소스

독자적으로 구축해서는 안 된다

프로그래머는 자기가 직접 코드를 써야 직성이 풀린다. 하지만, 자기가 쓴 코드가 언제 어느 때라도 원하는 대로 동작할 것이라고 생각하는 것은 위험하다. 독자적으로 만든 것에는 예기치 못한 버그나 보안 문제가 항상 따라다닌다.

단순히 공부를 하고자 할 때나, 이미 오픈소스로 제공되고 있는 프로그램보다 더 나은 프로그램을 만들고 싶을 때, 혹은 기존 프로그램이 없을 때 등 필요하다고 판단되면 구축을 해 본다. 단, 독자적으로 구축하기 전에 이미 구축되어 있지는 않은지 조사해 보고, 이미 구축되어 있다면 기대만큼의 품질을 갖고 있는지 확인을 하고 나서, 사용 여부를 결정하면 된다.

잘 모르는 정규 표현이 보안의 저하를 가져온다

독자적으로 구축하면 어떤 문제가 일어날 수 있는지 메일 주소를 예로 들어 살펴 보도록 하자. 한가운데 @ 부호를 넣기 위해 다음과 같이 코드를 쓴다.

$mail = ~ /[^@]+@[^@]+/;

온라인에서 흔히 볼 수 있는데, 이것은 좋지 않은 예다. 문자열 사이에 @부호가 포함되어 있으면 메일 주소 이외의 문자열에도 일치하기 때문이다. 예를 들면, 아래와 같은 문자열을 올바른 메일 주소라고 인식해 버린다.

invalid@example?com

잘 모르는 정규 표현은 데이터베이스를 부정하게 조작하는 SQL 인젝션이라고 하는 공격에도 노출된다.

HTML에서 송신된 값이 타당한지 정확하게 판단해서, 문제가 되는 데이터는 부정하다고 체크를 해 두어야 한다. 그러한 위험을 막는 코드를 직접 기술하고 싶으면 메일 주소의 형식을 제대로 이해해야 한다.

메일 주소의 형식은 RFC라고 하는 문서에 정해져 있다. 구체적으로 말하면 RFC2822에 있다. 문서의 양이 상당하다. 필요성을 절실히 느끼지 않으면 도저히 읽을 마음이 생길 수 없는 양일 것이다.

RFP에 위반한 메일 주소 형식도 있다

객체지향과 관련된 격언 중의 하나로 "차 바퀴를 다시 만들지 말아라"라는 말이 있다. 다시 만드는 것이 유용할 때도 있지만, 대부분은 격언대로다. 구축하기 전에 오픈소스로 되어 있는 것을 찾는다. 펄의 경우 "Email::Valid"라는 모듈이 있는데, 이 모듈은 RFC 822라고 하는 RFC 2821, 2822의 사양을 기반으로 한 모듈이다. 대부분 기대한 대로의 메일 주소 형식을 갖지만, 이러한 프로그램 라이브러리로 메일 주소의 판정이 만사 형통, 문제 없이 동작할 것으로 생각하면 오산이다. 사실 큰 함정이 있다. 휴대전화로 사용할 수 있는 메일 주소는 RFC에 위반한 형식을 갖고 있을 수도 있다. 예를 들면 다음과 같은 형식이다.

example.@docomo.ne.kr

이 주소를 Email::Valid로 검증하면 잘못된 값으로 나온다. 물론, 이러한 불규칙한 경우를 고려한 모듈도 있다. Email::Valid::Loose 모듈을 사용하면 RFC 위반의 메일 주소도 타당하다고 판단한다.

이와 같이, 메일 주소의 타당성 검증만 살펴봐도 다양한 경우가 존재하며, 실제 운용상 어쩔 수 없을 때(이 예에서는, RFC에 위반하고 있는 휴대 전화용의 메일 주소)도 있다. 모든 것을 혼자서 책임지고 구축하려면 아래와 같은 사전 지식을 보유한 후에 구축을 해야 한다.

- RFC를 제대로 이해할 것
- 실제로 RFC를 기준으로 하고 있지 않은 메일 주소가 존재하고 있기 때문에, 위반하고 있는 부분이 무엇인지 알고 있을 것

실제 개발 현장에서 파악하려고 하면 상당히 어려움에 처하게 된다. 이미 구축되어 있다면 충분히 검증을 해 보고 나서 이용하는 것이 빠르고 확실하다.

오픈소스

소스코드에 HTML 생성 코드를 포함해서는 안 된다

과거 CGI나 PHP 등에서 자주 있는 예지만, 로직을 기술한 소스코드 안에 무심코 HTML 코드를 넣는 사람이 있다. 소스코드에 HTML 코드를 포함해서는 안 된다.

제어와 관계없는 코드로 가독성이 떨어진다

왜 HTML 코드를 소스코드 안에 넣어서는 안 되는지, 몇 가지 예를 들어 보겠다.

"Here Document"를 알 것이다. 셸 스크립트에서 유래된 기술 방법으로 개행을 포함한 여러 행의 문자열을 하나의 문자열로 취급할 수 있다. 이전에는 Here Document를 사용하여 HTML의 구성 요소들을 구축하고 나서, 마지막으로 구성 요소들을 연결해서 하나의 코드로 쓰고 있었다. 지금도 흔히 볼 수 있다.

이 방법을 이용하면 어플리케이션의 제어부 안에 HTML이 섞이게 되어, 제어와는 무관한 소스코드가 여러 행을 차지하게 되므로 소스코드를 파악하기가 어렵다.

Here Document 이외에도 PHP, ASP, JSP 등은 HTML 안에 코드를 혼재시킬 수 있다. 잘못하면 HTML 안에 클래스나 함수 정의 등이 생겨나게 된다.

이런 코드는 유지보수가 어렵다. HTML 코드는 가능한 한 제어 부문에서 떼어내서 기술해야 한다.

Here Document나 PHP, ASP, JSP를 사용하여 HTML을 만들 때, 하나 더 주의해야 할 것은 XSS(크로스 사이트 스크립팅) 등의 보안 문제다. 일반적으로 문제가 되는 문자열을 무효화 해서 해결한다.

Here Document는 "특정 HTML 요소를 허가하고, 그 이외의 요소는 허가하지 않는다"는 요건을 만족하지 않으면 취급할 수 없다. 허가해서는 안 되는 요소를 허가하게 되면 무효화 처리가 잘되지 않는다. XSS의 취약점이다.

이러한 위험 요소를 줄이려면 템플릿 엔진을 사용하면 된다. 템플릿 엔진이란, 텍스트를 정형화해서 출력하는 엔진이다. XSS 대책을 위한 무효화 방법도 준비되어 있으므로 간단하게 XSS 대책을 사용할 수 있다. 펄이라면 Template Toolkit, PHP이면 Smarty 등을 사용하면 된다. 언어마다 템플릿 엔진은 여러 개 존재할 수 있으므로 원하는 것을 이용하면 될 것이다.

소스코드

글로벌 변수나 순환 참조를 사용해서는 안 된다

글로벌 변수나 순환 참조 오브젝트를 쓸데없이 많이 사용해서는 안 된다. 함부로 사용하게 되면 의도하지 않은 버그에 골치를 썩거나 서비스가 다운되어 한밤중에 불려 가는 슬픈 일이 발생하게 된다. 왜 이용해서는 안 되는 것일까?

의도하지 않는 변경의 위험이 있다

글로벌 변수란 변수나 함수(혹은 메소드)의 이름과 실체를 프로그램 전체에서 공유하고 있는 변수다. 소스코드 안의 어디에서든지 참조, 변경이 가능하다(그림 3-5).

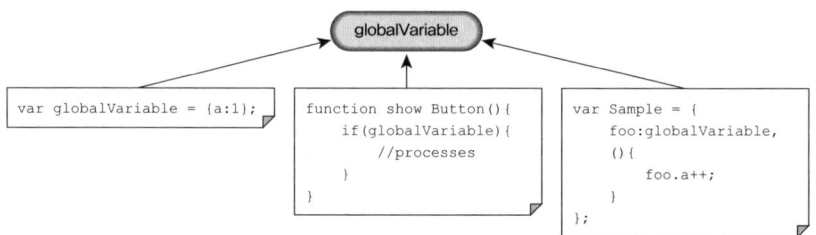

그림 3-5 글로벌 변수

한편, 특정 범위의 밖에서는 참조, 변경할 수 없는 변수를 로컬 변수라고 한다. 로컬 변수는 특정 영역을 넘어서거나 혹은 다른 곳에서는 참조되지 않아 자동적으로 없어지는 변수라고 생각해도 좋다. 이러한 차이를 전제로 생각하면, 자신이 선언한 글로벌 변수가 자신이 의도하고 있지 않는 곳에서 변경될지도 모르는 위험성이 있다.

예를 들면, 업무에서 정수를 취급하고 있는 글로벌 변수가 있다고 하자. 특정 조건으로 다른 처리를 호출했을 때 불행하게도 자신이 선언한 정수가 수정되어, 어떤 조건에서는 반드시 계산이 어긋나는 현상이 일어날 수도 있다. 글로벌 변수의 선언이나 참조, 변경이 소스코드의 여기저기에 흩어져 있으면, 원인을 파악하는 데도 시간이 상당히 걸린다.

만일, 값을 설정할 때 글로벌 변수를 사용하려면 정수를 사용해야 한다. 그리고, 글로벌 변수는 mod_perl, mod_python, mod_ruby, fastcgi라고 하는 24시간 가동 환경에서는 치명적인 버그를 낳을 수 있다. CGI의 경우, 요청이 있을 때마다 글로벌 변수가 초기화된다. 그러나, 24시간 가동 환경은 시스템이 가동될 때만 초기화되므로, 가동된 이후에는 계속 동일한 변수를 사용하게 된다. 부득이 글로벌 변수를 사용해야 할 경우는 변수명을 대문자로 하는 등 식별하기 쉬운 명명 규칙을 만들어, 오류를 범하지 않도록 주의해야 한다.

메모리 부족을 일으키는 순환 참조의 위험성

순환 참조란, 구조화 된 데이터의 자식이 자기 자신을 참조하고 있는 경우를 말한다. 객체지향 언어를 예로 들어 설명하면, 특정 오브젝트 속성에 자신의 오브젝트를 대입하여 순환 참조를 하게 되는 경우다(그림 3-6).

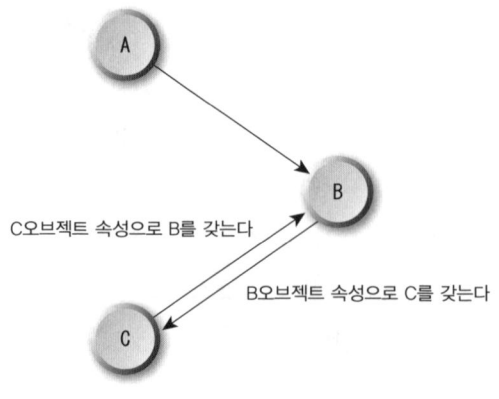

그림 3-6 순환 참조

순환 참조 오브젝트는 변수가 영향 범위에서 벗어나면 자동으로 가비지 콜렉션garbage collection을 실행시켜 불필요한 변수의 할당을 해제한다.

그래도, 메모리에 남아 있을 때가 있다. 그렇게 되면 메모리 부족을 일으켜 프로그램이 정상적으로 동작하지 않게 된다.

24시간 가동 환경에 순환 참조가 존재하면 요청이 있을 때마다 메모리 사용량이 조금씩 늘어난다. 만약 메모리 사용량이 점점 증가되면 리눅스의 경우에는 sar 등의 시스템 감시 툴을 사용하여 순환 참조를 하고 있는 곳이 없는지 확인하면 된다. 순환 참조를 검출하는 툴은 각 언어에 준비되어 있으므로, 적절한 툴을 사용하여 순환 참조가 없도록 해야 한다.

이와 같이 글로벌 변수나 순환 참조는 프로그램 버그나 트러블의 근본 원인이 될 때가 매우 많다. 안이하게 사용해서는 안 된다.

소스코드

스레드 세이프로 하는 것을 잊어서는 안 된다

스레드 세이프thread safe란 어플리케이션을 멀티스레드multi-thread로 동작시켜도 문제가 되지 않은 것을 말한다. 서버 전용 어플리케이션은 멀티스레드로 동작하도록 설계하고 구축하는 것이 바람직하다. 그렇게 하는 편이 일반적으로 성능이 좋기 때문이다. 하지만, 멀티스레드 어플리케이션은 신경 써서 설계하고 구축하지 않으면 트러블이 생긴다. 예를 들면, 어떤 스레드로 관리하고 있던 변수 값이 다른 스레드로부터 접근되어 처리 결과가 덮어 쓰지거나 다른 이용자의 정보가 보이는 경우다.

이러한 트러블은 개발자가 혼자서 단위 테스트를 하고 있을 때는 찾아낼 수 없고, 다수의 이용자가 한계 테스트를 했을 때나, 실 기기에 이행한 후 우연히 발견될 때가 많다. 트러블이 발생하는 타이밍을 재현하기가 어렵기 때문에 디버깅이 어렵다.

멀티스레드에서의 트러블을 막기 위해, 개발자는 스레드 세이프 설계와 구축에 주의를 기울여야 한다.

스레드 고유의 변수 저장에는 로컬 변수가 안전하다

멀티스레드로 동작하는 어플리케이션은 하나의 프로세스로 여러 이용자의 요청을 동시에 받아들여 처리할 수 있다.

하나 하나 프로세스를 기동할 필요가 없기 때문에 성능이 향상되고, CPU나 메모리 등을 효율적으로 사용할 수 있다. 멀티 코어 CPU는 여러 개의 코어로 스레드를 동시에 실행할 수 있다. 향후에는 멀티스레드로 동작하는 어플리케이션 개발이 과거보다 훨씬 일반화 될 것이라고 생각한다.

멀티스레드의 동작을 자바의 Servlet과 JSP를 예로 들어 설명한다(Servlet과 JSP는 멀티스레드를 전제로 하고 있다. 단일 스레드 동작으로 전환할 수도 있지만 그다지 추천하지 않는다). Servlet의 변수로는 클래스내에서 사용되는 클래스 변수, 클래스에서 생성되는 개개의 인스턴스(오브젝트)에서 사용되는 인스턴스 변수, 메소드나 블록 안에서 사용되는 로컬 변수가 있다.

3종류의 변수 중에서 스레드 세이프인 것은 로컬 변수뿐이다(그림 3-7). 로컬 변수는 스레드 고유의 메모리 영역인 자바 스택에서 관리되므로, 하나의 스레드에서만 접근할 수 있다. 스레드마다 고유의 변수가 있으므로, 다른 스레드에서 정보를 수정하거나 다른 스레드가 정보를 잘못 참조할 수는 없다.

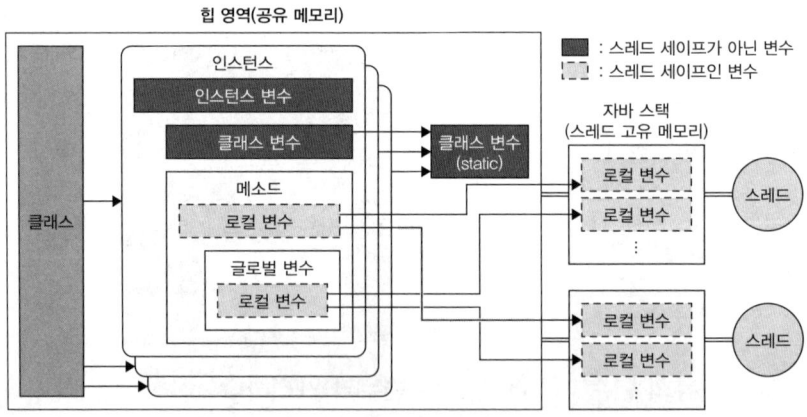

그림 3-7 로컬 변수 이외의 변수는 여러 개의 스레드에서 공유할 수 있다

한편, 클래스 변수와 인스턴스 변수는 공유 메모리 영역인 힙 영역heap area에서 관리된다. 힙 영역은 여러 개의 스레드와 공유되므로, 정보가 변경될 때가 있다. 즉, 스레드 세이프는 아니다. 클래스 변수와 인스턴스 변수는 가능한 한 사용하지 말고, 어쩔 수 없이 사용해야 한다면 다른 스레드의 영향을 받지 않도록 구축해야 한다. 다른 스레드가 실행이 완료될 때까지 대기하게 하거나, 변수 등에 잠금Lock을 걸어 스레드 사이에 배타 제어를 해 둘 필요가 있다. 멀티스레드 프로그램을 개발하거나 디버깅하는 것은 상당히 귀찮은 일이다.

개발자가 소스의 변수 종류까지 일일이 의식하지는 않겠지만, JSP의 경우 변수나 메소드의 선언에 사용되는 〈%! %〉태그를 Servlet에서 컴파일하면 인스턴스 변수로 사용된다. 그래서 Servlet과 같은 방식으로 멀티스레드를 고려해야 하는 것이다.

스레드마다 인스턴스를 생성한다

다른 사람이 만든 미들웨어나 프로그램 라이브러리를 이용할 때, 스레드 세이프인지 사전에 확인을 해야 한다. 멀티스레드 프로그래밍은 상당히 귀찮은 작업이기 때문에 가능한 한 스레드 세이프가 보증되어 있는 것을 사용하는 것이 좋다.

사용하고 싶은 프로그램 라이브러리가 스레드 세이프가 아니면 멀티스레드를 의식하지 않아도 되도록 해야 한다. 예를 들면, MVCModel-View-Controller 아키텍처에 근거하는 프레임워크 Apache Struts의 경우, 액션 클래스Action Class는 스레드 세이프가 아니다. 그래서, 액션 클래스를 계승해서 로직을 만들려면 개발자는 멀티스레드를 의식해야 한다. DIDependency Injection 컨테이너를 활용해, 요청(스레드)이 있을 때마다 인스턴스가 생성되도록 한다. 이렇게 하면 스레드와 스레드간의 인스턴스 변수가 공유되지 않는다. 이렇게 함으로써 멀티스레드를 의식하지 않게 된다.

소스코드

소스코드를 유용해서는 안 된다

어느 주변기기의 제조업체가 동일 회사 제품의 라우터를 사용하고 있다면서 펌웨어firmware의 소스코드를 보여달라고 요구한 적이 있다. 펌웨어에는 GPLGNU GENERAL PUBLIC LICENSE에 수반된 "리눅스 커널"의 소스가 일부 유용되고 있었다. 오리지널 소프트웨어라고 해도 GPL을 갖고 있다면 소스 오픈에 당연히 응해야만 한다. 하지만, 소스를 오픈하면 네트워크나 라우터의 설정 값이나 펌웨어의 수정 내용까지 회사 기밀이 모두 공개될 소지가 있다. 결국 주변기기를 판매한 그 회사는 GPL에 따라 소스코드를 오픈하고, 대신 자회사의 유지보수와 관련된 모든 기능은 삭제해야 했다.

소스를 유용해서는 안 되는 이유 중의 하나가 바로 라이선스 문제다. 그 밖에도 많은 이유가 있지만, 오픈소스의 이용이 늘어남에 따라 라이선스 문제가 점점 커지고 있다.

라이선스 문제는 시스템 구축을 하청 받아 프로그램을 개발하는 경우에도 일어난다. 예를 들면, 소스코드의 저작권을 발주한 곳으로 이전하는 조건으로 개발을 하기 때문에, 개발을 하청 받은 기업이 소스를 무단으로 유용하면 저작권에 저촉된다.

NDA(기밀 보관 유지 계약)를 해서 고객 전용으로 개발한 소스를 같은 업종의 타사 시스템에 유용하면, NDA 위반의 우려가 있다.

개발을 담당하는 SE는 계약서의 상세 내용까지는 모른다. 프로그래머는 자기가 직접 소스코드를 작성하고 있기 때문에 "소스는 자신의 것"이라고 생각하기 십상이다. 그 결과, 프로젝트 관리자도 모르는 사이에 계약이나 법률에 위반하는 소스코드를 유용하게 되는 것이다.

플랫폼

메모리 관리를 처리계[1]에 맡겨서는 안 된다

자바나 닷넷을 사용하면 메모리 관리를 의식하지 않아도 프로그래밍을 할 수 있다. 자바의 경우, JavaVM(Virtual Machine)이 갖고 있는 "가비지 콜렉션garbage collection"이라는 메모리 관리 기능을 이용하여 미사용 오브젝트를 제거하고 메모리를 해제하는 처리를 자동적으로 실행한다(그림 3-8).

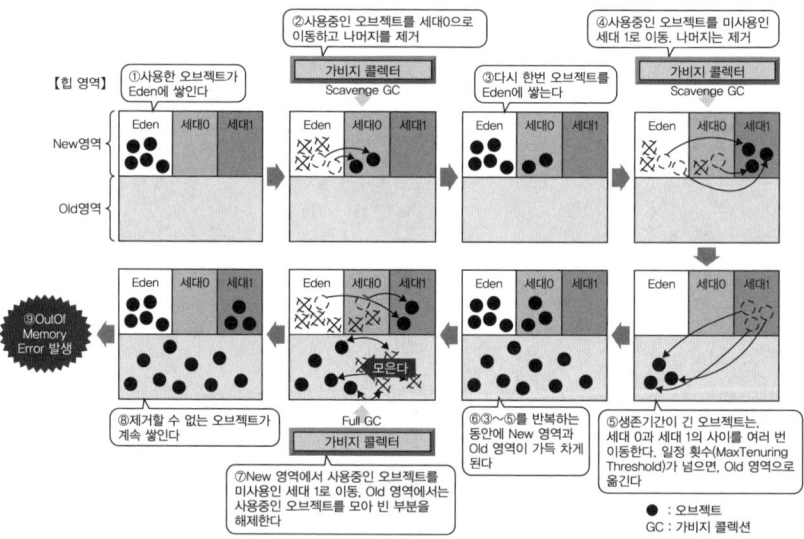

그림 3-8 JavaVM에 의한 메모리 관리 구조

---

1 처리계: 전산 처리에 있어서 가장 핵심적인 부분으로 은행을 예로 들어 말하면 입금, 출금 처리를 하는 계정 처리를 말한다. 다른 것으로는 채널계(시스템간의 데이터 정합성 및 표준화를 위해 중간에서 정리하는 역할), 정보계(처리계에서 수집된 데이터를 가공하여 각 부문의 업무 처리를 위해 정보를 제공하는 역할), 운영계(프로그램을 유지보수하고 시스템 사용을 위한 각종 스케줄을 관리하는 역할) 등이 있다.

하지만, 처리계의 메모리 관리 방법을 의식하지 않고 개발한 프로그램은 단위 테스트에서는 문제가 없어도, 다른 프로그램과 조합하거나 부하가 걸리거나 하면 성능 트러블을 일으키기 쉽다. 이러한 트러블은 주로 미사용 메모리 영역을 해제하는 "GC(가비지 콜렉션)" 처리로 인해 발생된다. GC를 실행하고 있는 동안에는 프로그램이 동작하지 않기 때문에 성능상 문제가 생기기 쉽다.

Scavenge와 Full 2종류의 GC가 발생한다

자바를 예로 들어 설명하자. JavaVM은 실행될 때 "힙"이라고 하는 메모리 영역을 확보하고, 클래스에서 생성한 오브젝트를 저장한다. J2SE1.3 이후의 JavaVM(HotSpot)에서는 힙이 2개의 메모리 영역으로 구성된다. 하나는 생존 기간이 짧은 오브젝트를 저장하는 "New 영역", 또 하나는 생존 기간이 긴 오브젝트를 저장하는 "Old 영역"이다.

생성한 오브젝트는 처음에는 New 영역에 저장되고 사용 중인 상태가 계속되면 마지막으로 Old 영역으로 이동한다. 실제로 New 영역은 "Eden", "세대(Survivor) 0", "세대 1"의 3개 영역으로 나누어져 있다. 가장 먼저 오브젝트가 저장되는 곳은 Eden이다. Eden이 오브젝트로 가득 차게 되면, "Scavenge GC"가 처리된다. 사용 중인 오브젝트만 세대 0이나 1 중 비어 있는 쪽으로 복사되고, Eden의 내용은 삭제된다(이것에 의해 미사용되었던 메모리가 해제된다).

일시적으로 사용된 오브젝트는 Scavenge GC로 제거되지만, 계속해서 사용되고 있는 오브젝트는 Scavenge GC가 처리될 때마다 세대 0과 세대 1 중 어느 하나에 반복해서 복사된다. 복사된 횟수가 "MaxTenuringThreshold" 값(디폴트는 32회)을 넘은 오브젝트는 Old 영역으로 이동된다.

반복하는 동안에 New 영역과 Old 영역 양쪽 모두 가득 차게 되면 가비지 콜렉터는 Full GC 처리를 한다. Full GC는 New 영역과 Old 영역의 메모리를 해제하는 처리다.

제일 먼저 Full GC의 제한을 생각한다

Scavenge GC나 Full GC를 실행하는 도중에는 프로그램이 동작하지 않게 되므로 성능이 떨어진다. 특히 Full GC는 대상이 되는 메모리 영역이 넓은데다가, 연속되지 않은 미사용 영역(단편화)을 줄이기 위한 구조가 복잡해서 실행하는 데 시간이 걸린다. Scavenge GC가 1회당 수밀리~수백밀리초로 끝나는데 비해, Full GC는 수백밀리~몇 초나 걸린다. 그러므로, Full GC를 가능한 한 줄이는 것이 좋다.

Full GC를 줄이려면 Old 영역으로 이동하는 오브젝트 수를 줄이는 것이 중요하다. 그래서 오브젝트를 과도하게 사용하지 않도록 해야 한다. 물론, 신규로 생성되는 New 영역도 적절히 소비하여 Scavenge GC가 자주 실행되지 않도록 밸런스를 조정해야 한다. Full GC나 Scavenge GC가 발생되지 않도록 힙 안의 각 영역의 메모리 용량을 조정한다. 메모리의 용량은 자바 커맨드의 실행 옵션으로 설정할 수 있다. Full GC의 발생은 5~10분마다, Scavenge GC의 발생은 5~10초마다 튜닝한다.

소스코드

매직 넘버를 이용해서는 안 된다

매직 넘버란 소스코드 안에 들어 있는 프로그래머 본인밖에 의미를 모르는 수치(문자열의 경우는 매직 워드라고 한다)를 말한다. 예를 들면, 배열을 사용한 for문의 프로그램은 배열 수를 수치로 기술한다(그림 3-9 왼쪽 위의 10). 배열 수를 의미하는 정수 ArrayCount를 미리 정의하고, 프로그램에서는 그 정수를 이용한다(그림 3-9 왼쪽 아래). 그러면, 다른 사람이 소스를 볼 때나 시간이 지나 소스를 다시 볼 때, 의미를 파악하기 쉽고 보수성이 좋아진다.

유연하게 적용하기 위해서는 한 번밖에 사용하지 않는 값이나, 변경하지 않는 값 등은 정수화하지 말고, 직접 기입하고 코멘트 등으로 설명을 해 두는 편이 좋다(그림 3-9 오른쪽). 개발자 본인이 아니면 알 수 없는 수치는 정수화를 해야 하지만, 과도한 정수화는 오히려 소스의 가독성을 떨어뜨릴 수도 있으므로 예외도 인정해야 한다.

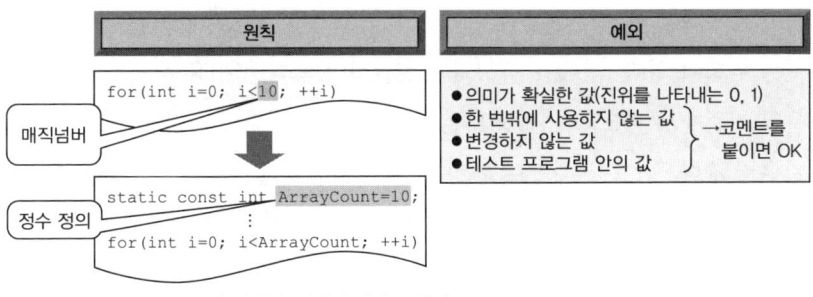

그림 3-9 매직 넘버는 정수화해야 하지만 예외도 있다

3장 _ 구축 및 테스트 **235**

테스트 방법

실 환경에서 갑자기 테스트를 해서는 안 된다

"테스트 환경을 준비할 비용이 없었다", "긴급해서 개발자에게 실 환경에서 프로그램을 직접 변경시키는 것이 빠르다고 생각했다", "실 환경의 데이터와 동등한 데이터를 준비하기가 어려웠다", "벤더가 테스트가 끝난 상태라고 해서 믿었다" 이것들은 모두 실 환경에서 갑자기 테스트하는 것을 "필요악"이라고 인정한 담당자의 말이다.

하지만, 어떤 경우도 결과적으로 장애가 된다.

개발한지 얼마 안 된 프로그램은 오작동의 위험이 있다. 다른 프로그램에 악영향을 미치거나 데이터 혹은 파일을 파괴하는 일도 있다. OS나 미들웨어의 벤더가 제공하는 보안 패치와 같이, 벤더가 테스트해서 릴리즈하고 있는 경우에도 어떤 환경에서는 동작하지 않기도 하고, 생각하지 않은 악영향을 끼치기도 한다. 사고를 막기 위해서는 가동 중인 실 환경에서 미검증된 프로그램을 갑자기 테스트해서는 안 된다.

다시 수정하고 테스트하는 데 시간이 걸리고, 예정대로 시스템을 재개할 수 없는 위험이 있다. 장애가 발생되면 긴급성이 높다는 이유 등으로 일상적인 운영 기준을 무너뜨리기 십상인데, 오히려 절차 누락이나 오류 등이 발생하기 쉬워진다. 반드시 테스트 환경을 준비해서 테스트를 해야 하고, 검증이 끝난 프로그램만 실 환경으로 이행해야 한다. 그럼, 어떻게 저비용으로 실 환경에 가까운 테스트 환경을 준비할 것인가? 최근에는 서버 가상화 기술을 이용하는 방법이 널리 보급되고 있다(그림 3-10). 서버 가상화란 한 대의 물리 서버를 여러 대의 가상 서버로 취급하는 기술이다. 하나의 가상 서버 환경은 하나의 이미지 파일로 취급할 수 있다. VMware나 Microsoft Hyper-V 등의 서버 가상화 소프트웨어를 사용하면, 실 환경과 동등한 가상 서버를 간편하게 재현할 수 있다.

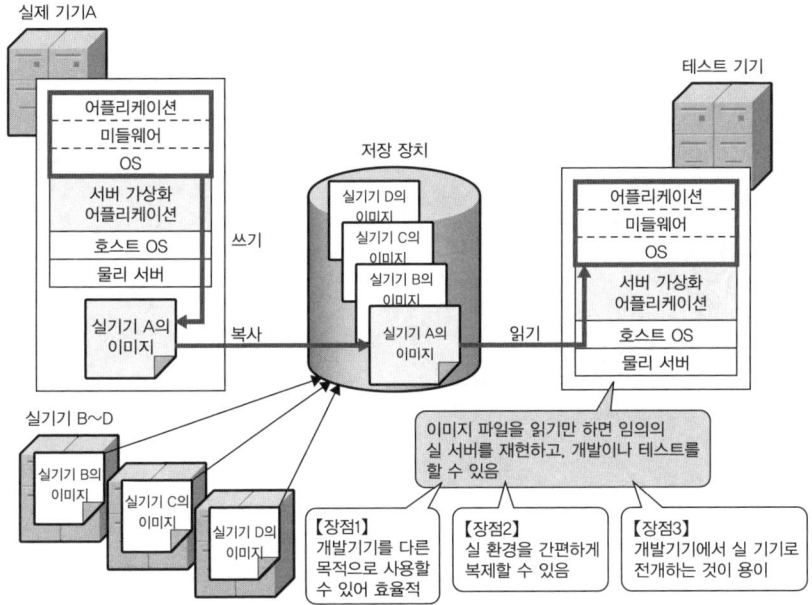

그림 3-10 **서버 가상화 소프트웨어로 실제와 동등한 환경에서 테스트 가능**

서버 가상화 소프트웨어를 사용하여 테스트 환경과 실 기기 환경을 구축하면, 실 환경의 이미지 파일을 테스트 서버에 복사하는 것만으로 테스트 환경을 구축할 수 있다. 또, 읽어 들이는 이미지 파일을 바꾸는 것만으로 한 대의 테스트용 서버를 여러 대의 테스트 환경으로 사용할 수 있으므로 상당히 효과적이다. 테스트가 끝나면 이미지 파일을 실 환경에 복사하는 것만으로 이행 작업은 끝나기 때문에 이행 오류가 줄어드는 장점도 있다.

개발 중에는 새롭게 정비된 테스트 환경을 여러 번 준비해야 하는데, 서버 가상화 기술을 사용하면 간단하게 할 수 있다. 이미지 파일을 복사해서 복제본을 만들거나, 이미지 파일이 있는 파일시스템을 그대로 스냅샷을 해 두면 좋다. 서버 가상화 소프트웨어에 따라 동작 화면을 동영상으로 기록할 수도 있으므로, 버그의 재현 순서를 녹화해 둘 수도 있다.

테스트 방법

모든 결합 테스트를 자동화해서는 안 된다

기능 단위로 모듈을 결합하고, 결합한 모듈들이 올바르게 동작하는지를 확인하는 결합 테스트는 기능 테스트라고도 한다. 시스템의 복잡화나 사양 변경이 빈발함에 따라 회귀 테스트 등을 해야 하므로 갈수록 많은 공수가 소요된다. 그래서 시스템 개발 현장에서는 결합 테스트 툴을 사용하여 테스트 작업을 효율화하려는 움직임이 확산되고 있다.

그런데, 툴을 도입했음에도 불구하고 "툴의 투자 비용을 회수할 수 없다", "반대로 테스트 공수가 증가했다"는 소리가 적지 않게 들린다.

표 3-1 자동화해서 효과가 나오기 어려운 결합 테스트와 효과가 나오기 쉬운 결합 테스트

① 자동화 효과가 나오기 어려운 결합 테스트(입력에 대한 출력 결과를 확인하는 테스트)

종류	내용
기본 기능 동작 확인 테스트	시스템의 기본적인 기능을 동작시켜 결과를 확인하는 테스트
설정 조작 확인 테스트	시스템 설정에 관한 모든 조작을 실행해서 결과를 확인하는 테스트
설정 변화 테스트	시스템 설정의 모든 패턴을 바꿔가며 결과를 확인하는 테스트
입력 조작 확인 테스트	시스템에 관한 각종 입력을 조작해서 결과를 확인하는 테스트
입력 변화 테스트	시스템에 모든 입력값을 패턴화하여 결과를 확인하는 테스트
출력 변화 테스트	시스템 출력의 모든 패턴을 확인하는 테스트

② 자동화 효과가 나오기 쉬운 결합 테스트(동작을 확인하는 테스트)

종류	내용
화면 이동 테스트	화면 이동이 사양대로 동작하는지를 확인하는 테스트
업무 시뮬레이션 테스트	실 업무의 동작 패턴을 시뮬레이션 해서 동작을 확인하는 테스트
부팅/종료 동작 확인 테스트	부팅/종료 조작의 모든 패턴에 대해 동작을 확인하는 테스트
모듈간 인터페이스 확인 테스트	모듈간의 주고 받은 데이터의 모든 종류에 대해 동작을 확인하는 테스트
외부 링크 동작 확인 테스트	시스템에서 사용하는 모든 외부 환경과 주고 받은 데이터를 확인하는 테스트

어느 제조업체의 정보 시스템 부문의 경험을 예로 들어 소개한다. 어느 신규 개발 프로젝트에 결합 테스트의 약 6할을 자동화하면 1억2천만원의 결합 테스트 툴의 투자 비용을 회수할 수 있다고 생각했다. 그런데, 목표인 6할은 달성했지만, 테스트 비용은 예정보다 약 1.5배 증가하여 툴을 도입한 효과는 얻을 수 없었다. 사실, 결합 테스트 툴만큼 적용이 어려운 툴은 없다. 많은 시간을 들여 테스트 스크립트를 만들어야 하기 때문에, 효과가 나오기 쉬운 테스트가 있는가 하면 그렇지 않은 테스트가 있기 때문이다(표 3-1).

그러면, 효과가 나오기 쉬운 테스트란 어떤 테스트인가? 하나는 테스트 스크립트 작성이 편한 테스트다. 결합 테스트에는 크게 입력에 대한 출력 결과를 확인하는 테스트와 동작을 확인하는 테스트가 있다. 이 중 테스트 스크립트 작성이 편한 것은 후자의 동작을 확인하는 테스트다. 테스트 스크립트는 키보드나 마우스의 조작을 기록한다. 화면 이동의 확인 등, 동작을 확인하는 테스트에서는 스크립트를 그대로 사용하면 된다. 하지만, 입력에 대한 출력 결과를 확인하는 테스트에서는 테스트 스크립트 안에 입력값과 출력값을 설정해야 한다. 이 작업이 테스트 스크립트를 작성하는 기간을 증가시키는 주된 원인이다.

기업의 정보 시스템 개발에서는 동작을 확인하는 테스트보다 입력에 대해 올바른 출력 결과를 얻을 수 있는지 확인하는 테스트가 많다. 동작을 확인하는 테스트는 약 30%를 넘지 않게 하라는 지적도 있다. 앞의 제조업의 경우 테스트 비용이 많이 나온 것은 입력에 대한 출력 결과를 확인하는 테스트에도 툴을 적용했던 것이 원인이었다.

툴의 도입 효과가 나오기 쉬운 또 하나의 테스트는, 동일한 테스트 스크립트를 여러 번 반복해서 적용하는 테스트다. 테스트 스크립트 작성에 시간이 걸리는 만큼 재이용률을 높이지 않으면 장점을 찾기 어렵다. 어느 테스트 전문가에 따르면 반복 기준이 4회 이상이고, 4회 이상 실시할 때 입력에 대한 출력 결과를 확인하는 테스트에서 효과가 나온다고 한다. 이 2가지의 조건을 만족하는 테스트는 기업의 정보 시스템 개발에서는 사실 그다지 많지는 않다. 오히려 패키지나 임베디드 유형의 소프트웨어 개발이 더 효과를 발휘하기 쉽다.

테스트 방법

테스트를 개발자에게만 맡겨서는 안 된다

개발자는 자기가 개발한 프로그램은 당연히 잘 동작할 것이라는 과신 때문에 아무래도 체크가 엄격하지 못하다. 그래서, 테스트는 개발자에게만 맡겨서는 안 된다. 특히 외부 개발일 때는 정상 유형은 테스트를 하지만 이상 처리에 관한 유형은 전혀 테스트하지 않는 등, 터무니 없는 프로그램이 납품되는 일이 있다. 설계, 개발, 테스트를 각각 다른 사람이 담당할 수 있다면 베스트다. 하지만, 그렇게까지 인력을 지원하기란 상당히 어려운 일일 것이다. 그러한 경우에는 프로젝트 전체에 통일된 테스트 방침을 만들어, 개발자가 작성한 프로그램의 테스트 조건을 다른 담당자와 리뷰를 하는 프로세스를 만들어야 한다.

테스트 방침에 테스트의 진행 방식도 잊지 말고 넣었으면 한다. 최근 개발하고 있는 소프트웨어는 단위 테스트 툴을 호출할 수 있기 때문에, 단위 테스트와 코딩을 일체화하는 방식이 정착되고 있다. 그러나, 이러한 테스트 방법은 특정 패턴의 버그가 나오기 쉽다.

전형적인 것으로는 프로그램 A를 만들 때 금지 처리 프로그램 라이브러리를 만들고, 다른 프로그램 B에서 금지 처리 라이브러리를 수정해서 사용하는 경우다. 프로그램 A를 개발할 때 금지 처리 프로그램 라이브러리를 포함하여 테스트하고 정상 동작을 확인한다. 그리고 나서, 프로그램 B를 개발할 때 금지 처리 프로그램을 조금 수정해서 테스트하여 정상 동작을 확인한다. 사실 이 때, 프로그램 라이브러리가 수정되었기 때문에 프로그램 A의 동작이 제대로 되지 않을 수도 있다. 그런데, 개발자는 프로그램 A의 테스트가 끝난 상태라고 믿고 다시 테스트하지 않는다. 단위 테스트와 코딩의 일체화에는 회귀 테스트를 놓치기 쉽기 때문에 주의해야 한다.

네트워크

자동식별 모드와 전이중 모드를 혼재시켜서는 안 된다

랜LAN을 구축할 때 네트워크 기기의 통신 모드(자동식별 모드와 전이중 모드full duplex mode)가 혼재하면 통신을 제대로 할 수 없거나, 통신 속도가 느려지는 트러블이 생긴다. 자동 식별 모드 기기끼리라면 FLPFast Link Pulse 버스트burst라는 식별 신호를 서로 보내서 양자가 선택할 수 있는 최고 속도의 통신 방식을 선택한다(그림 3-11). 그런데 전이중 모드의 기기는 FLP 버스트에 응답하지 않는다. 연결 중임을 나타내는 신호만 보내고, 이 신호를 받은 자동 식별 모드의 기기는 상대가 전이중인지, 반이중인지 구별할 수가 없다. 이더넷의 사양은 전이중/반이중half duplex이 구별되지 않으면 반이중으로 보내게 되어 있기 때문에 트러블이 발생하게 된다.

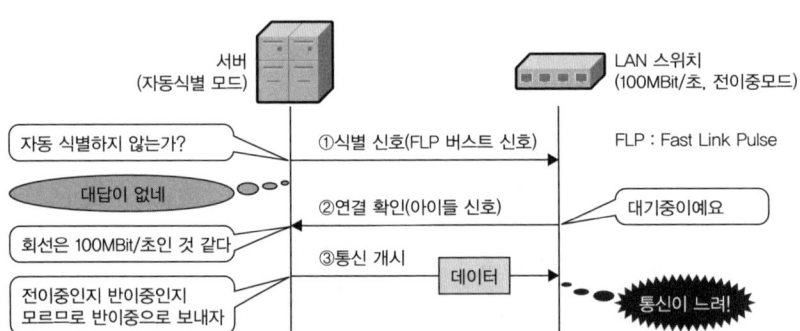

그림 3-11 통신 모드(자동식별 모드와 전이중 모드)가 혼재했을 때의 동작

네트워크

랜(LAN) 스위치로 루프 구조를 만들어서는 안 된다

한 벌의 랜 스위치를 2개의 케이블로 접속하는 등, 랜 스위치로 루프 구조를 만들면 랜이 다운된다(그림 3-12). 이더넷으로 통신 상대를 정하기 위한 "ARP Address Resolution Protocol 요구"의 패킷은 원래 브로드캐스트 도메인에 송신하고 나서 소멸해야 하는데, 랜상에서 무한으로 늘어나서 대역을 압박하기 때문이다. 그러므로 장애에 대비해서 회선을 이중화하는 등의 처리를 하고, 안이한 발상으로 랜에 루프 구조를 만들지 않도록 한다.

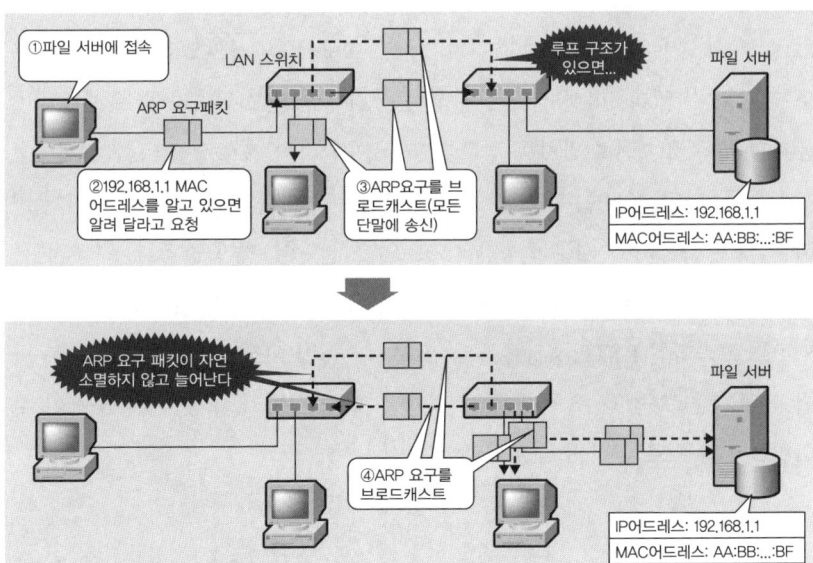

그림 3-12 랜 스위치로 루프 구조를 만들면 랜이 다운된다.

브로드캐스트 스톰이 발생한다

ARP 요구 패킷은 랜 내에 브로드캐스트(전부 전달) 되면, 브로드캐스트된 맥MAC 어드레스의 단말이 ARP 응답 패킷을 돌려준다. 랜의 모든 단말에 전달되면 ARP 요구 패킷은 네트워크에서 소멸한다.

그런데, 랜에 루프 구조가 있으면 ARP 패킷이 소멸하지 않는다. 루프를 통해 ARP 패킷이 되돌아오기 때문이다.

랜 스위치는 패킷에 생존 기간을 설정하지 않기(라우터는 설정한다) 때문에 ARP 패킷은 무한히 늘어난다. 결과적으로 ARP 패킷 때문에 대역이 줄어들어 정상적으로 패킷이 흐르지 않는다. 랜 스위치에 따라서는 부하를 견디지 못하고 다운될 때도 있는데, 이 현상을 "브로드캐스트 스톰"이라고 한다.

회선을 이중화하기 위해 루프 구조를 만들고 싶으면, IEEE802.1D에서 규정하고 있는 "STP Spanning Tree Protocol"를 대응하고 있는 랜 스위치를 사용한다(그림 3-13 위). STP를 사용하면 평소에는 포트 1개를 차단 상태(블로킹 포트)로 하고, 기준이 되는 랜 스위치 "루트 브릿지"를 기본으로 하는 트리 구조를 만들 수 있다. 회선 장애가 발생하면 검지한 랜 스위치가 루트 브릿지에 통지를 해 주고, 랜 스위치는 경로를 다시 계산하여 블로킹 포트를 해제하고 우회한다. 다만, STP는 회선 장애에 수반하는 경로를 재계산할 때 타이머 처리를 많이 사용하기 때문에, 최대 50초의 회선단이 생기게 된다. 구조가 복잡해서 호환성이 낮고, 동일 벤더의 랜 스위치로 3대까지 가능했다. 그래서 STP를 고속화한 RSTP Rapid Spanning Tree Protocol(IEEE802.1w)를 사용하는 방법이 나왔다(그림 3-13 아래). 이 방법은 회선 장애가 나면 순간 차단이 수 밀리초~몇 초로 끝나기 때문에 실용성이 높다.

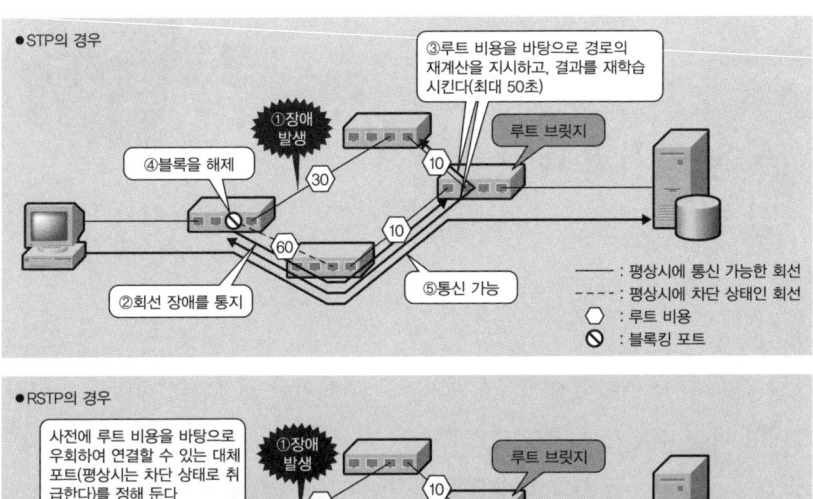

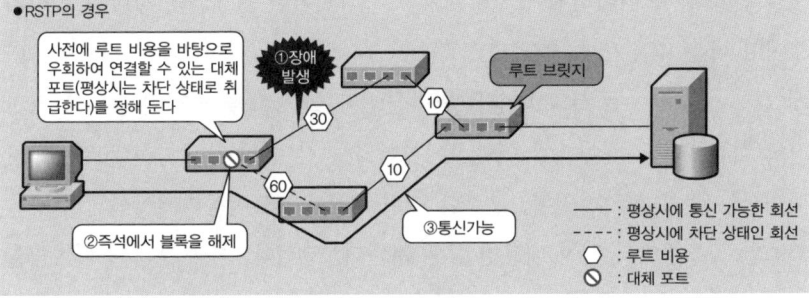

그림 3-13 스패닝 트리(Spanning Tree)로 회선 장황화[1]

---

1 장황화: 예비의 시스템을 유지하여 고장이나 장해가 발생하였을 경우에 신속하게 대처하는 것

데이터베이스

뷰, 트리거를 많이 사용해서는 안 된다

개발 단계에서, 데이터베이스 설계와 어플리케이션 설계와의 사이에 인식의 차이가 나는 경우가 종종 있다. 그림 3-14를 보면, 데이터베이스와 어플리케이션 어느 쪽이든 사양 변경을 받아들여야 할 필요를 느끼면 뷰나 트리거라고 하는 데이터베이스와 어플리케이션의 중간에 위치하는 회색 부분으로 회피하는 것을 볼 수 있다. 구축한 데이터베이스와 어플리케이션의 변경을 최소한으로 줄이기 위한 테크닉 중의 하나다. 그러나, 회색 부분의 회피책을 많이 사용하게 되면, 향후의 데이터베이스와 어플리케이션 쌍방의 유지보수가 큰 화근으로 남는 경우가 많다.

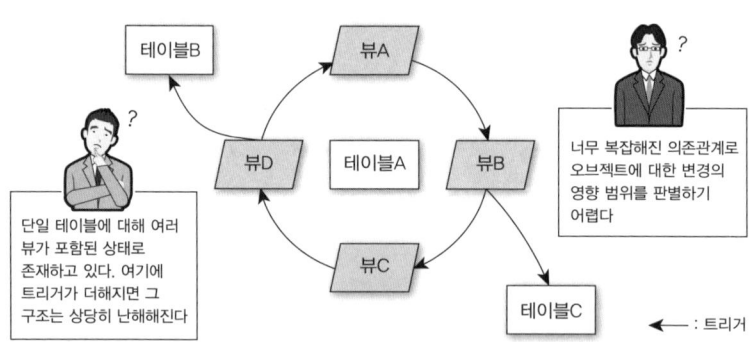

그림 3-14 뷰나 트리거를 많이 사용했을 때의 문제

여러 오브젝트에 의존하면 컬럼 하나를 삭제해도 큰 작업이 된다

뷰나 트리거는 어떻게 사용하느냐에 따라 어플리케이션에서 고려해야 될 사항인데도 데이터베이스 측에서 흡수할 수 있는 뛰어난 기능을 갖고 있다. 그러나, 데이터베이스 측면에서 보면 뷰나 트리거는 일반 오브젝트와 다른 특수한 오브젝트라고 볼 수 있다.

일반 오브젝트는 참조 정합성 제약 등이 있지만 단독으로 움직일 수 있다. 그러나 뷰나 트리거는 단독으로는 움직일 수가 없다. 여러 오브젝트에 의존해서 동작하는 오브젝트다. 의존관계를 정확하게 이해해 두지 않으면 나중에 사양 변경이나 튜닝할 때 상당히 귀찮아진다.

제대로 설계도 하지 않고 잔재주의 테크닉 차원에서 뷰나 트리거를 다량 사용하게 되면, 뷰에 대한 뷰, 뷰에 걸린 트리거 등으로 네스트만 많아진 오브젝트가 생겨나게 된다.

네스트가 깊어질수록 어떤 테이블에서 컬럼을 삭제해야 하는 요건이 발생하면 그 영향 범위가 어디까지인지 파악하기가 상당히 어렵다. 또, 너무 많은 네스트를 갖는 오브젝트를 참조하는 SQL문은 튜닝 또한 곤란해진다.

어플리케이션을 테스트할 때 데이터 플로우를 따라갈 수 없다

또, 뷰나 트리거는 데이터베이스 내에서 실행되는 비지니스 로직의 일부임에도 불구하고, 어플리케이션 측면에서는 그 내용이 보이지 않고 블랙박스인 부분이다. 잔재주의 회피책으로 이것들을 사용하게 되면, 데이터베이스와 어플리케이션 사이에 높은 벽만 쌓이게 된다.

특히 트리거는 주의가 더 필요하다. 트리거는 어플리케이션 개발자가 완전히 의식할 수 없을 정도로 데이터가 조작된다. 때로는 데이터베이스 관리자조차도 이 상황을 파악하지 못할 때가 있다.

내부에서 아무도 인식하고 있지 않는 데이터를 조작하는 데이터베이스는 데이터 플로우를 따라 가보는 것조차 힘들다.

어플리케이션 확장으로 생긴 일부 테이블들을 거점이 되는 데이터베이스에 공개하고, 개발로 이관하는 경우를 생각해 보자. 공개하는 테이블에 임기응변식으로 설계한 트리거가 붙어 있었을 때, 트리거라고 하는 중요한 정보가 다른 개발자에게 제대로 전달될까?

데이터베이스는 설계 단계에서 이상적인 데이터 구조를 검토해서 구축되었을 것이다. 어플리케이션 측에서는 설계된 데이터 구조를 최대한 활용해야만 하고, 초기의 데이터베이스 설계에 잘못이 있게 되면 잔재주의 테크닉으로 도망치는 것은 피해야 한다. 근본적인 원인을 찾아 과감하게 칼을 대는 용기가 필요하다.

데이터베이스

현상만 보고 튜닝을 서둘러서는 안 된다

무엇인가 문제가 발생하면 반드시 원인을 이해하고 해결책을 내야 하는데, 튜닝도 마찬가지다. 현상만 보고 튜닝을 서둘러서는 안 된다.

데이터베이스의 성능에 문제가 있으면, 흔히 리소스의 사용 정도가 비난의 대상이 된다. 리소스를 조사하면, 예를 들면 "CPU 사용률이 100%가 되어 있다" 혹은 "디스크 사용률이 높아지고 있다" 이러한 것들이다. 어느 측면에서는 성능 악화를 가져온 것이 사실이겠지만, 단편적으로만 보고 리소스를 추가해서 문제를 해결하려고 생각해서는 안 된다. 성능 저하를 일으키고 있는 원인이 정말 맞는지, 이것만으로는 알 수 없기 때문이다.

"CPU 사용률 100%"는 원인이 아니고 현상

리소스의 소비 상황은 어디까지나 현상일 뿐이다. 현상과 원인을 혼동해서는 안 된다. 현상에 대한 대응책으로 어떤 효과를 얻을 수 있었다고 해도, 근본 원인을 해결하지 않으면 아무런 의미가 없다.

왜냐하면 원인이 해결되지 않으면 현상에 대한 대응책은 일시적인 대응밖에 되지 않기 때문이다. 조만간에 새로운 보틀넥bottleneck을 발생시킬 것이다.

앞에서 든 예를 생각해 보자. CPU 사용률 100%의 환경에 CPU를 더 추가했다고 하자. 만약 병렬처리를 할 수 없는 어플리케이션이라면 추가한 CPU가 제대로 이용되지 않을 수도 있다. 그 결과, 외형적으로는 CPU 사용률이 내려가 여유가 생긴 것처럼 보이겠지만, 어플리케이션 성능은 전혀 개선된 것이 없다.

혹은, 디스크 사용률이 매우 높은 환경에 고성능의 스토리지를 도입했다고 하자. 다음날 CPU가 보틀넥이 되어 또 다시 CPU의 추가를 검토해야 될지도 모른다.

현상의 배후에 있는 원인에 대해 유효한 대응책을 세우지 않으면 언제까지나 현상 대응에 급급한 비용이 계속 들게 된다.

낮은 버퍼/히트율도 원인이 아니고 현상

다른 예로, 성능 낮음에도 불구하고 리소스의 사용에는 전혀 문제가 없는 경우를 생각해 보자. 이 경우는 데이터베이스 내부에서 문제가 발생하고 있다고 생각된다.

데이터베이스의 정보를 찾아 그 원인을 찾아내야 한다. 현상과 원인을 명확하게 구별하지 않으면 안 된다. 데이터베이스 버퍼의 히트율이 낮은 경우 히트율이 낮은 것은 현상이며, 원인은 아니다. 단편적으로 버퍼 사이즈만 크게 해서는 안 된다. 히트율이 낮을 경우는 쓸데없이 모든 건을 검색하고 있는 SQL문이 있거나, 저장 효율이 나쁜 인덱스가 존재하고 있을 가능성이 많다. 원인은 SQL문이나 저장 효율이 나쁜 인덱스이며, 반드시 버퍼 사이즈가 원인은 아니다.

또, SQL문이 원인이라고 해도 SQL문의 튜닝이 정말로 시스템 전체를 튜닝할 수 있는지, 주의 깊게 관찰해야 한다. 예를 들면, 1회의 실행에 5시간이나 걸리는 SQL문을 튜닝하여 3시간으로 했다고 하자. 그러나, 그 SQL문이 1개월에 1회 밖에 실행되지 않는다면 시스템 전체로 보면 1개월에 불과 2시간의 튜닝 효과밖에 나오지 않는다. 한편, 1회 실행에 2초밖에 걸리지 않는 SQL

문을 1.8초로 튜닝해서, SQL문이 1개월에 10만회 실행되고 있었다고 하면 시스템 전체로 보면 5시간의 튜닝 효과가 있는 것이다.

튜닝은 현상이 나타내는 메시지를 주의 깊게 파악하여 그 근본 원인을 해결하는 작업이라고 할 수 있다. 절대 단순히 현상 하나만 파악하여 일시적으로 부분적인 결론을 도출해서는 안 된다.

Column 3

IT 아키텍트의 메시지

왜 IT 아키텍트가 중요한가?

"IT 아키텍트라고 부르지 않아도 기술 리더라든가, 공통팀 담당이라든가 지금까지 그렇게 부르고 있는데, 그러면 된 거 아냐?".

"IT 아키텍트가 뭐야?", "구체적으로 어떤 일을 하는 거야?"라든가, "IT 아키텍트가 정말 필요한 거야?"라는 질문을 많이 받습니다. 그 때마다 IT 아키텍트는 이러한 입장이고 이러한 일을 수행하는 역할이고, 시스템을 성공시키기 위해 필요한 직종이라고 열심히 이야기를 하곤 합니다.

그러면, 이전부터 공통팀이나 표준화팀이라는 형태로 어떤 기술 중심적인 역할의 조직이나 팀을 배치하고 있는 기업에서도 위와 같은 질문을 받습니다. "IT 아키텍트"라는 말의 의미를 "아작스(Ajax)"나 "웹2.0(Web 2.0)"에 의거하여 얘기해 보겠습니다.

"아작스"는 Jesse James Garrett가 만든 용어입니다. 자바스크립트에서 비동기 통신을 하고, 리치한 사용자 체험이 가능한 기술적인 개념입니다. 아작스(Ajax)라는 말이 나오기 이전, 자바스크립트는 웹 시스템의 개발자에게 미움을 받았습니다. 보안 문제가 있었으며 웹 브라우저 간의 호환성에 문제가 있었던 것이 미움을 받은 주된 원인이었습니다.

하지만, 상황은 아작스가 등장하면서 크게 바뀌었습니다. 아작스의 대명사가 된 구글 맵(Google Maps)이 화제가 되면서, 지금까지 웹에 없었던 획기적인 조작을 할 수 있다는 인식이 생기게 되어, 눈 깜짝할 사이에 보급이 되었습니다. 아작스라는 말은 프로그래밍 언어나 소프트웨어 등 특정의 어떤 것을 가리키는 말은 아닙니다. 어디까지나 비동기 통신 등을 중심으로 한 기술적

주식회사 Topgate 카토 마사키

인 개념에 지나지 않습니다. 단, 이러한 기술적인 개념들에 이름을 붙임으로써 큰 변화가 생겨나게 된 것입니다.

아작스라는 개념을 정의함으로써, 막연하게 엔지니어들이 생각해왔던 개념(보다 리치한 사용자 체험을 가능하게 하는 것)을 공유할 수 있게 되었습니다. 그로 인해 커뮤니케이션의 오류가 일어나지 않게 되었을 뿐만 아니라, 리치한 사용자 체험을 의식하지 않았던 엔지니어들이 흥미를 갖게 되면서, 보다 복잡하고 고도의 웹 어플리케이션이 점점 등장하게 되었습니다. 아작스라는 말이 없었다면 자바스크립트에 의한 고도의 사용자 인터페이스가 여기까지 급속하게 보급되지 않았을 것입니다.

Tim O'Reilly가 말하는 웹2.0에 대해서도 마찬가지입니다. Tim O'Reilly는 웹 진화 과정을 개념적으로 명확히 함으로써 웹 진화를 촉진시켰습니다. 웹2.0이란 말이 널리 퍼지기 시작하면서 웹이나 업계 전체가 활기차게 된 것은 틀림없습니다. 웹2.0이 해 준 역할이 상당히 큽니다.

타인에게 설명하기는 어렵지만, 커뮤니케이션을 하기 위해 필요한 개념에 대해 이름을 붙입니다. 그렇게 함으로써 커뮤니케이션이 원활하게 되고, 막연하기만 했던 개념이 인식되는 "형태"가 되어 보급됩니다.

IT 아키텍트라는 말도 아작스나 웹2.0처럼 시스템 개발을 원활하게 하고, IT의 질을 향상시키기 위한 요소로써 필요한 개념입니다.

패치 적용은 단거리 달리기나 하체 운동 같은 것이다. 요구된 걷기 속도나 사용하는 근육, 해야 할 운동도 마라톤과는 전혀 다르다.

No.090 출시 직전의 완성형 제품에 갑자기 패치를 해서는 안 된다

4장

운용

IT 아키텍트에게 요구되는 세 가지 힘

균형 감각
기술은 때때로 제약이 되고, 개발 멤버의 욕구 불만으로 표출될 때가 있습니다. 예를 들어, 최신 기술을 사용하고 싶은데, 기술을 이용한 예도 없고 불안정한 요소를 지울 수 없을 때 등입니다.

추상화 능력
어떤 사물을 완전히(또는 높은 레벨에서) 이해하고 나서 그것을 추상화하여, 같은 레벨에서 다양한 사물에 응용할 수 있는 능력을 가진 사람은 아키텍트의 역할을 어렵지 않게 소화할 수 있다고 생각합니다. 지금까지 만나봤던 우수한 아키텍트 분들은 이러한 능력을 가지고 있었던 것 같습니다.

예지 능력
현실에서 일어날 가능성이 높은 사항을 확인해서, 그것에 대응할 준비를 할 수 있는 능력이 아키텍트에게는 가장 중요하며, 균형 감각과 추상화 능력 위에서 이루어질 수 있다고 생각합니다. 기술적으로나 비즈니스 환경적으로도 변화가 빠른 요즘에는 예지 능력 또한 더욱 중요하다고 생각합니다.

프로그래머나 오퍼레이터가 독자적으로 커널 레벨의 튜닝을 해서 시스템의 성능을 올리려는 행위는 자칫하면 안이하게 실시되어 자기 만족으로 끝나고 마는 경우가 많다.

No.089 커널 튜닝을 해서는 안 된다

플랫폼

가상화 환경의 게스트 OS에서 취득한 CPU 사용률을 믿어서는 안 된다

요즘은 비용을 절감하기 위해 VMware나 Xen이란 가상 소프트웨어를 이용하여 여러 개의 게스트 OS를 하나의 물리 서버(통합 서버)에서 가동시키고 있다.

자원을 유효하게 이용하려면 정보 파악이 필요하다

하나의 물리 서버의 하드웨어 자원을 적절히 배분하는 것이 포인트다.

예를 들어 CPU 사용률이 적은 게스트 OS에는 필요 이상의 CPU 자원을 할당하지 말고, CPU 사용률이 보다 많은 게스트 OS에는 CPU 자원을 여유 있게 할당하여, 전체적인 면에서 효율적으로 자원을 사용할 수 있도록 한다.

효율적으로 자원을 사용하기 위해서는 자원 정보를 정확히 파악해야 한다. 게스트 OS의 가동 상태를 알기 위해 CPU 사용률이나 메모리 사용률, 네트워크 사용 현황의 자원 정보를 취득할 때, 일반적으로 물리 서버에 인스톨된 OS가 제공하는 자원 정보 취득용 커맨드(top command나 sar command)로 필요한 정보를 취득할 수 있다고 생각할지도 모른다. 언뜻 비슷한 값이 나올 경우도 있지만 게스트 OS에서 직접 취득하는 자원 값을 그대로 믿어서는 안 된다.

CPU에 부하가 걸리지 않았는데도 불구하고 고부하 상태다

가상 환경에서는 여러 개의 게스트 OS가 하나의 CPU를 공유한다. 그래서 동일한 물리 서버에서 동작하고 있는 다른 게스트 OS의 영향을 받을 때가 있다(그림 4-1). 감시 대상인 게스트 OS가 CPU에 부하가 걸리는 처리를 거의 하지 않았는데도 다른 게스트 OS가 고부하 상태가 되면 CPU 사용률이 증가해 보인다. 사실과 먼 이 사용률로는 적절하게 자원을 배치할 수 없다.

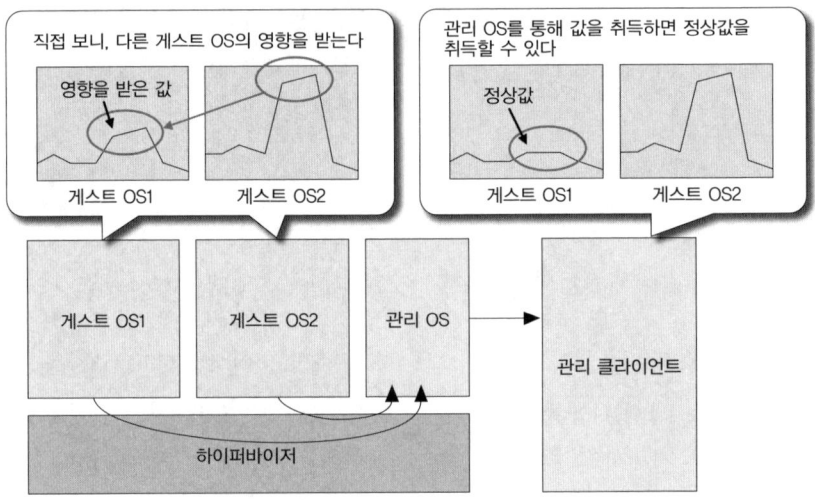

그림 4-1 가상 환경의 게스트 OS의 자원 감시

보다 정확한 값을 취득하기 위해서는 관리 OS를 경유하여, 게스트 OS의 자원 정보를 취득해야 한다. 관리 OS는 문자 그대로 여러 개의 게스트 OS를 관리하기 위한 OS다. 서버의 가상 소프트웨어가 제공하는 관리용 클라이언트 툴로, 관리 OS에 접근해서 게스트 OS의 하드웨어 자원을 할당하거나 OS를 인스톨하는 작업 등을 한다.

관리 OS에서 게스트 OS 자원 정보를 표시하는 커맨드를 제공하거나, 관리용 클라이언트 툴로 게스트 OS 자원 정보를 그래프로 표시하는 기능을 제공하기도 한다. 또한, 자원을 취득하기 위한 API도 공개되어 있으므로 독자가 직접 창작해서 자원 정보를 취득하거나 분석할 수 있다. 이러한 방법들로 보다 정확한 자원 값을 취득하여, 취득한 자원 값을 바탕으로 자원 할당을 계획해야 한다.

실제 할당 가능한 CPU 수보다 많이 할당할 수 있다

CPU 사용률을 감시할 때, 게스트 OS별로 CPU를 할당할 수 있는지와는 별개로 전체적인 면에서 CPU 자원이 충분한지의 관점도 중요하다. 게스트 OS의 CPU는 실제로 할당할 수 있는 CPU 수보다 많이 할당할 수 있다(예를 들어 4개의 CPU를 탑재할 수 있는 기기에서 게스트 OS1에 2개, 게스트 OS2에 2개, 게스트 OS3에 1개를 할당할 수 있음). 따라서, 고부하가 되면 할당한 CPU 자원이 정말로 해당한 게스트 OS에 할당되고 이용되었는지 조사하기 위해 게스트 OS별로 CPU 할당 부족량을 감시할 수 있게 된다.

비용 절감이라는 관점에서는 운용 비용도 의식해야 한다. 서버의 가상 소프트웨어 관리용 클라이언트 툴로 가상 환경의 OS들은 관리할 수 있지만, 실제 시스템에서는 실제 서버와 가상 서버가 혼재되어 있는 환경이 일반적이다. 실제 서버와 가상 서버의 자원 감시용 툴이 다르면 운용 효율이 나쁘다. 이 때는 가상 소프트웨어에 대응할 수 있는 옵션이 있는 통합 운용 관리 툴을 이용하여 효율적으로 운용 관리를 할 수 있다.

운용 설계

SLA를 뒤로 연기해서는 안 된다

"SLA Service Level Agreement"는 IT 서비스를 제공하는 조직이, 자신이 제공하는 서비스의 내용이나 품질 레벨에 대해 수치 목표를 정의하고, 그 목표에 대해 사용자와 합의를 하는 것이다. SLA는 사용자와 서비스 제공자가 서로 이해하기 위한 툴로 널리 알려져 왔다.

하지만 막상 SLA를 도입하게 되면 검토가 뒤로 밀리는 경우가 적지 않다. 유효한 SLA를 정의할 수 없었다거나 애당초 SLA가 없는 상황에서 서비스가 개시된다.

SLA의 내용에는 시스템 기능이나 비기능 요건에 관한 항목, 일상 보수 운용에 관한 항목, 서비스 창구나 장애 대응 등에 관한 항목 등 다양하다. SLA 항목을 준수하려면 요건 정의 단계에서부터 충분한 검토가 이루어져야 한다. 검토가 늦어지면 개발 단계가 되어서야 설계에 포함되어야 할 항목이 빠져있다는 것을 알게 되고, 결과적으로 대응할 수 있는 SLA 항목이 적어지게 되어, 요구된 SLA를 보증할 수 없게 된다.

예를 들어 서비스 가동률에 관한 SLA를 정의할 때는 설계 단계부터 서버의 이중화나 클러스터링 clustering 등을 설계해야 한다. 또한, 복원 포인트 recovery point나 저장 시간에 관한 SLA를 정의할 때도 마찬가지로 백업 설계 단계부터 충분한 검토가 필요하다.

이 항목들이 시스템 개발 초기 단계부터 충분히 검토되지 않으면 서비스 제공 직전에 높은 가동률의 SLA가 요구되거나, 저장 시간의 단축을 요구한다고 해도 이에 대응하기 어렵다. 경우에 따라서는 설계 단계로 되돌아가 다시 구축해야 할 수도 있다.

"시스템 관련 SLA"에 대응할 수 없게 된다

그림 4-2는 개발 초기 단계부터 SLA 검토를 시작한 패턴과 그렇지 않은 패턴을 나타낸다. 여기에서는 시스템 관련 SLA(가동률이나 응답 시간 response time 등의 시스템 기능/비기능 요건에 관한 SLA)와 보수 서비스 관련 SLA(서포트 데스크의 1차 응답시간 등 보수 지원에 관련한 SLA)로 크게 두 가지로 나눈다.

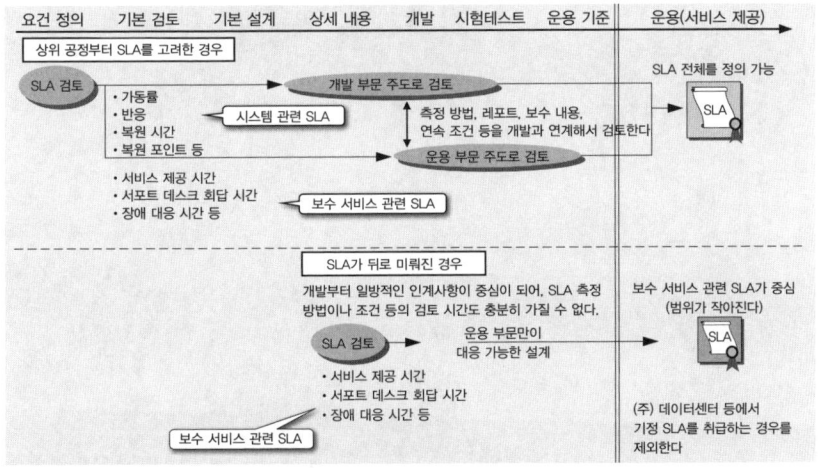

그림 4-2 상위 공정부터 검토된 SLA와 검토를 뒤로 미룬 SLA

사용자와 서비스 제공자가 가장 먼저 검토해야 하는 SLA는 시스템 관련 SLA다. SLA 검토를 서비스 개시 직전에 하게 되면 시스템과 관련된 SLA에 대한 논의는 아무런 의미도 없고, 검토할 수 있는 대상은 보수 서비스와 관련된 SLA뿐이다. 시스템 관련 SLA를 정의할 때는 개발 단계부터 충분한 검토와 설계, 개발 부문과 운용 부문의 엄밀한 연계가 반드시 필요하다.

일반적으로 가동률이나 응답시간은 비기능 요건으로 개발 담당자가 설계에 포함한다. 측정 방법이나 보수 운용의 유지보수 내용, 보증 조건 등을 사전에 개발 부문과 운용 부문에서 충분히 검토해야 한다.

예를 들어, SLA 대상인 가동률 측정 방법만 봐도 시스템 유지보수 시간을 포함할지, 일부 사용자의 서비스 정지를 어떻게 처리할지, 장애 복구 시간의 개시와 종료는 어떻게 정할지 등, 사전에 사용자와 합의를 해 두어야 한다. 그렇게 하지 않으면 서비스가 개시되고 나서 SLA 수치에 대해 말썽이 생기기도 하며 처음부터 운용 부문의 SLA를 보증할 수도 없다.

이러한 상황을 피하려면 SLA 검토를 뒤로 미뤄서는 안 된다.

운용 설계

운용 비용 절감만을 목표로 해서는 안 된다

어려운 경제 상황 속에서, 전사 차원에서 비용을 절감하라는 지시가 내려진 기업이 많다. 경영층이 제일 먼저 비용을 절감시키는 부분이 시스템 운용 부문이다. 신규 투자가 필요할수록 기존 시스템의 운용 비용을 얼마나 줄일 수 있을지가 중요한 과제가 된다.

많은 기업이 운용 부문의 비용 절감을 주요 목표로 세우고 있는데, 여기서 주의해야 할 것이 바로 운용 부문에 대해 일률적으로 ○○퍼센트의 비용 절감을 전제로 개선 작업을 하는 점이다.

운용 비용의 증대 위기

애당초 운용 비용은 서비스 레벨과 밀접하게 관련되어 있는데, 서비스 레벨과 분리하여 운용 비용만을 논하는 것은 문제가 있다. 운용은 사용자에게 IT 서비스를 제공하는 최전선의 업무이며, 비용을 줄이면 예기치 못한 IT 서비스의 품질 저하를 초래할 수도 있다.

또한, 운용 비용 절감이 과제로 주어지는 일이 많은 운용 부문은 비용 절감을 결정할 수 있는 정도의 정보나 권한을 갖고 있지 않을 때가 많다. 반대로 운용 효율이 충분히 고려되어 있지 않은, 소위 "연비가 나쁜" 시스템을 운용하기에 벅차다는 소리도 자주 듣는다. 이러한 상황에서 전사 차원에서 비용 절감의 불호령이 떨어지게 되면 운용 담당자의 의욕 저하를 초래할 우려가 있다.

그림 4-3은 운용 품질과 운용 비용의 관계를 나타낸다. 목표로 해야 할 것은 비용 절감이 아니라 서비스 레벨과 비용의 최적화다. 운용 비용이 낮고 품질이 높은 시스템은 언뜻 보면 매우 대단한 것처럼 보이지만, 아마도 우연히 아무런 문제가 발생하고 있지 않은 것인지도 모를 일이며, 그렇지 않으면 매우 뛰어난 소수의 운용 전문가로 대응하고 있는 것인지도 모른다.

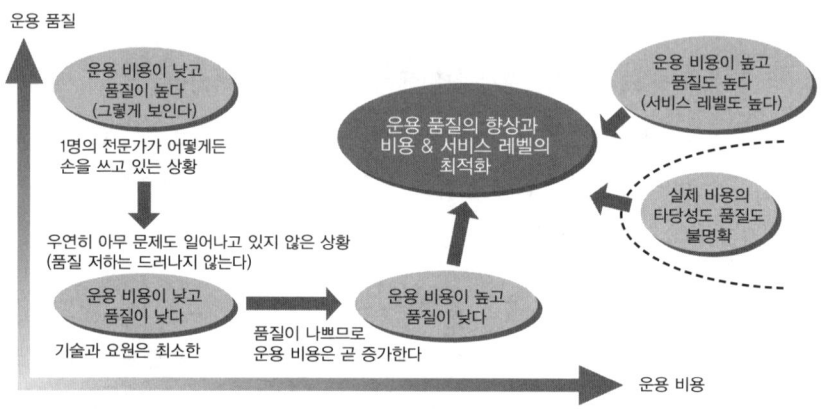

그림 4-3 운용 품질의 향상과 비용&서비스 레벨의 최적화

예를 들어 운용 설계가 애매모호하여 자동화를 위한 운용 툴도 미도입한 상태에서 최소의 운용 요원이 품질이 높은 것처럼 보이기 위해 매일 수작업으로 철야를 하고 있는지도 모른다. 의지할 전문가가 없어 트러블 대응 시간이 늘어나거나 작업 오류가 빈번하게 일어나는 등, 운용 비용이 한꺼번에 늘어날 수 있다.

운용 업무 가시화부터 시작

운용 품질은 낮지만 저비용의 IT 운용도 있다. 서비스의 가용성을 고려하지 않고 백업까지 사용자에게 맡긴다. 트러블이 일어나면 해결하는 데 매우 많은 시간이 걸린다.

하지만, 품질이 낮다고 해서 운용이 반드시 나쁘다고는 할 수 없다. 예를 들어 사내에서 일부 특정 사용자만 사용하는 시스템으로, 서비스 레벨과 비용이 타당하고 사용자가 운용 방법을 충분히 인식하고 있다면 전혀 문제가 되지 않는다.

가장 번거로운 것은 운용 비용도 서비스 레벨도 불명확하고, 타당성 또한 전혀 의논되어 있지 않은 경우다. 앞에서 서술한 것처럼 중요성이 낮은 특정 사용자용 서비스의 품질을 높이기 위해 부단히 애를 쓰고 있거나, 본래 하지 않아도 되는 계약 범위 이외의 작업 의뢰에 대응하기 위한 인력 확보가 운용 비용 증대의 요인이었을 가능성도 있다.

비용 절감에 의한 IT 서비스의 영향 정도를 알기 위해 제일 먼저 해야 할 일은 어느 정도의 서비스가 어느 정도의 품질로 제공되고 있는지를 정리한 후에, 비용과 서비스 레벨을 의논하는 것이다.

비용 절감을 위해 운용 업무부터 가시화해야 한다. 자사 시스템의 서비스 카탈로그나 작업 내용, 품질 정도 등을 가능한 한 상세하게 분석하고, 서비스 레벨을 포함한 IT 운용 전체를 정량적으로 파악한다.

가장 중요한 것은 운용 비용이라고 해서 운용 부문에 전부 맡기는 것이 아니라, 전사 차원에서 IT 서비스를 관리하는 방침을 철저히 세우는 것이다. 방침에 따라 최적화된 서비스 레벨과 비용 절감을 실현할 수 있는 시나리오를 그릴 수 있다.

운용 설계

운용 절차 없이 운용해서는 안 된다

여기에서 말하는 절차는 감시 절차나 온라인 동작 절차, 백업 절차 등 개개의 운용 작업 단위로 작성한 상세 작업 매뉴얼(작업 절차서)을 가리킨다. 일반적으로는 이러한 문서는 개발 단계에서 IT 구축팀이 주관이 되어 작성하고, 유지 보수의 준비 단계에 운용 주관 그룹이 인수인계를 받게 된다.

작업 플로우는 유지보수 그룹이 추가 검토한다

인수인계 이전의 절차서는 어디까지나 개별 작업이 메인으로 기술되어 있다. 실제로 작업할 운용 체제나 작업 승인자, 작업 일정, 보고 양식, 긴급시 대응 방법, 다른 운용 업무와의 연관, 작업 품질의 지표 등 운용 규정에 근거한 작업 플로우는 유지보수 그룹에서 검토해야 한다. 이 항목들을 작업 절차서의 상위 문서에 기술해 두고, 각 절차서에 작업 플로우를 연결하거나 직접 작업 플로우 등을 기재한다.

절차서의 애매함이 운용 품질로 연결된다

운용 규정이 기재되어 있지 않은 절차서를 사용하여 운용 작업을 하면, 작업의 접수 방법이나 품질 기준이 어긋나게 되고, 작업 종료 기준이 애매하여 운용 담당자에 따라 작업 내용이나 품질에 편차가 생기게 된다.

예를 들어 감시 업무의 신규 감시 대상 노드node를 추가하는 작업으로 "신규 툴의 감시 노드 추가가 정상으로 종료하면 다음에 ㅇㅇ작업을 실시…"라고 기재된 절차서가 있다고 가정하자.

노드 추가 작업이 정상으로 종료할 때의 확인 기준이 애매하기 때문에 GUI 상에서 노드가 추가되면 OK로 할지, 로그 파일을 확인해 에러가 나오지 않으면 OK로 할지, 시험 삼아 에러 메시지를 보내 정상으로 표시되면 OK로 할지 등, 담당자의 판단에 따라 편차가 생기게 된다.

또한, 정상 종료를 누가 판단(또는 승인)하여 다음 작업으로 진행할지, 어디에 승인 결과를 기재할 것인지, 오류가 발생했을 때에는 누구 누구에게 결재(승인)를 받을 것인지의 내용 또한 기재되어 있지 않을지도 모른다.

운용 규정을 운용 절차서에 포함시킨다

운용 현장에 따라 운용 규정은 특정 운용 관리 책임자의 머릿속에 전부 들어 있으며, 책임자에게 물어보면 무엇이든 알 수 있을지도 모른다. 현장 경험이 많은 담당자라면 명시화된 규정보다는 경험에서 묻어나는 규정이 대부분이다. 이러한 규정은 사람에 귀속되어 일하는 문화를 조장하고, 운용 절차에 대한 가시화를 저해하는 요인이 되기도 된다. 운용 규정은 명문화해 두어야 한다.

앞에서 서술한 예의 경우, 정상 확인 기준(로그를 확인하거나 상황에 따른 커맨드를 투입하는 2가지의 패턴으로 확인 작업을 하는 등)이나 작업 체제(반드시 2명이 작업한다 등), 작업 종료시 보고자와 종료 기준, 작업 증거 자료의 양식과 보관 장소 등이 운용 규정으로 미리 규정되어 있다면, 이 내용을 작업 흐름에 포함시킨 "운용 절차서"를 완성시킬 수 있다. 또한, 공통 규정에 따른 작업 플로우의 명문화로 작업 품질을 확보할 수 있을 뿐만 아니라 작업의 가시화나 작업간의 정보도 공유할 수 있다.

이처럼 운용 규정을 작성하는 기반이 되는 것이 전사 차원에서 정한 운용 관리 정책이다(그림 4-4). 기업의 정책으로, 운용 단계에서의 공통 규정(시스템의 변경 및 릴리즈 승인자는 현장의 관리 책임자 이상의 권한을 갖는 것으로 제한하는 등) 및 실시해야 할 프로세스 등을 규정해둔다.

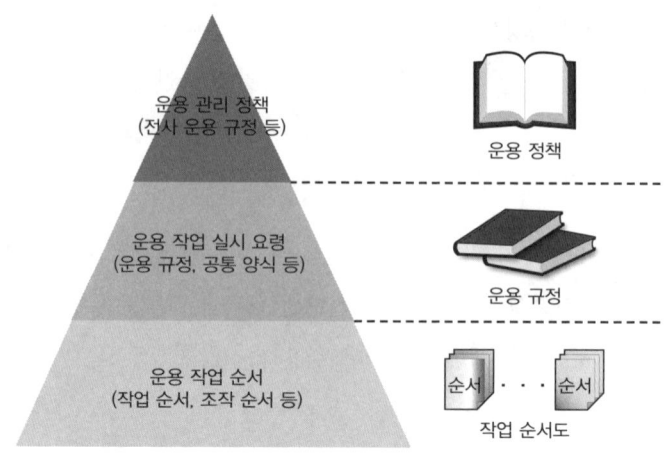

그림 4-4 운용 작업의 문서 체계

그리고 나서 그림 4-5에 나타낸 것처럼 운용 규정에 근거하여 작업 절차를 만든다. 운용 규정의 작업 절차를 기반으로 개개의 운용 작업 플로우를 명확히 정의할 수 있다. 운용 정책을 기반으로 운용 현장의 운용 절차를 검토하면 전사 차원의 운용 표준화를 도모할 수도 있다.

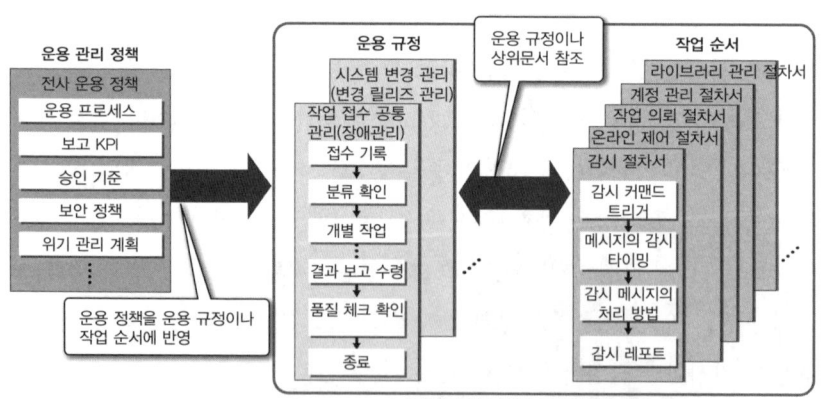

그림 4-5 문서 체계의 구체적인 이미지

운용 설계

운용을 아웃소싱하고 나서 안심해서는 안 된다

운용 비용 절감이나 코어 비즈니스의 리소스 집중, 자사에 부족한 전문 기술이나 IT 인재 보충 등 여러 가지 이유로 IT 운용을 외부에 위탁(아웃소싱)하는 기업이 증가하고 있다. 외부 위탁 업체로는 대상 시스템을 개발한 SI 사업자에게 운용 업무 전체를 위탁하는 경우나 지원 데스크 등의 개별 운용 단위, 혹은 ERP 등의 업무 패키지 단위로 각 전문 업체에게 위탁하는 경우 등 다양하다.

그런데, 운용 업무의 주관 책임 부서는 외부 위탁 업체에 운용 업무를 전부 하청주고 안심하고 있어서는 안 된다. 시스템이 순조롭게 움직이고 있는 한 큰 문제는 발생하지 않으나, 한 번 트러블이 발생하면 운용 업무의 주관 책임 부서와 외부 책임 업체와의 역할 분담이나 책임 범위, 위탁 업체를 잘 관리했는지 등, 추궁을 받게 되기 때문이다.

작업 영향의 범위조차 파악할 수 없다
만약, 외부 위탁 업체의 작업 오류로 시스템이 고장이 났다고 해도 비난 받아야 하는 대상은 고객에게 서비스를 제공하는 사용자의 기업이다.

어떤 금융업 A사는 인터넷으로 금융 상품을 판매하는 사이트를 운영하고 있다. 회사는 시스템 운용 업무를 시스템을 개발한 X사에 위탁하고 있었다. 시스템의 변경이나 릴리즈 등, 비정상 작업의 운용까지 전면적으로 X사에 맡겨두었다(그림 4-6).

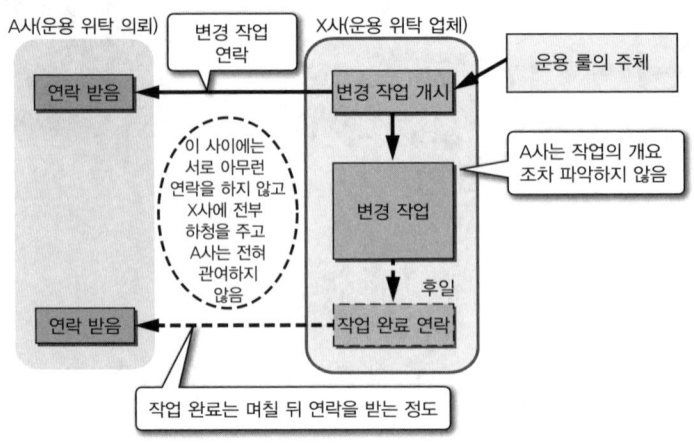

그림 4-6 변경 작업의 업무 흐름(운용 하청 패턴)

한동안 문제없이 서비스는 계속 제공되었지만, 어느 날 릴리즈할 때 작업 절차를 오인하여 시스템이 다운되었다. 이것 때문에 A사의 금융 상품 판매나 금융 관련 정보 제공이 완전히 정지되었고, 전면 복구까지 수일이 소요되었다. 고객들로부터 A사에 대한 클레임은 상당했는데, 특히 문제가 되었던 점이 "운용 관리 주관이었던 A사가 X사를 제대로 관리하고 있었는가"였다.

트러블 발생에 대해 A사는 원인인 릴리즈 작업의 상세나 영향 범위조차 파악하지 못하고, 장애의 원인을 분석하고 외부에 사과 공지를 하는 등에 거의 반나절 이상을 소비했다.

A사는 X사의 운용 방식에 따라 단순히 작업 연락을 받고 있는 정도였고, 운용 규정을 결정하고 있던 주체는 어디까지나 X사였다. 본래는 고객 서비스 제공에 대한 책임을 갖고, 운용 관리 주체인 A사가 운용 규정을 확실히 정해서, 프로세스 안에 X사의 작업을 넣어서 관리해야 했었던 것이다.

체크와 승인 프로세스가 중요

그러면, 운용 업무를 위탁할 때 위탁을 의뢰하는 입장에서는 무엇이 필요할까?

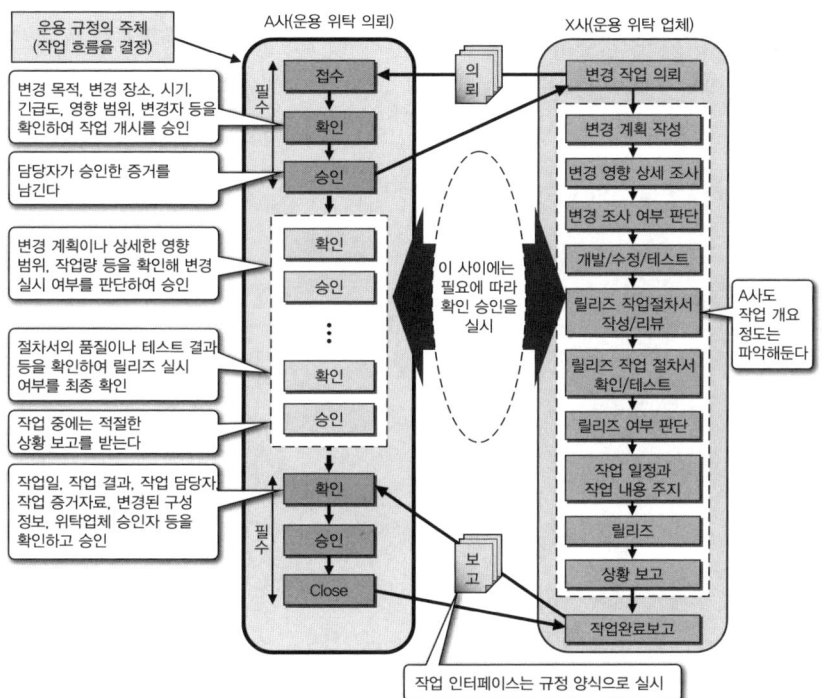

그림 4-7 변경 작업의 업무 흐름(운용 위탁처 관리를 잘 하고 있는 패턴)

그림 4-7은 A사가 운용 규정의 주체가 되는 경우에 대한 작업 플로우를 나타낸다. A사가 주체가 되어 개개의 운용 작업 단위별로 X사와의 작업 인터페이스를 결정해 두는 것이 중요하다. 그리고 X사로부터 제공되어야 할 자료나 체크 관점을 명확히 규정하여, 이력추적관리traceability를 확보한다.

이러한 것들을 하지 않았던 A사는, 결과적으로 X사를 관리하지 않았던 걸로 보여 책임을 추궁 당하게 되었다.

외부에 운용을 위탁하고 있는 기업은 "위탁업체는 전문가인데, 그들이 하고 있는 내용에 대해 어디까지 체크해야 하는지 모르겠다"는 소리를 자주 듣는다. 하지만 중요한 것은 상세한 기술 항목 하나하나를 전부 검증하는 것은 아니다. 외부 위탁 업체가 운용 규정에 따라 보고해야 할 정보를 확실히 보고하고, 해야 할 작업을 확실히 하고 있는지를 체크하는 것이다. 그리고 그것을 담당자가 승인하고, 증거자료를 남겨두는 것이 중요하다.

운용 설계

개발과 운용 커뮤니케이션을 소홀히 해서는 안 된다

개발 공정이 막바지에 이르러 통합 테스트 단계가 되면, 드디어 서비스 제공 개시가 보이기 시작한다. 서비스 개시는 곧 유지보수 공정의 시작이다. 그러나 유지보수 공정이 다가올 때마다 흔히 있는 문제가 개발 공정에서 충분히 인계되지 않은 채, 서비스를 제공하게 되는 것이다.

서비스 제공을 개시하고 나서 개발팀과 운용팀 사이가 좋지 않다는 소리를 많이 듣는다. 개발팀과 운용팀이 평소에 함께 업무를 할 기회가 적고 개발 단계에서는 개발팀에서, 운용 단계에서는 운용팀에서 맡으면 된다는 생각으로, 서로 커뮤니케이션을 소홀히 하는 것이 주요 원인의 하나라고 할 수 있다.

사람, 문서의 문제
- 절차서의 기술 레벨이 맞지 않다 (운용자 스킬과 맞지 않다)
- 운용 작업 항목과 절차서가 맞지 않다
- 절차서가 부족하거나 작성되지 않았다 (특히 장애가 났을 때의 복귀 순서가 나타나 있지 않다)
- 개발 규정에 운용에 관한 내용이 들어 있지 않다 (시스템 전체의 로그 체계성 등)

기술적인 문제
- 운용 기준이 충분히 사용되고 있지 않다 (또는 과도하게 이용하여 복잡하게 구축되어 있다)
- 수동 운용을 전제로 설계되어 있다
- 유지보수용 스크립트 등이 구축되어 있지 않다
- 감시용 장애/성능 데이터가 부족하다

프로세스 문제
- 개발측이 운용 요건을 고객(사용자)과 조정하고 있지 않다(SLA항목이나 조건이 명확하게 결정되어 있지 않다)
- 운용팀이 먼저 해야 할 사항이 충분히 전달되지 않는다 (미실시 테스트 항목, 인증 유효 기간, 에러 등)
- 타 운용 업무 위탁 사업자와의 역할 분담이 애매하다
- 하드웨어나 소프트웨어 벤더의 보수 조건이 불명확하다

그림 4-8 개발과 운용의 커뮤니케이션 부족으로 발생한 주요 문제

그럼, 개발과 운용과의 커뮤니케이션이 부족하면 어떤 영향을 미칠까? 우려되는 문제는 "사람, 문서의 문제", "기술적인 문제", "프로세스 문제" 크게 3가지로 분류할 수 있다(그림 4-8).

운용 스킬을 고려하지 않은 절차가 조작 오류를 유발한다

첫 번째는 운용 절차서에 관한 문제다. 자주 있는 문제가 운용자의 스킬 레벨을 고려하지 않고 고도의 지식을 전제로 한 절차서나 작업 판단 기준이 애매한 절차서를 작성하는 것이다. 이러한 절차서가 조작 오류를 유발하게 된다.

또한, 운용 항목이 절차서의 작업 단위와 맞지 않아 문제가 생기기도 한다. 운용 준비 단계에서 작업 항목별로 절차서를 다시 만들어야 하며, 운용 절차서 자체가 운용 개시 이전에 작성되지 않을 때도 있다. 장애 해석이나 복구 순서에 대한 문서가 특히 적은데, 이것은 개발자 자신들의 작업이 더 많아진다고 인식하고 있기 때문일지도 모른다. 하지만 운용 측에서 보면 개발 측이 충분한 정보나 문서를 주지 않는다는 불만으로 이어진다.

이밖에 영향이 큰 항목으로는 개발에서 운용으로 인계되어야 할 중요한 항목이 확실하게 인계되어 있지 않은 경우다. 예를 들어 시스템의 제한 값, 유효 기간 등이 설정되어 있는 항목 일람이나 대처 방법, 또는 테스트할 때 밝혀진 에러 정보 등이다. 개발 공정에서 하지 않았던 테스트 항목, SLA 중 개발에서 완료할 것과 운용에서 대응해야 할 것, 시스템 구성 요소의 유지보수 정보 등이다.

때로는 대규모의 시스템 장애로 이어져 장애를 해결하는 데 많은 시간이 소요되기도 한다. 애당초 요건 정의 단계에서 개발 측 사용자와 운용 요건에 대해 명확히 정리를 했더라면, 운용팀에 큰 혼란을 가져오지는 않았을 것이다.

개발 측과 운용 측의 인식 차이에서 기술적인 문제가 발생하기도 한다. 한 가지 예로 운용 관리 툴에 관한 문제를 들 수 있다. 비용 절감을 위해 운용 관리 툴을 도입하지 않았음에도 불구하고 툴에 의한 자동화를 전제로 한 운용 작업을 가정하여 운용 측이 계획을 세운다. 또, 운용 관리 툴이 구축되어 있어도 툴의 기능을 제대로 활용하지 못하고 자동화 혜택을 받지 못할 때도 있다. 유지보수용 스크립트를 작성하고 있지 않아 운용 담당자가 수동으로 명령을 입력하는 등, 비효율적인 운용 작업을 강요할 때도 있다.

개발 단계에서 운용 주체를 결정한다

개발과 운용이 충분히 협의되지 않은 상황에서 운용 단계에 들어가면 조작 오류, 운용 부하의 증대 등 여러 가지 문제를 유발할 수 있다.

기업에 따라서는, 유지보수 공정 검토는 서비스를 개시하기 전에 시작하면 된다고 안이하게 생각하고 있는 경향이 있고, 운용 주체를 어디로 할지 끝까지 결정하지 못할 때도 있다. 즉, 개발이 운용과 커뮤니케이션을 취하려고 해도 할 수가 없는 상황인 것이다. 이렇게 되면 개발 공정에서 운용을 인식한 설계나 구축을 할 수 없기 때문에 여러 가지 문제가 발생할 가능성이 높아진다.

이러한 상황을 피하기 위해서라도 개발 단계에서 운용 주체를 정하고, 개발과 운용이 정기적으로 커뮤니케이션을 해서 효율적이고 품질이 높은 운용을 목표로 서로 협력하는 것이 중요하다. 중요한 것은 연계 부족으로 인한 위험 요소를 서로 인식하여, 각각의 입장에서 검토를 진행하는 것이다.

예를 들어 요건 정의 단계부터 운용팀의 리더를 개발 측의 정례 미팅에 참가시키거나, 운용 측이 품질 기준을 작성하여 개발 멤버와 정기적으로 협의를 하는 것도 좋다. 또한 개발팀과 운용팀의 멤버들을 로테이션하거나 함께 모여 스터디를 하는 등, 의식적으로 커뮤니케이션을 취할 수 있도록 환경을 만드는 것이 중요하다.

서버 운용

1rack(랙) 60A(암페어) 이상 사용해서는 안 된다

데이터센터 등에 준비되어 있는 19인치 랙은 전체 높이가 1800mm ~2000mm인 모델이 일반적이다. 유닛 사이즈로 말하면 35U부터 45U까지 수납할 수 있다. 1U$_{UNIT}$ 서버의 높이는 44.45mm이므로 40대까지는 마운트 할 수 있지만, 랙 유닛 사이즈에 빠듯하게 마운트하면 유지보수가 어려우므로 공간의 여유를 고려하여 30~35대를 탑재할 수 있도록 하는 것이 일반적이다.

하지만 소비 전력을 고려하지 않고 서버를 쌓아 올리게 되면 나중에 귀찮은 일이 발생한다. 시스템 수명이 짧아지고 운용성, 유지보수성이 떨어진다.

현재 유통되고 있는 2GHz 전후 듀얼 코어 칩을 탑재한 1U 서버의 최대 소비 전력량은 약 200W~220W 정도다. 실효 값을 70%로 하여 전압 100V로 가동시키면 1대당 3A(200~220W/70V)의 전력량이 필요하다. 이것을 1rack 에 30대 탑재하면 100V/90A 전류가 필요하다.[1]

어플리케이션 프로그래머나 서버 엔지니어는 부자연스러움을 느끼지 않을지도 모른다. 그러나, 편의성 측면에서 보면 너무나도 비상식적이고 무모한 설비 설계다. 얼마나 비상식적이고 무모한지 데이터센터를 예로 설명하겠다.

---

1 본 내용은 일본의 상황임을 염두에 두고 읽기 바랍니다.

랙 안의 온도가 상승하는 함정

일반적으로 데이터센터의 전원 서킷은 1랙당 20A 또는 30A로 설계되어 있다. 1랙에 40A 전류가 필요하다면 20A 전류 회로를 2개로 제공한다. 이론으로는 일반 데이터센터에서도 20A의 배수나 30A의 배수로 전원을 이용할 수 있으므로 30A 서킷을 2개로 하면 60A의 랙이 완성된다. 또한 30A 서킷을 3개로 제공하면 90A의 랙이 만들어진다.

여기에 함정이 있다. 90A의 전원을 사용해 랙 안의 시스템을 가동시키면 어떻게 될까? 서버 안에는 냉각할 수 없을 정도의 열로 가득차게 된다. 랙에 특별한 냉각 시스템을 도입하지 않는 한, 90A 전류로 시스템을 계속 가동하면 랙 내부의 온도가 상승하고, 서버 자체의 내부 온도는 최대 가동 허용 온도를 넘어 오작동이나 시스템 다운을 일으킨다. 부품의 열화 등으로 기기를 파괴할 수도 있다.

데이터센터 측에서 1랙당 90A의 전류 공급은 얼마든지 준비할 수 있다. 하지만 냉각이 따라가지 못한다. 적어도 현재 표준인 19인치 랙을 제공하는 데이터센터에서는 1랙당 6000W(60Ax100V) 이상의 발열량을 냉각시킬 수 있는 방법은 없다.

만약 랙 자체에 냉각 시스템을 갖추고 있다고 하더라도, 폐열풍은 전용 파이프 등으로 바깥으로 배출되는 것이 아니라 센터 내의 공기 중에 배출된다. 데이터센터 룸 내부 전체의 평균 온도를 높여, 주변의 랙에 영향을 주게 된다. 랙 문제로만 국한되지 않는다는 것이다.

냉각 효과를 올리기 위해 랙별로 계속 공조 설비를 투입하다 보면, 어떻게든 가동 허용 범위의 랙 온도를 유지할 수 있을지도 모른다. 그러나, 랙 마운팅 rack mounting이 공간 절약을 목적으로 하고 있음에도 불구하고, 역으로 랙 가격 비용이 상승하여 무엇을 위한 시스템 설계인지 알 수 없게 된다.

또한 어떤 이유로 데이터센터가 변경되어 시스템을 이전하려고 했을 때, 일반적으로 데이터센터는 1랙 60A의 호스팅이 되어 있지 않기 때문에 우왕좌왕할 소지가 많다. 이전할 곳에 무리하게 추가 전력, 추가 냉각용 공조 시스템을 도입시키면 거기에 드는 추가 비용은 헤아릴 수가 없다.

카탈로그 값은 실측 값과 반드시 일치하지 않는다

이런 과잉 전원의 요구는 실제로 종종 일어난다. 왜일까? 그것은 시스템 설계자가 현장을 보지 않고 카탈로그에 있는 값만 보고 설계를 하기 때문이다. 서버가 실제로 어느 정도의 전력을 소비하는지 파악을 하고 나서 설계를 하면, 지금 90A가 필요하다고 생각되는 시스템에서도 60A 이내의 전원으로 끝낼 수 있는 것이 여러 개 있을 것이다. 카탈로그 상의 소비 전력은 안전계수가 걸려 있기 때문에 실제 소비 전력보다도 꽤 높게 설정되어 있다.

과거에 측정한 데이터로는 카탈로그 상의 소비 전력량 170W라고 표시된 Intel Pentium Ⅲ 800MHz의 CPU를 탑재한 서버는 100V로 1.7A의 전류를 소비해야 하지만, 실제 측정해보니 소비 전류가 1A 전후였다. Intel Xeon Quad-core 1.86GHz의 CPU를 탑재한 서버의 카탈로그 스펙은 700W로 표시되어 있어 100V에서 7A를 소비해야 하지만, 100V 가동으로 실제 소비한 전류는 2A 정도였다. 이 값은 CPU 가동률에 의존하지 않고 항상 거의 일정한 값을 갖는다. 메모리 용량, 디스크 드라이브 수 등에 따라 약간의 차이는 생기겠지만 카탈로그에서 표시된 값 정도는 아니다.

이렇게 카탈로그 정보에만 의지해 실측 값을 모르고 시스템 요건을 설정하는 것은 과잉 투자를 가져오게 된다.

기준으로 1랙 20A를 2개 또는 20A와 30A의 2개 정도로 한정해 놓고, 총 소비 전류를 60A 미만으로 하는 것이 바람직하다. 소비전류가 다소 넘더라도 불가능하지는 않다고 생각하지만 장기적인 설비 투자, 운용 비용을 생각해서 설계하는 것이 중요하다.

중요한 것은 카탈로그 소비 전력을 맹목적으로 믿지 말고 실제 가동 상태에서의 소비 전력을 파악해, 극히 표준적인 데이터센터에서 제공할 수 있는 전원 용량의 범위 안에서 시스템 설계를 하는 것이다. 그것이 진정 시스템 설계자가 해야 할 설계 방법이다. 실제로 조작을 하는 운용자나 엔지니어의 경험을 충분히 고려하여 랙 마운트 레이아웃이나 구성, 전원 용량, 랙 위치, 데이터센터 위치 등을 결정해야 한다. 탁상 논리만으로 시스템은 안정되게 가동되지 않는다.

서버 운용

이중 구성을 믿어서는 안 된다

데이터베이스 서버나 백본 라우터backbone router 등 24시간 365일 가동되는 시스템은 보통 이중으로 구성되어 있다. 원래 TCP/IP 네트워크도 전송률보다 네트워크 내 거점에서 장애가 발생하지 않도록 하는 것을 목적으로 하고 있다.

전화 교환망이나 인터넷 같은 대규모 시스템은 당연히 이중화 정도가 아니라 이중, 사중 구성을 하고 있기 때문에 구축, 테스트, 조사 등에 많은 인력과 비용을 투입하여 운용되고 있다. 그러나 중소규모의 개인 시스템에 그 정도의 시간과 비용을 들이는 것은 현실적이지 않으며, 이중 구성 정도가 전부일 것이다. 단, 이중 구성을 만드는 방법이나 운용 방법에 따라 큰 피해를 입을 수도 있다는 점을 명심하기 바란다.

액티브 스탠바이에 주의, 복귀할 때가 위험하다

이중 구성에는 풀 타임 듀얼fulltime dual과 액티브 스탠바이active standby가 있다. 풀 타임 듀얼이란 동일한 처리를 하는 두 개의 독립된 시스템이 가동률 50% 미만으로 상호배타적으로 동시에 가동되는 것을 말한다. 어느 한 쪽이 실패한다고 해도 다른 한 쪽의 처리 용량 내에서 계속 가동시키는 모델이다. 신뢰성, 가용성은 뛰어나지만 고도의 기술이 요구되기 때문에 시스템이 고가이며, 또한 기술적으로 운용하기도 어렵다.

한편 반이중의 액티브 스탠바이란, 일반적으로 가동할 때 액티브 측만 유효화되고 스탠바이 측은 무효화되는데, 액티브 측이 장애가 있을 경우에만 스탠바이 측에서 처리를 이어받아 계속 가동 상태가 될 수 있도록 제공하는 것을 말한다. 비교적 단순한 기술로 구축할 수 있어 시스템 가격이나 운용 비용 모두 싸고, 풀 타임 듀얼에 비해 도입이 용이하다. 가동 시스템을 교환할 때 수십 초부터 수 분의 정지 시간이 발생한다는 문제는 있지만, 운용이 쉽고 또한 좋은 평도 많아 이 구성을 추천하는 벤더도 많다.

그러나, 액티브 스탠바이 시스템에는 큰 위험이 잠재해 있다.

액티브 스탠바이 시스템의 도입 테스트나 조사에서는, 액티브 측이 완전히 정지한 경우에 예정대로 스탠바이 측으로 처리를 보낼지에 대한 테스트는 충분히 이루어지지만, 액티브 측이 불안정한 경우에 대한 동작 검증은 생략되기 십상이다.

현실에서는 시스템이 순간적으로 다운되어 바로 복구하거나, 이상 가동을 나타내다가 잠시 후에 원래 상태로 되돌아오는 등의 불안정한 상황이 자주 있다. 2개의 시스템이 각각 배타적으로 동작하고 있는 풀 타임 듀얼이라면 한쪽에 문제가 있어도 시스템 전체에서는 그렇게 큰 문제가 되지 않는다.

한편, 액티브 스탠바이처럼 완전히 가동, 비가동이 바뀌는 시스템은 액티브 측이 다운과 복구를 반복함으로써 처리가 스탠바이 측과 왔다 갔다 하게 된다(발진 현상). 또한 교환 주기가 액티브 측의 다운과 복구 주기에 일치하면 네트워크에 패킷이 대량으로 흘러 넘쳐 "패킷 스톰packet storm"을 일으킬 때가 있다.

그 결과, 각각의 시스템이 과부하를 일으키게 된다. 시스템이 중핵적인 역할을 맡고 있는 경우에는 주변 시스템에까지 2차 장애를 일으키게 된다.

3개의 포인트로 검사, 평가하자

따라서, 액티브 스탠바이 시스템은 액티브 측이 다운되어 스탠바이 측에서 처리를 이어받은 후, 다시 액티브 측으로 복귀가 되더라도 처리가 자동으로 액티브 측으로 가는 설계를 해서는 안 된다. 한번 다운된 회선이 자동으로 부활되었다 하더라도 수동으로 다시 액티브시킬 수 있도록 운용을 해야 한다. 이것은 데이터베이스 시스템뿐만 아니라 백본 라우터, 엣지 스위치edge switch도 마찬가지다.

특히, 라우터나 스위치 같은 네트워크 기기는 메모리 일부에 장애가 발생하거나 과부하가 검지되면 시스템을 강제적으로 리부팅 시키는 제품이 많다. 메모리 장애로 리부팅해서 다시 기동하면, 같은 메모리에 계속 읽고 쓰기 때문에 또 다시 시스템을 리부팅 시키는 반복 현상이 발생하게 된다.

시스템이 장애를 검지하여 자율적으로 리부팅한 경우에도 어떤 조작 없이 자동으로 동작되는 운용은 피해야 한다. 특히, 백본에 가까운 네트워크 기기가 VRRP Virtual Router Redundancy Protocol로 이중으로 구성되어 있고 VRRP 노드 간에 발진 현상이 발생하면, 네트워크 전체에 패킷 스톰을 일으킬 수 있기 때문에 매우 위험하다.

이중 구성의 시스템을 조사, 평가할 때는 아래 사항에 주의한다.

- 액티브 측이 다운되면 스탠바이 측으로 처리가 완전히 이어지는가?
- 다운한 액티브 측이 자동으로 살아나면, 스탠바이 측에서 자동으로 처리되는가?
- 다운된 액티브 측이 새롭게 스탠바이 측으로 기동되고 나서, 현 상황의 액티브 측(바로 전의 스탠바이 측)이 다시 다운되면 처리가 원래 액티브 측으로 되돌아가는가?

가동 일정이 빠듯하게 시스템이 구축되면 좀처럼 위와 같은 테스트에 시간을 할애하기 어려울지도 모른다. 하지만, 가동 일정을 늦춰서라도 위와 같은 관점의 테스트는 반드시 수행해야 한다. 이러한 테스트를 하지 않고 시스템 서비스를 개시하면, 패킷 스톰이 발생했을 때의 피해와 손해는 이루 헤아릴 수 없다.

또한, 충분한 테스트나 조사, 평가를 해서 예정대로 교체 동작이 되었다고 해도 안심해서는 안 된다. 트러블, 장애라는 것은 항상 예기치 못했던 부분이나 상황에서 발생한다.

시스템 운용은 기기 기능이나 성능에만 의지할 게 아니라 가동 상황이나 장애가 났을 때의 동작 상황을 오퍼레이터의 눈, 귀, 손으로 확인해야 한다. 그러한 운용 자세가 가장 안정된 시스템을 만들어 낼 수 있다는 것을 잊어서는 안 된다.

서버 운용

자동 백업 툴에 의지해서는 안 된다

시스템을 운용할 때 피할 수 없는 것이 데이터 백업이다. 스토리지 시스템 storage system의 신뢰성을 향상시키는 RAID나 분산 스토리지 등의 기술은 매년 기능과 성능이 좋아져, 디스크 드라이브 자체의 장애에 대한 내성이 강해지고 있다. 그러나, 시스템 전체가 정지crash했을 경우 또는 파일시스템, 데이터 구조, DB 인덱스 등에 부정합unmatching이 발생했을 때는, 과거의 정합 matching된 상태로 되돌려야 한다. 아직도 백업은 필요하다. 단, 운용 방법에 따라 피해 정도가 다르다.

"백업은 정상이다"라고 시스템 관리자가 착각을 한다

스토리지의 복원 기능을 사용하거나 DBMS의 로그 출력 기능을 사용하는 등 백업에도 변화가 생기고 있는데, 요즘의 주류는 백업 소프트웨어를 사용한 데이터 복사다. 백업 소프트웨어는 디스크의 데이터 구조를 아카이브, 즉 순차적인 데이터로 변환하여 별도의 기록 매체에 옮겨 놓는다. 백업하는 데이터와 기록 장소, 시간 등을 설정해두면 자동으로 패치 처리를 해 준다.

백업 소프트웨어를 이용하면 운용 담당자가 직접 백업을 할 필요가 없다. 그렇게 되면 매일 백업 상황을 확인하지 않아도 된다. 또한, 운용 담당자에게 백업 완료 이벤트가 통지되는 경우가 많은데, 매일매일 기계적인 메일 통지를 받다 보면 의례 들어오는 메일이려니 하고, 어느덧 운용 담당자의 눈에는 들어오지 않게 되고 만다. 이렇게 백업 작업을 툴로 완전히 자동화하고 있으면, 운용 담당자도 모르는 사이에 백업 툴을 너무 신뢰하여 백업이 매일 정상적으로 되고 있구나 라는 착각을 하게 된다.

하지만 백업 실패는 의외로 많다. 주요 원인은 테이프 디바이스나 백업 측의 디스크 스토리지 시스템 고장, 미디어의 열화, 파일시스템의 부정합, 백업 프로그램의 버그나 문제, 메모리나 디스크 입출력 같은 시스템 리소스의 부족 등이다. 이외에도 어플리케이션의 방해 등으로 백업이 실패하거나, 도중에 중지되는 일도 자주 발생한다.

디스크 섹터 장애나 드라이브, 미디어 장애 등으로 백업이 중단되면 다시 백업을 실행해도 같은 장소에서 정지된다. 즉, 계속해서 안전하게 백업이 되지 않은 채 방치된다. 또한, 이러한 장애로 백업이 불완전한 상태에서 시스템 운용자까지 바빠 계속 방치된 채 시간이 지나게 되면 시스템이 정지되고, 그때서야 비로소 백업이 제대로 되고 있지 않았다는 것을 알게 된다.

"백업 완료 확인" 절차는 필수

현재에도 백업 작업은 시스템 관리상 매우 중요한 업무다. 그러나 가장 소홀히 운용되는 업무이기도 하다. 여기에서 얘기하고자 하는 것은 백업 소프트웨어의 무의미함을 말하고자 하는 것이 아니다. 번잡한 백업 업무를 툴을 사용하여 효율화하면, 업무 부담을 줄여 비용을 줄일 수도 있다.

백업을 안정되게 운용하여 민첩하게 복원하기 위해 백업 툴을 도입하는 것은 유익하지만, 더 중요한 것은 시스템의 운용 플로우에 "백업 완료 확인"이라는 절차를 포함시키는 것이다. 자동 백업 툴만을 믿어서는 안 된다. 반드시 운용 담당자가 직접 눈으로 백업 상황을 확인해야 하며, 확인을 위해 담당자를 반드시 배치해야 한다.

시스템이 안정되어 있을수록 백업 완료 확인은 쓸데없는 업무로 생각되기 일쑤다. 신기하게도 이러한 단순 업무를 준수하면 스토리지 장애는 발생하지 않는다. 그러나 단순 업무라고 경시해서 확인을 게을리하면 갑자기 스토리지 등이 정지된다. 정지되고 나면 자동화 툴도 감시 소프트웨어도 쓸모가 없다. 오직 운용 담당자의 책임감으로 대응하는 수밖에 없다.

서버 운용

환경설정을 복사 & 붙여넣기해서는 안 된다

서버 시스템이나 미들웨어, 네트워크 기기 등 지금까지는 많은 시스템 환경 설정이 텍스트 형식으로 구축되었다. 웹의 GUI를 이용하여 오퍼레이터가 일일이 읽고 쓰지 않도록 사용자 인터페이스를 제공하고 있는 제품도 있지만, 대부분은 소비자를 대상으로 하는 소규모 제품이다. 사업자를 대상으로 하는 대규모 시스템은 복잡하고 엄격한 운용을 요구하므로 지금까지는 사용자 인터페이스로 텍스트 형식이 우세했다.

엔지니어는 매뉴얼이나 과거 설정 사례, 본인의 기억이나 경험을 활용하여 키보드로 1문장씩 작성한다.

반면에 운용 경험이 부족한 엔지니어가 환경설정을 하게 되면, 선배나 상사에게서 받은 환경설정을 기본으로 작업할 때가 많을 것이다. 이 때, 타입 오류 등을 피하기 위해 텍스트로 기술되어 있는 환경설정을 그대로 복사 & 붙여넣기를 해서 기기에 설정하는 것을 자주 보았다. 이것은 매우 위험한 행위다.

작업 도중에 기기가 오작동할 수도 있다

완전히 동일한 시스템에서 과거에 검증 테스트를 한 환경 설정을 그대로 복사하여 붙여 넣는 것은 문제 없지만, 완전히 동일한 시스템은 거의 없다. 비슷한 환경에서 제작하고 있는 시스템의 환경설정을 참고해서 만들어진 것뿐이다.

각각의 시스템에는 루프백 주소[1]나 IP주소, 포트, 인터페이스 디바이스명, 모듈 번호 등 각각 고유한 파라미터가 존재한다. 복사 & 붙여넣기 같은 기계적인 작업이라면 수정해야 할 부분이 어디인지 알아내기 어렵다. 더구나 여러 행을 한꺼번에 복사 & 붙여넣기를 해버리면 입력된 문장의 순서에 따라 설정 순서가 정해지기 때문에 기기가 오작동을 일으킬 수가 있다.

최근 네트워크 기기는 환경설정 문장을 입력해도 바로 동작에 반영되지 않고 마지막에 커밋을 하면 비로소 반영되기도 한다. 그러나, 그 중에는 문장마다 엔터 키를 입력해야 실제 환경설정에 반영될 때도 있다. 여러 행을 복사 & 붙여넣기로 환경설정을 입력하면 복사 & 붙여넣기 도중에 기기가 의외의 동작을 할 수도 있다.

예를 들어 어떤 라우터의 환경설정 동작은 문장을 1행 입력하고 개행한 시점에 즉시 반영된다. 접근 제어 목록을 일단 제거하고 새로운 ACL Access Control List을 복사 & 붙여넣기 하면 어떻게 될까? ACL은 패킷 조건(프로토콜, IP Address, 포트 번호)과 조건에 따른 행동(허가, 거부)을 기술한 것이다.

ACL은 1행에서 허가 permit 문이 기술되면 허가된 조건 이외의 모든 패킷이 거부되는 규칙이다. 최초 행에 허가문이 복사 & 붙여넣기 된 순간에 이외의 모든 연결이 즉시 차단되는 현상이 일어난다. 상식적으로 생각하면 오퍼레이터가 적용중인 ACL을 복사 & 붙여넣기로 변경할 리는 없겠지만, 복사 & 붙여 넣기로 환경설정을 하면 이처럼 위험을 내포하고 있다는 것을 인식해두어야 한다.

---

[1] 루프백 주소(loopback address): 네트워크의 입력과 출력 기능이 제대로 되는지를 테스트하기 위해 가상으로 할당한 인터넷 주소(127.0.0.1)를 말한다. 사실 외부 네트워크에 연결되어 있지 않은 소프트웨어적 입출력 주소로, 발송된 데이터들이 이 주소로 되돌아서 다시 이 주소로 수신된 것처럼 동작한다. 웹 서버나 인터넷 소프트웨어의 네트워크 동작 기능을 테스트하는 데 사용된다.

한 글자씩 손으로 입력하면 오류나 버그를 찾기 쉬워진다

다른 시스템의 환경설정 텍스트를 참고하여 환경설정 작업을 할 때 기계적으로 복사 & 붙여넣기를 할 것이 아니라 한 문장 한 문장 확인하면서 입력하는 것이 좋다.

지금까지 눈치채지 못했던 문장의 철자 오류나 환경설정 버그 등을 찾을 수도 있다. 무엇보다 문장을 읽으면서 손으로 입력해 가는 것이 정확한 환경설정 작업을 습득하기에 좋다.

또한, 환경설정을 손으로 입력하면 입력 직후에는 일어나지 않았던 문제가 나중에 발생하게 되면, 문제가 되는 부분이 뇌리에 쉽게 떠오른다. 옛날부터 문장의 의미는 불명확하지만, 경험에 의해 삽입한 문장이 잘 작동하는 수수께끼 같은 문장이 있다. 최근에는 제조 업체의 지원이나 인터넷 상의 정보로 수수께끼 같은 문장들이 줄고는 있지만 경험이 적은 엔지니어에게는 대부분의 문장이 수수께끼 같을 것이다. 환경설정을 복사 & 붙여넣기 하지 말고, 하나 하나의 문장의 의미, 기입 방법, 기능, 효과를 이해하기 위해서라도 손으로 직접 입력하여 환경설정 작업을 하는 것이 중요하다.

시스템 환경설정은 오퍼레이터가 눈으로 보고 소리를 내어 가며 손으로 한 글자 한 글자 입력함으로써 올바른 환경설정을 습득할 수 있고, 인간에 의한 실수를 줄일 수 있다.

서버 운용

커널 튜닝을 해서는 안 된다

1980년대~1990년대의 유닉스는 OS로서의 성능에 문제가 많았다. 특히 하드웨어 발전에 비해 OS 성능이 따라가지 못하고 주소 공간의 빈약함이나 소프트웨어의 버퍼 부족으로 어플리케이션 성능이 올라가지 않는 문제가 있었다. 시스템 엔지니어는 nbuf 사이즈나 프로세스 테이블 사이즈 등 커널 내의 파라미터를 변경하여 어플리케이션 성능을 올리려는 노력을 해왔다.

C나 C++라고 하는 컴파일 언어를 구사하는 프로그래머는 유닉스의 지식과 경험이 풍부하다. OS 기술 언어로 어플리케이션을 프로그래밍하고 있어서 어플리케이션 성능이나 신뢰성을 올리기 위해 OS의 커널 파라미터를 조작하는 것은 매우 간단한 일이었다.

하나의 어플리케이션이 가질 수 있는 파일 디스크립트 수의 상한과 메모리 주소 공간에 매핑 가능한 최대 페이지 수, 네트워크 드라이버나 소켓의 버퍼 사이즈, 프로그램을 생성할 수 있는 최대 스레드 수 등, 시스템 콜 옵션이나 어플리케이션 측에서 조작 불가능한 시스템 리소스의 할당 값 등을 변경해왔다.

또한, 커널에는 없지만 디스크 입출력의 성능을 향상하기 위해 1블록당의 섹터 수를 변경하거나, 네트워크의 프레임 사이즈를 크게 해서 점보 프레임을 사용할 수 있도록 하는 것도 이미 사용해 왔다.

당시 시스템 관리자, 운용 담당자는 스스로의 경험을 근거로 OS 커널이나 드라이버, 하드웨어 보드 설정, 클럭 소자의 교체 등 시스템을 커스터마이즈하여 간신히 시스템을 운용했다. 어떤 의미에서 독자적인 커스터마이즈로 시스템 문제를 해결하여 성능을 향상시킨 것은 엔지니어의 노하우이며, 그 당시는 환영 받아야 할 노력의 성과였다.

하지만 지금은, 소규모 시스템에서 한정된 기간만 가동하는 어플리케이션을 제외하면 OS 파라미터를 변경해 어플리케이션을 실행시키는 것은 매우 위험하다(그림 4-9).

그림 4-9 커널을 튜닝할 때의 단점

커널 튜닝은 인계되지 않는다

개발과 운용 업무가 진행되면, 업무용이나 웹사이트용 어플리케이션에 관련된 프로그래머와 시스템 오퍼레이터는 서로 다른 사람이다. 각각 다른 부서에서 담당한다. 프로그래머가 개발 중에 했던 시스템 조율 작업에 대한 의도가 정확하게 시스템 오퍼레이터에게 전달됐는지는 보증할 길이 없다. 또한, 어플리케이션을 넘긴 직후라면 프로그래머와 시스템을 이어받은 오퍼레이터 사이에는 의견의 일치가 있었다 하더라도, 시간이 흘러 프로그래머, 시스템 오퍼레이터 둘 다 해당하는 어플리케이션 담당과 멀어지게 될 때도 있다. 원래부터 있었던 개발 시점의 문제나 검토 결과, 튜닝의 의도들이, 이어받은 프로그래머와 오퍼레이터에게 커널 튜닝의 의미가 제대로 전달되지 않게 된다. 무언가 문제가 있었다고 해도 그것이 원래 시스템 측 장애인지, 어플리케이션의 버그인지, 아니면 튜닝에 의한 부작용인지 판단하기 어렵게 된다.

커널 버전이 바뀌면 역으로 폐해가 된다

하드웨어나 OS는 진화해간다. 한 버전 전에 있었던 문제가 다음 버전에서 해결될 때도 많이 있다. 전 버전의 문제점을 해결하기 위해 실시한 커널 튜닝이 다음 버전에서는 역으로 폐해가 될 때도 많다.

어느 시점에서 한정된 하드웨어의 성능을 최대한 끌어내려는 목적으로 커널에 튜닝을 하는 것이지만, 시스템의 장기적인 운용, 현실적인 운영 조직의 변환까지 고려해서 계속적으로 운용을 하기 위해서는, 커널 튜닝에 대한 문서화 작업이나 교육, 인계, 시스템 관리 매뉴얼 등을 작성해야 한다. 결과적으로 운용 비용이나 어플리케이션의 업그레이드 비용이 늘어날 때가 많다.

프로그래머나 오퍼레이터가 독자적으로 커널 레벨의 튜닝을 해서 시스템의 성능을 올리려는 행위는 자칫하면 안이하게 실시되어 자기 만족으로 끝나고 마는 경우가 많다.

디폴트 값은 표준값, 변경하면 장애 원인이 되기도 한다

MTU 사이즈나 데이터 링크 층의 프레임 사이즈 등 인터프로세스inter process 이외의 통신 부분까지 변경을 하면 시스템이나 어플리케이션뿐만 아니라 엔드 노드end node 사이에 있는 네트워크 디바이스로 통신 장애를 일으킨다. OS의 디폴트 값은 최적의 값이 아닌 가장 표준적인 값, 즉 상호 호환성이 높은 값이라는 인식이 필요하다.

프로그래머나 시스템 오퍼레이터는 OS의 튜닝보다 표준 상태의 OS에서 어플리케이션의 성능을 향상시킬 수 있도록, 시스템 설계를 재검토하거나 코드의 최적화에 주력해야만 한다. 커널 튜닝, 하드웨어 증설 등 장기적, 경제적으로 영향을 미칠 듯한 부분에 손을 대는 것은 최종 수단이라고 인식하는 것이 좋다.

어쩔 수 없이 커널을 튜닝해야 할 때는 근거, 평가 결과, 변경 시점에 관한 원래 기능, 설명, 변경 후의 성능 평가 등 상세한 리포트를 남겨야만 한다는 것을 명심해야 한다. 이 작업을 게을리하면 잘하기 위해 실시한 커널 튜닝이 향후, 대규모 장애 또는 시스템이나 서비스에 대해 엄청난 손해를 줄지도 모른다.

플랫폼

출시 직전의 완성형 제품에 갑자기 패치를 해서는 안 된다

가동중인 서버 기기에 갑자기 패치를 하게 되면 고장이 임박한 서버 기기가 패치 적용을 계기로 고장 나는 경우가 많다. 그렇게 되면 고장 원인이 서버 기기 자체에 있었는지, 패치에 있었는지 바로 판단할 수 없어, 문제를 파악하는 데 상당한 시간이 걸리게 된다. 출시 직전의 완성형 제품에 갑자기 패치를 해서는 안 된다.

패치 때문에 고장 나는 것은 우연이 아니다. 장기간 안정적인 가동과 패치 적용이 서버 기기에 주는 부담에는 큰 차이가 있다. 그 차이를 스포츠 마라톤을 예로 설명하겠다.

장기간 안정적으로 가동하고 있는 서버 기기는 걷는 속도(=부하)의 증감은 있지만, 언제나 같은 근육(=리소스)을 사용하여 일정한 운동(=처리)으로 끝난다. 이에 비해 패치 적용은 단거리 달리기나 하체 운동 같은 것이다. 요구된 걷기 속도나 사용하는 근육, 해야 할 운동도 마라톤과는 전혀 다르다.

기술적으로 얘기하면, 평소보다 많은 전력을 소비하거나 보통 사용하지 않는 디바이스나 영역에 접근하기도 한다. 발열량도 급격히 올라간다. 그 결과, 패치 적용 중에 특히 디스크나 디스크 컨트롤러, 칩 등의 부품 고장이 발생한다.

그래서 서버 기기에 패치를 적용할 때에는 미리 서버 기기 OS를 재기동한다. "준비 운동"으로 점점 상태가 나빠지고 있는 서버 기기를 판별할 수 있다. 고장이 임박한 서버 기기는 대개 OS 재기동에 실패하기 때문이다. 제대로 재기동된 서버 기기에만 패치를 적용한다. 만약 패치가 적용된 후, 동작 불량이 일어나면 원인은 패치에 있을 가능성이 높다. 문제의 원인을 분석하기가 쉬워진다.

플랫폼

스냅샷으로 백업을 대신해서는 안 된다

스냅샷snapshot은 어느 순간의 디스크 이미지를 저장한 것이다. 주로 "Copy On Write" 방식과 "Split Mirror" 방식이 있다. 두 방식 모두 백업용은 아니지만 특히 전자의 방식은 디스크 고장을 가정한 예비 데이터로, 사용해서는 안 된다. 왜냐하면 어느 순간의 이미지라고 해도 기본적으로는 데이터 실체를 갖지 않으므로 디스크 고장 등으로 오리지널 데이터가 사라짐과 동시에 스냅샷도 사라지고 말기 때문이다.

먼저, Copy On Write 방식은 디스크 블록의 포인터를 스냅샷 영역에 기록하는 방식이다. 블록 내용(데이터 실체)은 복사하지 않으므로 데이터 양이 많아도 고속으로 스냅샷을 취득할 수 있다. 포인터가 가리키는 블록을 어느 순간의 데이터로 하기 때문에 디스크가 갱신되면 (블록에 쓰기 전에) 해당 블록의 데이터를 스냅샷 영역에 복사한다.

즉, 갱신된 블록의 데이터만 스냅샷 영역에 복사하고, 그 이외의 데이터는 포인터만 유지하는 구조다. 그래서 디스크가 고장이 나서 오리지널 데이터가 사라지게 되면 스냅샷의 데이터도 사라지게 된다. 이 방식의 주된 이용 목적은 이용자가 실수로 파일을 지워버리는 경우에 파일을 복원하기 위해서다.

Split Mirror 방식은 디스크 복제를 RAID의 미러링mirroring 기술을 이용하여 작성하는 방법이다. Copy On Write 방식과는 달리 오리지널 데이터의 디스크가 손상되어도 스냅샷으로 읽고 쓰기를 할 수 있다. 그러나, 기본적으로는 동일 외관에서밖에 이용할 수 없기 때문에 몇 세대에 걸쳐 데이터를 보관하기는 어렵다. 백업을 위해 영구적으로 데이터를 남기는 것으로는 맞지 않다.

플랫폼

RAID라고 안심해서는 안 된다

여러 디스크를 논리적으로 하나로 정리하는 구축 기술의 하나가 RAID Redundant Arrays of Inexpensive Disks다. 신뢰성 향상을 목적으로 많이 쓰이는 것은 디스크를 미러링(이중화)하는 "RAID1"과 패리티parity라고 하는 에러 수정 정보를 관리하는 "RAID5"다.

RAID로 구성하면 "데이터를 잃어버릴 일은 없다"고 과신하기 십상이나, 기본적으로 동시에 2대 이상의 디스크가 고장 나면 데이터를 보호할 수 없다. 그리고, 1대의 디스크가 고장나더라도 실제로 복원할 수 없을 때가 있다. 미러 영역이나 패리티 영역을 막상 접근하려고 하니 이미 고장이 나 있었기 때문이다.

RAID5의 구조, 패리티를 잃어버리면 복원할 수 없다

디스크 3대(A, B, C)로 RAID5를 구성한 경우를 예로 설명한다(그림 4-10). RAID5는 2대~5대의 디스크로 데이터를 분산 배치하여, 1대의 디스크에 에러 수정을 위한 "패리티"를 넣어둔다. 1대의 디스크에서 장애가 발생하면 데이터를 복원할 수 있다. 데이터를 입력할 때, RAID 컨트롤러는 데이터를 2개(블록 1,2)로 분할해서 디스크A에 블록 1을, 디스크B에 블록 2를 입력한다. 남은 디스크C에는 분할한 2개의 블록을 입력으로 하는 XOR(배타적 논리합) 연산 출력을 패리티[1, 2]로 입력한다. XOR란 입력 값이 일치하면 「거짓」, 다르면 「참」을 출력하는 논리 연산이다.

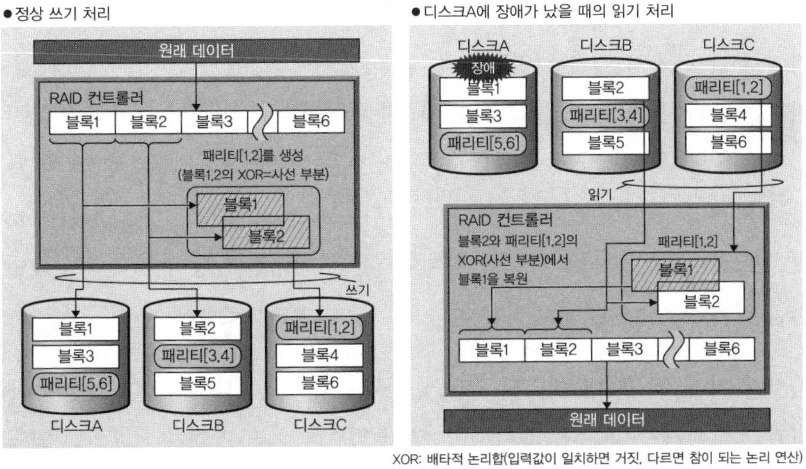

그림 4-10 **RAID5의 구조**

디스크A에 장애가 발생하면 블록1을 잃어버리지만 블록2와 패리티[1, 2]를 입력으로 하는 XOR 연산을 실행하면 출력은 블록 1의 데이터가 된다. 이렇게 해서 블록1을 복원할 수 있지만, 1대의 디스크가 고장 났는데 디스크가 더 고장 나면 데이터를 보호할 수 없다.

단, 최근에는 패리티를 2대의 디스크에 저장하는 것으로 신뢰성을 높인 RAID6에 대응하는 제품이 늘고 있다. RAID6이라면 2대의 디스크가 망가져도 데이터를 보호할 수 있다.

미러 영역이나 패리티 영역은 데이터 보호 기능이 작동하기 어렵다

앞에서 미러 영역이나 패리티 영역은 "막상 접근하려고 하니 고장이 나 있었다"는 경우가 있다고 했는데, 단일 디스크에 갖춰져 있는 데이터 보호 기능이 미러 영역이나 패리티 영역에서는 유효하게 작동하기 어렵다는 것이 주요 원인이다.

디스크는 자성체를 도포 혹은 증착시킨 금속제 원반을 고속 회전시키면서 자기 헤드를 가까이 대면 데이터를 읽고 쓰게 되어 있다. 원반과 자기 헤드의 거리는 불과 몇 나노미터nm다. 조그마한 진동에서도 접촉해 원반을 손상시킨다. 디스크에 읽고 쓰는 사이에 손상 영역을 발견하면 그 영역을 "불량 블록"으로 접근 불가로 설정하는 기능이 있다(디스크에 기능이 없는 경우는 OS가 대행한다). 이 때, 불량 블록의 데이터를 읽어내면 손상이 악화되어 데이터를 잃어버리기 전에 데이터를 자동으로 예비 영역으로 이행한다.

하지만 미러 영역이나 패리티 영역에 입력한 후 불량 블록이 발생하면 대체 처리가 실행되지 않는다. 왜냐하면, 일단 입력한 미러 영역이나 패리티 영역은 디스크가 고장 나거나 데이터 영역에 갱신이 발생하지 않는 한, 읽고 쓰는 일이 없기 때문이다. 이 상태에서 디스크가 고장하면 패리티나 미러의 데이터를 읽어내지 못하고 데이터를 복원할 수 없게 된다.

이러한 사태를 막기 위해 RAID 장치나 소프트웨어의 "정합성 조사"라는 기능이 탑재되어 있다. 정합성 조사는 디스크의 전 영역을 읽어 내어 미러 영역이나 패리티 영역에 손상이 없는지를 체크하는 것이다. 이상이 검출되면 자동으로 복원된다. RAID를 사용할 때는 정기적으로 정합성 조사를 해야 한다.

데이터센터

서버 사이에 틈을 남겨두어서는 안 된다

데이터센터의 랙rack에 상하의 서버 간에 틈을 남겨두고 설치된 것이 눈에 띄는 경우가 있다. 틈을 둬서 통풍을 좋게 하고 서버에 열이 쌓이지 않게 하려는 의도다. 이 방법은 그럴싸하지만, 실제로 데이터센터 랙에서 해서는 안 된다.

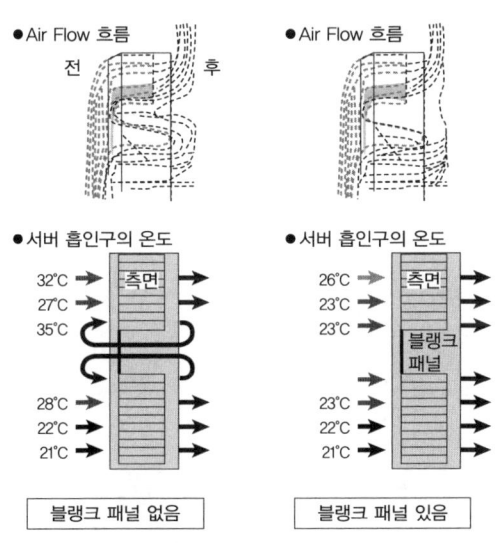

그림 4-11 블랭크 패널의 효과

서버는 앞면에서 냉기를 흡수하고 뒷면에서 열기를 배출한다. 틈을 두게 되면 이 흐름이 바뀌게 된다. 그림 4-11의 왼쪽 부분은, 서버 간에 틈을 둔 경우에 공기가 어떻게 흐르는지를 나타낸 것이다. 뒷면에 배출된 열기가 앞면으로 순환하고 있다. 서버는 이 열기를 앞면에서 흡수하기 때문에 서버에 냉기가 흐를 수 없다. 즉 냉각할 수 없게 된다. 이 순환이 계속되면 언젠가는 열 폭주를 일으킬 위험도 있을 수 있다.

열기의 순환을 막는 데 유효한 것이 블랭크 패널을 사용하는 방법이다. 블랭크 패널이란 랙의 틈에 설치하는 패널을 말한다. 블랭크 패널을 사용해 서버 사이의 틈을 막는 것으로, 서버에서 방출된 열이 순환해도 블랭크 패널이 차단해 서버의 앞면까지는 도달할 수 없게 된다(그림 4-11의 오른쪽 부분). 이로 인해 랙 앞면에는 항상 냉기가 공급되어 열 폭주가 방지된다. 매우 단순한 것이지만 블랭크 패널만으로도 서버에 공급하는 공기 온도에 최대 12℃의 차가 생기는 경우도 있다.

데이터센터

서버 뒷면에 케이블을 늘어뜨려서는 안 된다

데이터센터의 랙에 설치하는 서버는 랙 마운트rack mount형 서버의 박형화(두께를 얇게 하는 것)나 블레이드 서버blade server의 등장으로 1랙당 탑재하는 서버 대수가 증가하고 있다. 서버 대수에 비례해 케이블 개수도 상당량이 존재하게 된다. 만약 높이 42U랙에 1U 서버를 전부 설치하면 적어도 각 서버에 전원 케이블, 네트워크 케이블, 스토리지 접속용 케이블이 3개나 있기 때문에 100개가 넘게 된다. 실제로는 그렇게까지 많지 않더라도 여분용 케이블도 다수 있으므로 비슷한 상황에 빠지는 경우가 많을 것이다.

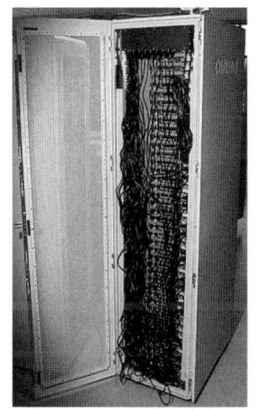 

그림 4-12 케이블이 배기구를 막고 있는 랙(좌)과 막고 있지 않은 랙(우)

케이블이 많아지면 열 문제가 발생한다. 다수의 케이블이 서버 배기구를 막고 있기 때문이다(그림 4-12). 뒷면에서 열기를 배출할 수 없게 되므로 서버는 공기 순환이 어렵고 열에 의한 장애로 이어질 가능성이 높아진다. 그러므로 서버의 뒷면에 케이블을 늘어뜨려서는 안 된다.

하지만, 필요해서 사용하고 있는 케이블을 줄일 수는 없다. 대처 방법으로는 충분한 깊이가 있는 랙을 선택하는 것이다. 깊이가 있으면 그 공간을 활용하여 케이블이 서버의 배기구를 막지 않도록 옆으로 정리할 수 있다.

일반적으로 깊이 900mm의 랙이 많지만, 얇은 형태의 깊이 있는 서버의 케이블 공간을 충분히 확보하기 어렵게 되어 있다. 최근에는 깊이가 1070mm나 1200mm의 랙도 있으므로 케이블 공간이 적으면 이것을 이용하는 것도 효과적이다.

데이터센터

랙과 서버 사이에 공간을 두어서는 안 된다

랙 안의 상하 서버 사이에 틈을 남겨 두어선 안 된다는 것은 "No. 093 서버 사이에 틈을 남겨두어서는 안 된다"에서 설명했다. 사실, 랙에 남겨두어서는 안 되는 틈이 한 가지 더 있다. 그것은 랙과 서버 측면의 틈새다.

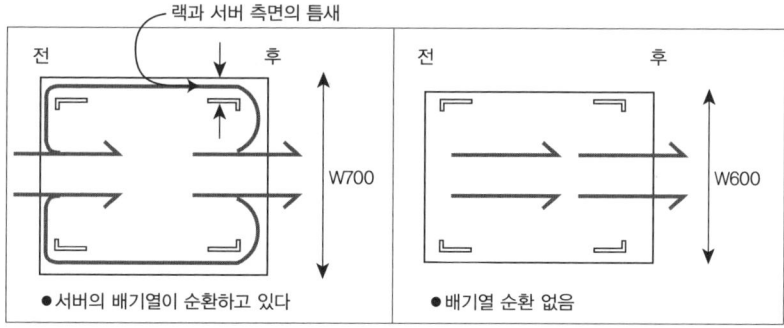

그림 4-13 서버의 배기열 흐름

그림 4-13처럼, 랙과 서버 측면에 틈이 있으면 서버의 배기가 그 틈에서 앞면으로 돌아 나와 순환을 일으켜 서버의 온도 상승을 초래하기 때문이다. 라우터 등 네트워크 기기용인 폭 700mm의 랙에 서버를 탑재한 경우에 일어나기 쉽다. 서버는 가능하면 틈이 생기기 어려운 폭 600mm의 랙에 설치해야 한다.

서버와 네트워크 기기는 가능한 한 각각의 사이즈에 맞는 랙에 설치해서, 틈 때문에 생기는 열 순환을 막는 것이 중요하다. 아무래도 폭 700mm 이상의 랙에 서버를 탑재해야만 할 때는 액세서리를 사용해 틈을 막을 수 있는 랙을 선정할 것을 권한다.

데이터센터

냉통로와 온통로만으로 만족해서는 안 된다

최근에는 꽤 일반적이 되었지만 데이터센터에서 랙을 배치할 때 랙 앞면끼리 마주보게 설치한다. 마찬가지로 뒷면도 마주보도록 설치한다. 이렇게 함으로써 앞에서 서버 뒷면으로 배출한 열기를 뒤에서 앞면으로 흡수하는 낭비를 막는다. 앞면 냉기가 통하는 통로를 "냉통로Cold aisle"라고 하며, 뒷면의 열기가 통하는 통로를 "온통로Hot aisle"라고 한다(그림 4-14).

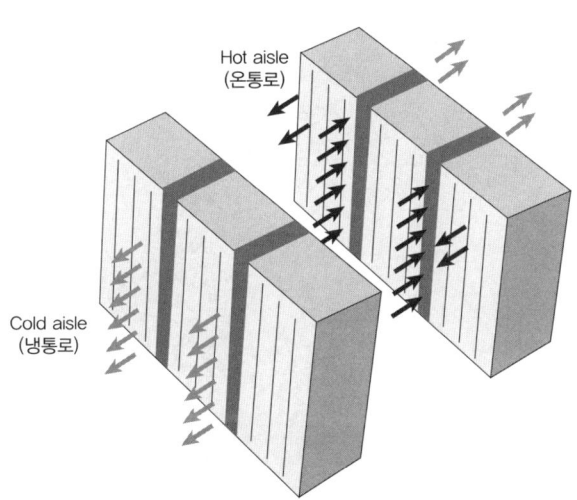

그림 4-14 **냉통로와 온통로**

하지만 이것만으로 만족해서는 안 된다. 실은 냉통로와 온통로를 나누어도 랙의 상부에서 열기가 순환되어 올 때가 있다. 당연히 데이터센터의 냉각 효율은 떨어지게 된다. 냉각 효율이 떨어지게 되면 온통로 측의 열기를 강제적으로 배출하는 배풍기를 설치하여, 데이터센터의 공기 조절 시스템의 흡기 측에 열기를 환류시키는 것 등으로 대처한다. 또한, 효율을 향상시키고 싶으면 랙 열 내에 냉각장치를 포함해 온통로의 랙 상부를 단열재로 구분하는 방법 등도 있다.

데이터센터

서버 수만큼만 UPS를 준비해서는 안 된다

서버와 UPS(무정전 전원 장치)를 1대 1로 구성한다. 시스템 규모가 극단적으로 작을 때나 사전에 구성을 전혀 계획할 수 없을 때는 어쩔 수 없다. 하지만 랙이 여러 개 있고, 10kW~20kW 정도의 소비 전력의 일반적인 서버 룸에는 반드시 서버의 수만큼 UPS를 설치해야만 하는 것은 아니다.

예를 들어 소비전력이 700W 서버 1대에 출력 1000W 정도의 UPS를 사용하면, UPS는 300W 정도 낭비된다. 이러한 낭비를 서버 룸 전체로 합산해 보면 결과적으로 수천W가 될 수도 있다.

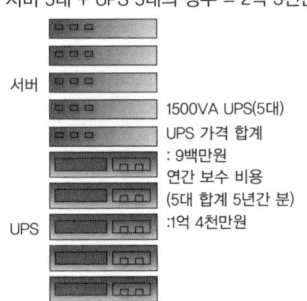
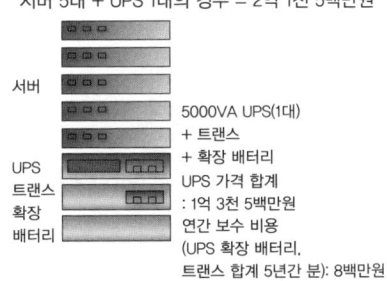

그림 4-15 **대용량 UPS를 1대 구입한 쪽이 싼 경우가 많다**

UPS에는 용량별로 모델이 있고, 접속하는 기기의 소비 전력에 따라 선정할 수 있다. 서버 룸을 계획할 때부터 시스템 전체의 대략적인 규모를 안다면, 그 규모에 맞춰 UPS를 구입해야 한다. 예를 들어 UPS의 사용년수를 5년이라고 하면, 대용량 UPS를 1대 구입하는 편이 보수 비용이 더 싸다(그림 4-15).

모듈형 UPS로 시스템 확장에 대비한다

단, 출력 용량이 고정인 UPS를 준비하면 시스템의 소비전력이 늘어난 경우 용량이 부족하게 될 수도 있다. 사전에 시스템 전체의 소비 전력을 포함한 준비가 반드시 필요한데, 보다 좋은 방법은 서버나 시스템 확장에 맞춰 확장할 수 있는 UPS를 선택하는 것이다.

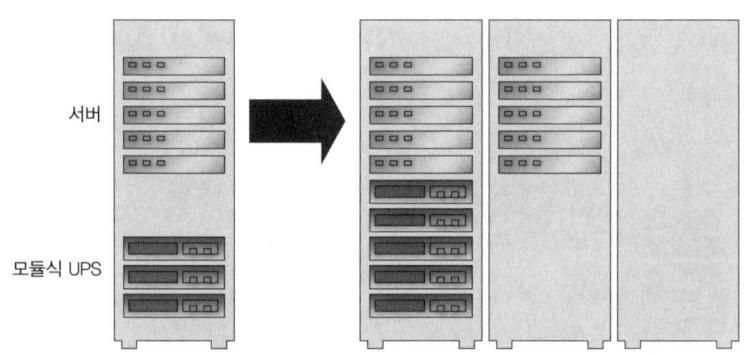

그림 4-16 **모듈식 UPS라면 인프라 증설에도 대응하기 쉽다**

그림 4-16처럼, 모듈별로 출력 용량을 늘릴 수 있는 UPS라면 서버나 스토리지의 기기 증설에 맞춰 확장할 수 있다. 그리고, 모듈식 UPS라면 예비 모듈을 준비해 둠으로써 N+1의 여분도 확보할 수 있다.

시스템 집단에서 UPS를 나누면 시스템 중요도에 맞춰 UPS를 구성할 수 있다. 예를 들어 가장 중요한 시스템에는 UPS를 이중화하여 완전하게 이중으로 구성하고, 그 밖의 중요 시스템은 N+1의 이중 구성으로 한다. 시스템 집단에서 UPS를 나눠 수대에서 수십대 정도의 랙 단위로 UPS를 설계하는 "영역 보호$_{zone\ protection}$"가 가능하게 되고, 경제성, 가용성, 확장성, 보수성 등을 높일 수 있다.

데이터센터

전체를 생각하지 않고 이중 전원으로 해서는 안 된다

주요 서버나 스토리지 기기에는 이중 전원redundancy power이 표준으로 부속되어 있거나 옵션으로 추가할 수 있게 되어 있는 경우가 많다. 기기의 가용성만 생각한 채, 시스템 전체를 생각하지 않고 안이하게 이중 전원을 이용해서는 안 된다.

전원을 A와 B로 이중화하고 있어도 시스템에 전원을 1개밖에 취급할 수 없을 때가 많다. 모든 기기가 이중 전원을 가지고 있다고는 할 수 없다.

그래서 A와 B로 나누어도 한 쪽으로밖에 전원을 갖고 있지 않는 기기는 한 쪽이 정전이 되면 정지되어 버린다(그림 4-17). 그렇게 되면 시스템 전체의 가용성을 확보할 수 없다.

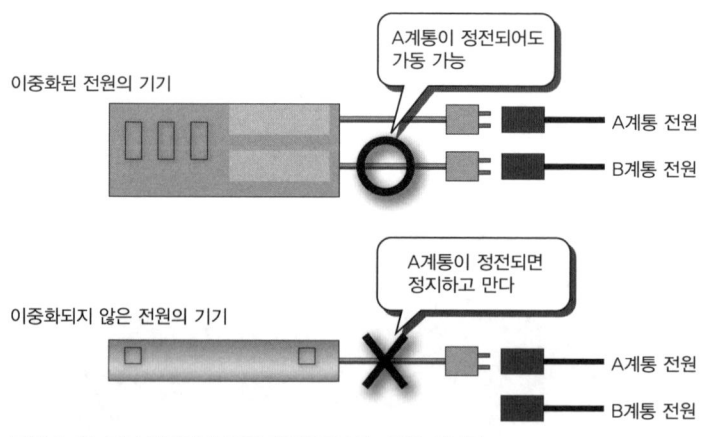

그림 4-17 모든 기기의 전원이 이중화가 되는 것은 아니다

이러한 사태에 빠지지 않도록 하기 위해 사용하는 것이 "자동 전환 스위치 ATS"다. 랙 탑재형 콘센트 바와 같은 제품으로 두 개의 라인으로부터 전원을 받을 수 있다. 한쪽의 전원이 정전되면 자동으로 다른 한쪽의 전원으로 전환을 한다(그림 4-18).

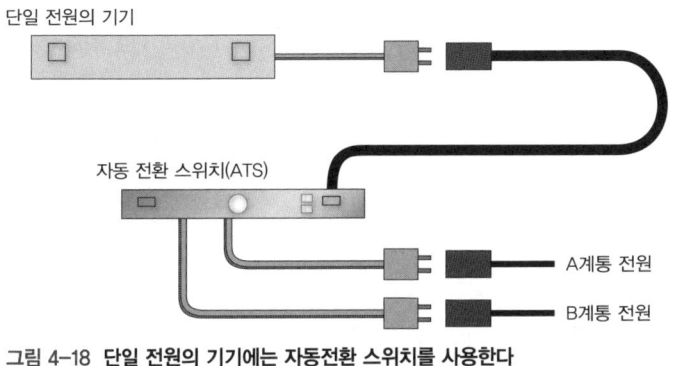

그림 4-18 **단일 전원의 기기에는 자동전환 스위치를 사용한다**

ATS에는 LED에 의한 사용 전류값 표시, 네트워크 인터페이스로부터의 리모트 조작, 기기 상태의 감시, 전원이 전환되었을 때 전자 메일을 송신해 주는 기능을 겸비한 제품도 있다.

UPS는 전원별로 준비하고, 상용 전원을 그대로 사용하는 것은 좋지 않다

사용자에 따라서는 이중화한 전원에 대해, 한 쪽에는 UPS를 붙이고 다른 한 한쪽에는 상용 전원을 그대로 사용할 때가 있다. UPS 구입 가격을 줄이기 위해서일 것이다. 그러나 가능한 한 피해야 한다. UPS는 낙뢰, 전압 이상 등의 전원 장애 대응도 겸하고 있다. 따라서 낙뢰가 있으면 UPS에서 보호하고 있지 않은 쪽부터 기기에 영향을 미칠 수 있다(그림 4-19).

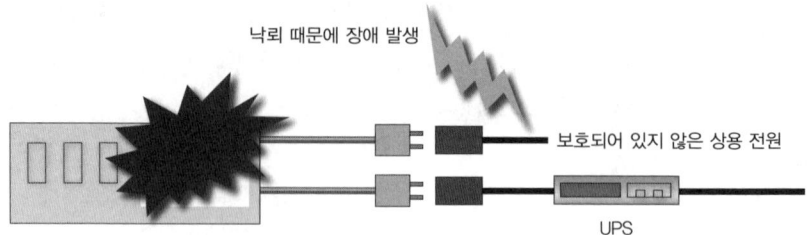

그림 4-19 UPS가 보호하고 있지 않은 전원 때문에 영향을 받을 수 있다

또한 UPS의 기능으로 정전이 되면 셧다운을 시키고, 복전할 때 서버를 자동으로 기동하고자 할 경우, UPS 전원이 나간 상태에서 상용 전원만 복구하게 되면 생각했던 대로 동작하지 않고 시스템 전체에서 보면 좋지 않은 상황이 발생할 수 있다.

따라서 전원을 이중화할 때는 양쪽 모두에 UPS를 접속하는 것이 바람직하다. 어떻게 해서든 가격을 줄여야 한다면 한쪽을 상용 전원에 직접 접속할 수밖에 없지만, 이중화가 가능한 UPS로 시스템을 운용하는 방법도 꼭 검토해야 할 것이다.

데이터센터

랙이 사용하고 있는 전류 값을 간과해서는 안 된다

전기 과다 사용은 좋지 않다고 알고는 있어도 데이터센터나 서버 룸의 전원은 걱정 없을 것이라며 모른척 하는 사람이 있을지도 모른다. 하지만 그것은 큰 오산이다. 랙에서 실제로 사용하고 있는 전류 값을 간과해서는 안 된다.

전기를 과다 사용하면 전류 차단기가 떨어지는 것을 가정에서도 경험할 수 있지만 랙에서도 마찬가지다. 랙에 빈 공간이 있다고 해서 기기를 늘려가면, 서버 룸의 분전반 내에 있는 차단 전류기가 내려지게 되어 랙 및 시스템 전체에 영향을 미칠 수가 있다.

그러면 랙 별 사용 전류는 어떻게 관리하면 될까?

물론 랙에 탑재하는 기기가 정해져 있다면, 기기가 사용하는 전류를 합한 용량을 갖는 전원을 준비하면 되므로 간단하다. 하지만 기기의 확장까지 예측해서 최종적으로 어느 정도의 전류 값이 될지 예측해야 하는데, 꽤 어려운 일이다.

그럴 때 사용되는 것이 전류 감시 기능이 붙은 랙 탑재형 콘센트 바다. 전류 값(A=ampere)이 허용 범위를 초과하지 않도록 관리할 수 있다(그림 4-20).

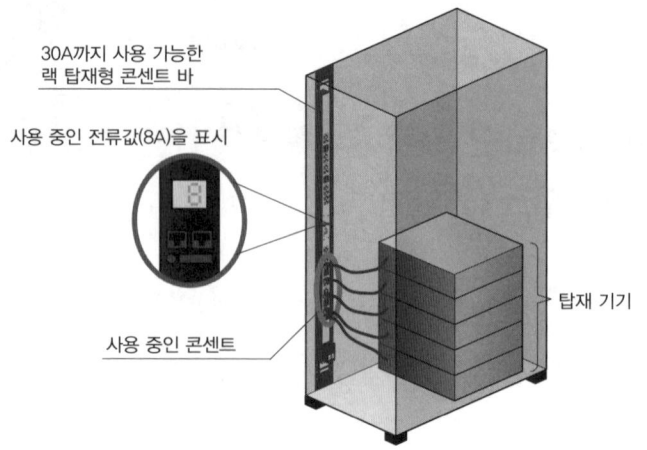

그림 4-20 전류 감시 기기가 붙은 랙 탑재형 콘센트 바

랙 탑재형 콘센트 바는 네트워크 인터페이스를 탑재하고 있다. 네트워크 상태를 감시하는 것은 물론, 설정한 전류 값을 초과하거나 밑돌고 있을 때 전자 메일을 통해 통지를 해 준다. 콘센트 별로 전원의 ON/OFF가 가능한 기종을 사용하면, 사용하고 있지 않은 콘센트를 OFF로 하여 부주의하게 기기에 접속시키지 않도록 하는 것도 가능하다.

사용하는 전류 값을 가시화한 랙으로 하면, 시스템 로그를 이용하여 피크일 때의 전류 값을 확인하여 안전하게 IT 기기의 증설을 계획할 수 있다. 전류 차단기가 바로 떨어질 걱정도 줄어 들고, 전원 증설이 필요한 타이밍도 확인할 수 있다.

데이터센터

UPS를 설치하는 것만으로 안심해서는 안 된다

UPS를 감시하고 있는가? UPS를 설치하면 시스템의 가용성이 높아진다. 그러나 UPS도 영구적으로 쓸 수는 없다. 제품의 수명은 10kVA 이하인 경우 5년 정도로, 배터리 수명도 사용 환경에 따라 달라진다. UPS를 설치하는 것만으로 안심해서는 안 된다는 의미다.

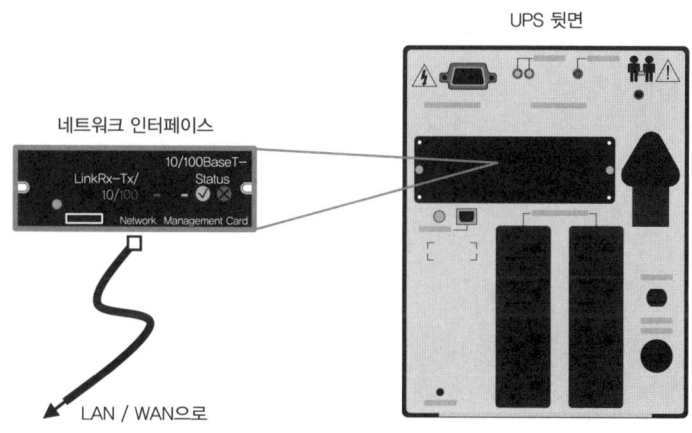

그림 4-21 네트워크 인터페이스를 갖춘 UPS

따라서 USP의 상태를 감시하기 위해서는 문제가 발생했을 때를 대비해 로그를 취득할 수 있는 기능을 겸비하고 있는 UPS를 선택하는 것이 바람직하다. UPS에 따라서는 네트워크 인터페이스를 갖춘 기종이 있다(그림 4-21). 네트워크 인터페이스를 갖춘 기종을 사용하면 네트워크를 통한 로그 수집이나 원격 감시가 가능하다. UPS 배터리의 충전 상황이나 현재 사용 상황에서 몇 분 정도 백업을 할 수 있는지 확인도 가능하다.

예를 들어 휴일이나 경축일에 돌연 낙뢰로 서버 룸의 전원이 나갔다고 가정해보자.

UPS가 자동으로 메일을 보내서, 바로 그 자리에서 담당자에게 통지가 간다. UPS 상태를 확인하고 담당자가 달려가서 OS를 셧다운할 시간이 있는지, 원격으로 UPS로부터 셧다운 신호를 보내서 OS를 정지해야 하는지도 판단할 수 있다. 물론, 일정 시간 이상 정전이 되면 자동으로 OS를 셧다운시킬 수도 있다.

SNMP 매니저로 IT기기를 관리·감시하고 있다면 SNMP 매니저로 네트워크 기능을 겸비한 UPS를 감시할 수도 있다. 다수의 UPS를 사용하고 있으면 UPS 그룹을 네트워크로 감시해서 일괄적으로 관리하는 시스템을 구축하는 방법도 있다.

기록미디어

파손된 HDD를 계속 사용해서는 안 된다

HDDHard Disk Drive는 물리적인 충격에 매우 약하다고 알려져 있다. 그 이유는 자성체를 바른 플래터platter 위를 자기 헤드가 이동하는 HDD 구조에 있다.

HDD에 충격을 가하면 데이터를 읽어내는 자기 헤드가 떨리면서 플래터(원반)를 건드린다. 이것을 "헤드 슬랩head slap"이라고 한다. 헤드 슬랩이 일어나면 플래터 위에 있는 "0", "1"을 기록하는 자성체가 자기 헤드에 부착한다. 플래터 측도 약간이기는 하지만 자성체가 거칠어진 상태가 된다. 자성체가 거칠어진 부분은 데이터를 읽고 쓸 수 없다. 자기 헤드와 플래터 사이의 거리는 10nm(나노미터) 정도의 틈밖에 없기 때문에 책상 위에서 떨어뜨리는 정도의 약간의 충격에도 이 현상은 일어날 수 있다(그림 4-22).

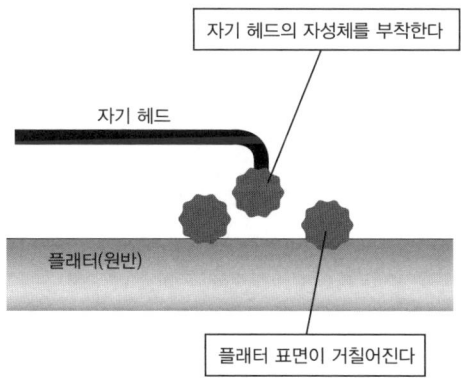

그림 4-22 헤드 슬랩(head slap)이 일어난 후의 모습

그런데, HDD는 검출 회로나 보정 회로 등 에러 보정 기구를 갖고 있다. 그래서 플래터 위의 한 부분이 파손되었다고 하더라도 에러가 보정되어 잠깐 동안 HDD는 읽고 쓸 수 있게 된다.

그러나, 자기 헤드가 플래터 위에 거칠어진 부분을 여러 번 왕복하는 사이에 자기 헤드에 부착하는 자성체가 점점 늘어난다. 하지만, 이 부분은 에러가 발생하기 쉬우므로 자기 헤드가 왕복하는 빈도가 높아지기 십상이다. 사용자나 운용 담당자는 HDD의 내부에서 일어나고 있는 것을 눈치채지 못하지만 HDD 에러율 등을 보면 재시도 횟수가 증가하고 있다는 것을 알 수 있다. 수 주간, 수 개월이 지난 어느 날, HDD에서 읽고 쓰기가 되지 않을 것이다.

원인이 되는 물리적인 충격 이후, 잠깐 동안 정상으로 동작하는 것이 역으로 원인 규명을 어렵게 한다. 지진 등으로 HDD에 물리적인 장애가 가해지면 얼핏 보았을 때 고장이 없어 보여도, HDD의 에러율을 특별히 주의 깊게 살펴보는 것이 좋다.

기록미디어

젖은 디스크를 말려서는 안 된다

자주 있는 일은 아니지만 홍수나 쓰나미, 해일에 의해 HDD가 물에 잠기는 경우다. 홍수가 일어난 후라면 서버나 컴퓨터는 진흙으로 뒤덮여 있을 것이다. 쓰나미나 해일 후라면 해수에 포함된 염분으로 더럽혀져 있을지도 모른다. 전원을 넣는 것도 망설여질 것이다.

그럴 때도 바로 포기할 필요는 없다. 데이터 복구 회사에 의뢰하면 HDD 자체 수리는 불가능하더라도 거기에 보존되어 있는 데이터만은 복구할 수도 있다. 단, 응급 처리 방식이 잘못되면 데이터는 한번에 복원할 수 없다. 젖은 디스크를 말려서는 안 된다.

HDD에 보존되어 있는 데이터는 물에 젖었다고 해서 그렇게 간단히 파괴되는 것은 아니다. 데이터를 읽어내기 어렵게 만드는 것은 강이나 바닷물에 포함된 진흙이나 미네랄이다. 이것이 플래터(원반)에 들러붙어 자기 헤드에서 데이터를 읽어내지 못하게 하는 것이다. 수분이 남아있는 동안에 순수한 물이나 약품 등을 사용하여 세정하면 진흙도 미네랄도 물과 함께 깨끗이 씻겨 나갈 수 있지만, 말리게 되면 달라붙어서 세정해도 좀처럼 떨어지지 않는다.

따라서, 만일 물에 침수되었다면 HDD를 꺼내 젖어 있는 깨끗한 타올에 HDD를 감싸면 좋다. 그 상태 그대로 데이터 복구 회사에 가져가면 된다. 단, 데이터 복구 회사도 여러 곳이 있다.

물리적으로 손상된 HDD의 데이터를 복구하기에는 플래터 표면의 연마, 베어링이나 자기 헤드의 교환, 자기 헤드 위치 정보의 보정 등 장인 솜씨라고 할 수 있을 정도의 독자적인 기술이 필요하다. 모든 데이터 복구 회사가 그러한 기술을 갖고 있다고 단정할 수 없다. 홍수로 진흙투성이가 된 HDD 복구를 의뢰하려고 데이터 복원 회사 몇 군데를 찾아 갔는데 "우리 회사에서는 안 됩니다"라고 거절 당하고, 겨우 발견한 복구 회사에서 데이터 복구에 성공한 적도 있다.

또한, HDD가 침수되는 것은 수해 때만은 아니다. 화재로 스프링 쿨러가 작동해 흠뻑 젖는 경우도 있다. 수돗물에도 미네랄 성분은 포함되어 있기 때문에 그러한 때에도 똑같이 대처하는 것이 좋다.

기록미디어

No. 103

젖은 USB 메모리에 전기가 흐르게 해서는 안 된다

USB 메모리는 작기 때문에 휴대성이 용이하다. 그만큼 "재해를 입을" 확률이 높은 미디어라고 할 수 있다. 어쩌다가 음료를 엎질렀거나, 화장실에 빠트리는 등의 경험이 있는 사람도 많을 것이다.

USB 메모리는 HDD 같이 플래터 위에 자기 헤드가 부착된 구조로 되어 있지는 않다. 그래서 똑같이 젖은 경우라고 해도 HDD와는 또 다른 주의가 필요하다. 젖은 HDD는 말리지 않는 것이 중요했다. 반대로 젖은 USB 메모리는 빨리 말린 후 전기를 흐르게 하는 것이 철칙이다.

젖은 USB 메모리에 전기를 흐르게 하면 기판이나 부품의 부식이 가속되어 단시간 내에 변색한다. 부식한 경우에도 읽고 쓰기를 할 수 있다. 그러나 그것은 고장이 일어나기 전의 일시적인 현상이라고 생각하는 편이 좋을 것이다. 조만간에 읽고 쓰기가 되지 않을 가능성이 높다.

기록미디어

테이프를 적셔서는 안 된다

데이터의 백업이나 아카이브에 사용되는 테이프 카트리지는, 습기에 매우 약하다고 알려져 있다. 테이프가 젖으면 2가지의 문제가 발생한다.

하나는 테이프 자체의 열화다. 데이터를 기록하는 힘이 약해질 뿐만 아니라 곰팡이가 생기거나 먼지가 들러붙어 있으면 당연히 고장이 나게 된다.

또 다른 하나는 자기 헤드와의 사이에 일어나는 마찰이다. 카트리지 내부에 들어온 먼지가 수분에 녹아서 "김"처럼 된다. 그 상태에서 테이프 드라이브에 넣게 되면 드라이브의 자기 헤드와 테이프가 붙게 된다. 나아가 그 상태에서 테이프를 주행시키면 테이프가 너덜너덜해진다. 이 현상이 야간 패치의 백업 도중에 일어난다면 다른 정상적인 테이프와 테이프 드라이브를 준비해야 한다. 중요한 데이터를 저장하고 있는 도중에 이러한 현상이 발생하면 상당히 치명적일 것이다.

테이프 카트리지를 부주의하게 젖게 해서는 안 되는 것이 당연하지만, 여름철 공기 조절도 요주의다. 시원한 방에서 공기 조절을 하다가 창문을 열면 온도와 습도가 갑자기 올라간다. 그렇게 하면 테이프 카트리지 내부에서 이슬 맺힘 현상이 발생한다. 반대로 겨울철에도 온도가 높은 방에서 난방을 하게 되면 이슬 맺힘 현상이 발생한다.

카탈로그 스펙에는 30년간 장기 보존이 된다고 쓰여 있기도 하지만, 이것은 어디까지나 보존 상태가 양호한 경우에 해당한다. 읽고 쓰기를 반복하거나 보존 상태가 좋지 않으면 1년도 버티지 못할 수 있다. 테이프는 열에도 약하다. 뜨거운 장소에서 빛을 쬐게 두면 테이프가 늘어난다. 아무렇게나 방치한 테이프 카트리지의 수명은 생각보다 짧다는 것을 인식해두자.

기록미디어

테이프의 압축률을 그대로 받아들여 서는 안 된다

백업이나 아카이브에 사용하는 테이프 장치에는 일반적으로 테이프 압축 기능이 붙어 있다. 파일 서버 상의 1TB(테라 바이트)의 데이터도 압축 기능을 사용하여 LTO Linear Tape Open Ultrium 4의 테이프 카트리지(용량은 800GB) 하나에 담는 것은 이론상 가능하다.

LTO는 여러 드라이브를 하나의 외관에 탑재하는 테이프 라이브러리의 규격이다. 규격 중 하나인 Ultrium 4의 테이프 장치 카탈로그를 보면 비압축으로 800GB, 압축하면 1.6TB 용량의 데이터를 테이프 1개에 저장할 수 있다고 한다(표 4-1).

표 4-1 LTO 규격 테이프의 기록 용량

	비 압축	압축
LTO 2	200G바이트	400G바이트
LTO 3	400G바이트	800G바이트
LTO 4	800G바이트	1.6T바이트

그러나 2배 압축률을 전제로 테이프 장치의 데이터 사이즈를 생각해서는 안 된다. 모든 데이터가 2배의 압축률로 압축되는 것은 아니다. 파일의 타입에 따라 2배 이상의 압축이 되는 파일부터 전혀 압축이 되지 않는 것까지 있다. 일반적으로는 1.2~1.5배 정도의 압축률이 된다는 사람도 있다. 어느 정도의

압축률이 되는지 압축해 보지 않으면 알 수 없다. 압축해 보지 않으면 모르는 이상, 사이즈 측정은 비압축률을 전제로 생각하는 것이 철칙이다.

"비압축으로 할 거라면 애초부터 압축 기능 따위 없어도 되지 않나?"라고 생각하는 건 성급한 생각이다. 우선 용량에 여유가 생긴다. 메일 등 날짜에 따라 데이터 용량이 많이 달라지는 시스템은 용량이 생각 이상으로 늘어나도 테이프 1개에 저장할 수 있다. 또한, 전용 하드웨어로 데이터 압축 처리를 하기 때문에 비압축 데이터와 비교해도 그다지 느리지 않다. 보다 많은 데이터를 테이프에 저장하기 위해, 성능 면에서 어느 정도 향상을 기대할 수 있다는 장점이 있다.

기록미디어

공유 폴더를 새로운 서버에 이행해서는 안 된다

윈도우즈는, 파일 서버의 기기를 변경하여 공유 폴더를 옮길 때 ACL Access Control List(접근 제어 목록) 등의 설정을 새로운 서버에 간단하게 이행할 수 있다고 생각하고 있는 사람도 있다. 유감이지만 서버가 액티브된 디렉토리의 도메인에 속해 있지 않는 한, 이행은 쉽지 않다.

파일 수나 사용자 수가 많지 않다면 이행하는 것보다는 새롭게 설정하는 방법이 현실적이다.

이행이 곤란한 이유는 이행할 서버에 원래 서버와 동일한 이름의 사용자나 그룹을 작성했다고 하더라도 OS가 오브젝트(계정)에 자동으로 부여하는 SID라고 하는 식별자(수치)가 다르기 때문에 시스템에서는 다른 오브젝트로 인식된다. 설정 내용을 포함하여 공유 폴더를 이행하면 이행할 서버에는 존재하지 않는 SID를 포함한 ACL이 작성되기 때문에 의도한 대로 움직이지 않는다(그림 4-23).

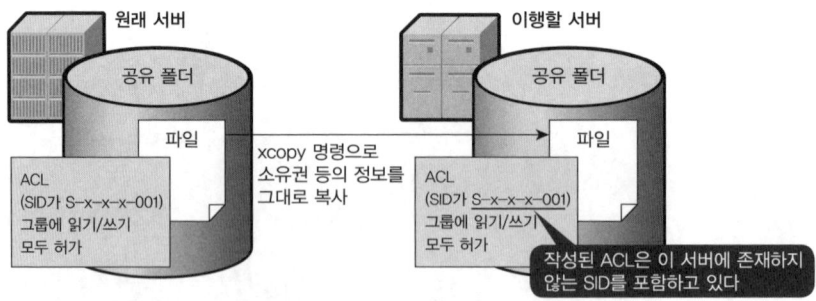

그림 4-23 존재하지 않는 SID를 포함한 ACL이 생성된다

이행하기 위해서는 다음 순서를 밟아야 한다. 먼저 getsid 툴로 신구 양 버전에서 사용자 및 그룹의 SID를 취득한다. 그리고 나서 복사할 폴더의 속성인 "계승 가능한 접근 허가를 구 서버의 폴더에서 이 폴더로 계승한다"를 무효로 한 후, xcopy 명령으로 설정 정보별로 파일 및 폴더를 복사한다.

또, 마이크로소프트웨어 웹사이트에서 구할 수 있는 subinacl 툴을 이용하여, 양 서버에서 사전에 취득한 SID 정보에 따라 이행할 서버의 ACL에 설정된 각 파일 및 폴더의 접근 권한을 다시 설정한다.

기록미디어

리눅스의 free값(빈 메모리)은 메모리의 빈 영역이 아니다

리눅스에서는 시스템의 빈 메모리를 free 명령어(메모리의 사용 상황을 표시)나 top 명령어(현재 시스템 상황을 표시)로 확인할 수 있다. 예를 들어, 그림 4-23에 나타낸 free 명령어의 실행결과를 보면, 2GB가 있는 시스템 전체의 메모리 용량(Mem:의 total 항목) 중, 약 600MB(메가 바이트)가 빈 메모리(Mem:의 free 항목)라는 것을 알 수 있다.

그림을 보면, 어플리케이션에 할당할 수 있는 빈 메모리가 약 600MB밖에 남아있지 않다고 생각될지도 모른다. free나 top 명령어의 출력에 있는 "free" 항목에는 OS가 캐시로 이용하고 있는 메모리가 포함되어 있지 않다.

리눅스는 디스크 접근 횟수를 줄이고 처리 효율을 높이기 위해 빈 메모리를 파일 캐시 영역 등으로 최대한 활용하는 구조로 되어 있다. 그래서 기동한 직후에 큰 값이었던 "free" 항목이 운용을 계속하는 동안에 줄어든다. 장시간 운용하고 있는 시스템의 메모리가 충분한지를 "free" 항목 값으로 판단하도록 하면 많은 메모리를 탑재하고 있는데도 불구하고 빈 공간이 없다는 잘못된 판단을 내리게 된다.

메모리가 충분한지를 조사할 때는 "free"뿐만 아니라 "buffers"나 "cached" 항목의 값도 덧붙여야 한다. "buffers"는 디스크에 접근해서 데이터를 받아 전달하기 위한 버퍼 캐시라고 하는 영역의 용량이고, "cached"는 읽어낸 파일 내용을 기록해 둔 페이지 캐시라고 하는 영역의 내용이다. 그림 4-24에서는 "free"와 "buffers", "cached"의 합계 1.5GB 정도가 어플리케이션이나 OS가 사용하고 있지 않은 빈 메모리에 해당한다.

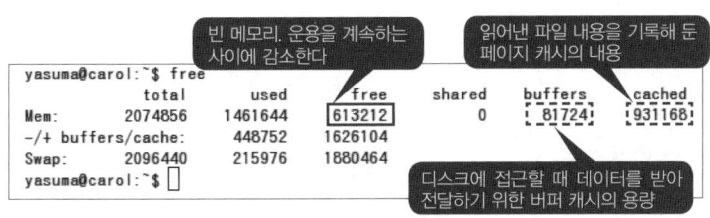

그림 4-24 free 명령의 실행 결과(예)

Column 4

IT 아키텍트의 메시지
IT 아키텍트에게 요구되는 세가지 힘

"제약과 요구의 균형 속에서 공통점을 파악하여 향후 일어날 사건에 쉽게 대처한다." 이러한 것을 생각하는 것이 IT 아키텍트이며, IT 아키텍트에게는 "균형 감각", "추상화 능력", "예지 능력"이 필요하다고 생각합니다.

균형 감각

IT 아키텍트는 제약과 요구에 대해 균형을 잡아야 합니다. 제약은 QCD(Quality, Cost, Delivery)를 비롯하여 정치적, 자원적인 온갖 제한을 의미합니다. 반면에 요구는 "이것을 하고 싶다", "저것을 만들고 싶다" 이러한 욕구를 말합니다. 제한 안에서 최대의 욕구를 만족시켜야 합니다. 어떤 제한이 가장 엄격한지는 환경이나 상황에 따라 다양하지만, 주로 "이 기술을 사용해보고 싶다", "이 제품은 더 이상 사용하고 싶지 않다" 같은 것이 있습니다. 제약과 요구는 상반되는 경우가 많아 균형을 잡아야 합니다.

프로젝트 관리와 기술의 균형도 파악해야 합니다. 기술은 때때로 제약이 되고, 개발 멤버의 욕구 불만으로 표출될 때가 있습니다. 예를 들어, 최신 기술을 사용하고 싶은데, 기술을 이용한 예도 없고 불안정한 요소를 지울 수 없을 때 등입니다. 최신 기술이 QCD에 영향을 준다면 프로젝트 관리 관점에서는 최신 기술을 선택해서는 안 된다고 판단할 것입니다. 적절한 판단을 내리려면 기술 측 입장의 아키텍트도 프로젝트 관리에 대한 이해를 반드시 해야 합니다.

프리 엔지니어 미야지마 이치조우

추상화 능력

추상화란 사물의 공통점, 진리, 본질을 파악하여 다른 사물과 바꾸는 것을 말합니다. 추상화 능력이란 추상화한 진리를 다른 사물에 응용할 수 있는 힘으로, 소프트웨어 세계에서는 추상 클래스 등이 일반적인 개념입니다. "공통된 부분을 추상화하여 같은 구조로 끝낸다", "단순 작업을 추상화, 공통화하여 효율을 올린다"는 것은 아키텍트가 프로젝트 중에 빈번하게 해결해야 할 과제입니다.

어떤 사물을 완전히(또는 높은 레벨에서) 이해하고 나서 그것을 추상화하여, 같은 레벨에서 다양한 사물에 응용할 수 있는 능력을 가진 사람은 아키텍트의 역할을 어렵지 않게 소화할 수 있다고 생각합니다. 지금까지 만나봤던 우수한 아키텍트 분들은 이러한 능력을 가지고 있었던 것 같습니다.

예지 능력

점술이나 초능력 같은 것을 의미하는 것이 아닙니다. 장래에 일어날 수 있는 변화를 예측하고 대응할 수 있도록 하는 힘입니다. 앞에서 서술한 균형 감각이나 추상화 능력도 예지 능력을 높이는 측면이 있습니다. 생물의 씨앗은 다양한 환경 변화에 대응해 가며 자손을 번영시켜 왔습니다만, 시스템도 마찬가지라고 생각합니다. 단지 모든 것을 예지하는 것은 불가능하며, 어떤 변화에도 견딜 수 있는 구조(architecture)를 구축하는 것 또한 불가능합니다.

현실에서 일어날 가능성이 높은 사항을 확인해서, 그것에 대응할 준비를 할 수 있는 능력이 아키텍트에게는 가장 중요하며, 균형 감각과 추상화 능력 위에서 이루어질 수 있다고 생각합니다. 기술적으로나 비즈니스 환경적으로도 변화가 빠른 요즘에는 예지 능력 또한 더욱 중요하다고 생각합니다.

5장

보안

IPS 약점을 보완하기 위해서는 운용을 잘 해야 한다. 도입 후 일정 기간 동안 조사를 해서 통신 경향을 분석하고 설정 튜닝을 하는 등, 정기적으로 서명을 갱신해야 한다. 튜닝을 게을리하면 통신을 차단하기 위해 잘못 감지되는 일이 많아진다. 서명 갱신을 게을리하면 새로운 공격에 대응할 수 없다.

또한, 감지한 것을 그대로 방치하지 말고 로그를 분석하여 공격의 성공 여부와 설정 변경의 필요 여부를 감지하여 설정 값을 바꾸는 것도 중요하다. 물론, 서버의 패치 적용이나 바이러스 대책 등 과거의 대책도 잊어서는 안 된다.

텔넷은 로그인 할 때의 인증 정보도 인증을 성공한 후의 통신 내용도 평문으로 주고 받는다는 문제가 있다. 보안 관점에서 보면 사용해서는 안 된다.

No.116 운용 관리에 텔넷을 사용해서는 안 된다

네트워크

IPS를 도입해도 안심해서는 안 된다

인터넷에 접속하는 시스템은 방화벽firewall 도입 등의 기본적인 안전 대책은 되어 있으며, 현재는 다음 단계의 안전 대책으로 IPS(Intrusion Prevention System 또는 Intrusion Protection System) 도입이 진행되고 있다.

단, IPS를 도입하면 네트워크를 경유하는 공격은 모두 막을 수 있다고 생각하는데, 도입 후 운용이 제대로 되지 않아 충분한 효과를 발휘하지 못할 때도 많다.

IPS에도 약점이 있다, 미등록 공격은 감지하지 않는다

방화벽은 포트나 서비스 단위로 접근을 제어하는 것에 반해, IPS는 등록된 공격 패턴의 일치 여부로 통신을 허가 또는 차단한다. 시스템에서 이용을 허가하면 공격이 들어와도 방화벽에서 차단할 수는 없지만, IPS라면 대응할 수 있다.

IPS는 보통 외부 네트워크와 사내 시스템의 경로 사이에 설치한다. 바이러스나 버퍼 오버플로우의 악용 등 네트워크 경유로 이루어진 공격을 패턴화한 서명signature과 통과하는 패킷 정보를 비교하여 공격인지 아닌지를 판단한다. 공격이라고 판단되면 IPS가 차단하여, 사내 시스템으로 들어오지 못하게 한다. 침입뿐만 아니라 Syn packet의 한계점threshold 등을 준비하여 DoS나 DDoS 공격에 대해서도 효과를 발휘한다.

그래서, 방화벽이나 IDSIntrusion Detection System 다음에 도입할 안전 대책으로 평가되고 있는데, 장점만 과대 평가되는 경향이 있다. "IPS를 넣었으니까, 다른 대책은 뒤로 미뤄도 괜찮아"라는 잘못된 인식을 하는 것이다.

예를 들어, 외부와 웹 서버 사이에 IPS를 도입하고 나서 웹 어플리케이션의 수정이 귀찮아 수정하지 않을 때가 있다. 즉, 클라이언트의 패치가 완전하게 적용되지 않아 대부분의 공격에는 IPS가 유효하지만 일부 공격은 IPS로 검출이 안 되어 정보 누설이나 바이러스 감염으로 이어질 수 있다.

IPS의 약점으로는 아래 2가지 사항을 들 수 있다(그림 5-1).

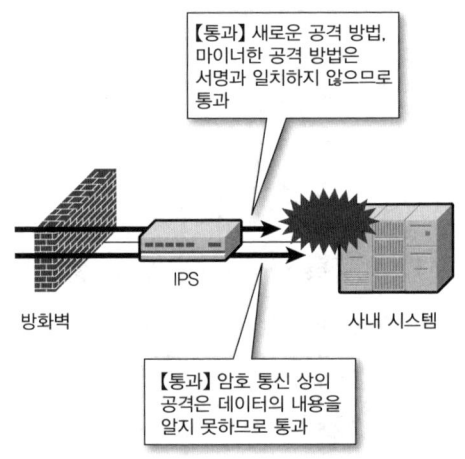

그림 5-1 IPS를 통과하는 공격

첫 번째는 서명으로 등록되어 있지 않은 공격은 감지되지 않는다는 점이다. 패턴을 매칭해서 판단하므로 서명으로 등록되어 있지 않은 공격은 검출할 수가 없다. 새로운 공격 방법이 발견되어 IPS측에서 대응하기 전에 악용되거나 특정 개인이나 단체를 표적으로 하는 등, 심각하지 않은 공격 방법으로 사용하기에 적합하다.

두 번째는 암호화한 통신은 해석할 수 없다는 점이다. SSH나 SSL 등 통신 경로가 암호화되어 있으면 프로토콜의 스펙상 내용을 확인할 수 없다.

IPS의 이러한 약점을 충분히 파악한 후에 지금까지의 안전 대책을 보완하는 솔루션으로 IPS를 사용해야 한다. IPS는 "위험 요소를 없애는 것"이 아니라 "위험 요소를 감소시키는" 제품이다.

일부 IPS 제품은 서명으로 등록되지 않은 공격도 정상적인 통신인지 판단하여 방어하는 기능을 갖고 있으며, SSL에서 암호화한 공격도 해석할 수 있는 기능을 갖춘 것도 있다. 단, 이러한 제품 또한, 모든 공격을 완전하게 차단할 수 있는 것은 아니다.

IPS 약점을 보완하기 위해서는 운용을 잘 해야 한다. 도입 후 일정 기간 동안 조사를 해서 통신 경향을 분석하고 설정 튜닝을 하는 등, 정기적으로 서명을 갱신해야 한다. 튜닝을 게을리하면 통신을 차단하기 위해 잘못 감지되는 일이 많아진다. 서명 갱신을 게을리하면 새로운 공격에 대응할 수 없다.

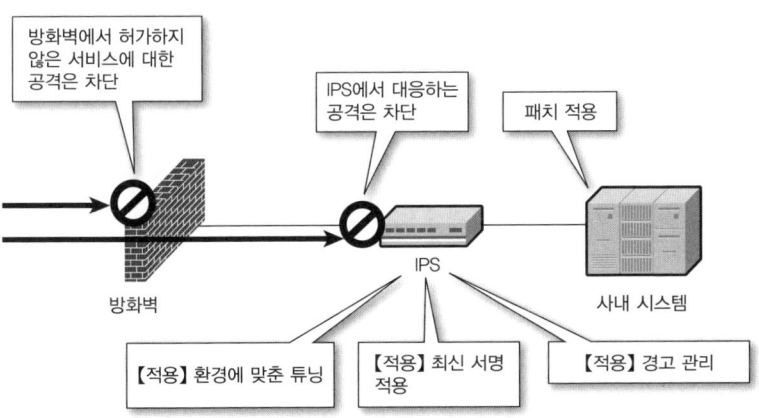

그림 5-2 IPS를 효과적으로 활용하는 법

또한, 감지한 것을 그대로 방치하지 말고 로그를 분석하여 공격의 성공 여부와 설정 변경의 필요 여부를 감지하여 설정 값을 바꾸는 것도 중요하다. 물론, 서버의 패치 적용이나 바이러스 대책 등 과거의 대책도 잊어서는 안 된다(그림 5-2).

네트워크

접근의 증거가 될 만한 흔적을 과잉으로 추출해서는 안 된다

정보 누설 방지 대책으로, 중요한 파일이나 데이터베이스의 접근 이력을 추출하는 것도 좋은 방법이다. 특히 정보 누설 대책으로 권한을 갖고 있는 사람들이 정보에 접근한 이력을 기록한다면, 부정 반출을 견제할 수 있다. 권한을 갖지 않은 사용자의 접근 실패 이력을 감시하여 부정한 접근 시도가 있었다는 것을 감지할 수도 있다.

윈도우즈는 파일 접근 이력을 추출하는 감사 로그 기능(그림 5-3)을 갖고 있지만 이용할 때는 주의가 필요하다. 추출할 수 있는 것은 전부 추출해 두자는 발상은 실패하게 된다. 시스템의 성능만 저하시키고 운용이 미처 따라가지 못하는 상태만 만들 뿐이다.

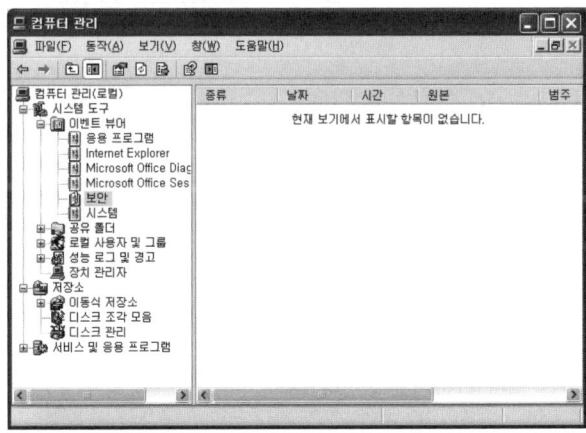

그림 5-3 감사 로그의 예

예를 들어 윈도우즈에는 파일 표시를 빠르게 하거나, 미리보기를 위해 폴더 정보를 먼저 읽는 기능이 있다. 감사 로그 기능을 초기에 설정한대로 사용하게 하면, 미리보기까지 기록된다. 접근 권한을 갖지 않은 사용자가 폴더에 한번 접근하면 파일 접근을 여러 번 실패한 것처럼 로그가 남는다. 이렇게 되면 잘못해서 접근된 것인지 판단할 수 없다.

그림 5-4와 같이 감사 로그 기능으로 취득할 로그의 종류는 설정에 따라 선택할 수 있다. 어떤 파일에 무슨 내용의 로그가 남아야 유효한지, 제대로 검토한 후에 바르게 설정해야 한다. 너무 많은 로그를 보관하고 분석하는 것은 리소스 낭비이며, 정보 누설의 감지 능력을 감소시킬 위험이 있다.

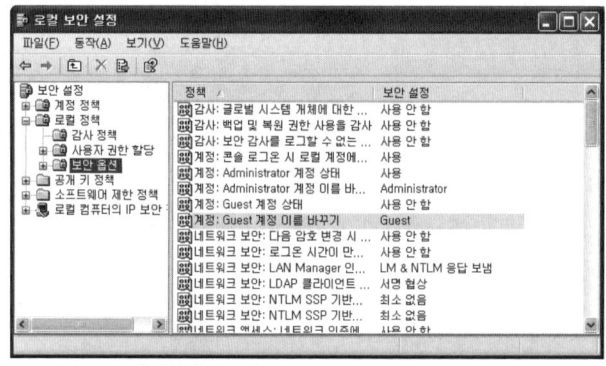

그림 5-4 감사 로그 설정 화면

네트워크

패스워드 정책을 너무 엄격하게 해서는 안 된다

ID와 패스워드는 가장 기본적이면서도 유효한 본인 확인 방법이다. 안전성을 높이기 위해 패스워드 정책을 가능한 엄격하게 해야 한다고 생각하는 사람이 있지만, 이것은 큰 오산이다.

"영어의 대소문자, 숫자의 조합이 필요하며, 마지막이 숫자로 끝나서는 안 된다", "패스워드는 매일 변경해야 하고, 과거의 패스워드는 재이용할 수 없다"는 정책을 설정하고 있다는 예를 들은 적이 있다. 복잡하게 정책을 정하면 패스워드가 누설될 위험 요소보다도 사용자가 어딘가에 메모를 해 두고 관리하게 될 위험성이 훨씬 높다.

패스워드의 인증을 이용하기 위해 검토해야 할 항목을 표 5-1에 정리했다. 주의가 필요한 것은 어느 항목이나 무턱대고 엄격하게 해서는 안 된다는 것이다. 포인트는 크게 2가지가 있다. 강제성 문자 종류를 늘려서는 안 되며 정기적으로 패스워드를 변경하도록 강요해서는 안 된다.

문자 종류를 늘리는 것보다 문자 수를 많게 한다

제3자의 패스워드 유추를 어렵게 하기 위한 방법은 크게 2종류가 있다. 문자 수를 일정 이상의 길이로 제한하는 방법과 숫자나 기호 등 문자 종류를 많이 이용하도록 하는 방법이다. 제3자가 적당한 문자열을 입력하여 부정하게 로그인되지 않도록 하기 위해서는 반드시 필요한 대책이지만, 문자 수도 문자 종류도 많은 패스워드는 기억하기 어렵다. 그래서 사용자가 메모를 해놓거나 수첩에 적어 두기도 하고, 심한 경우에는 패스워드를 적은 종이를 모니터 옆에 붙여 두는 등의 우려가 있다. 정책을 너무 엄하게 해놓으면 안전성이 역으로 떨어지게 된다.

안전성이 높으면서 기억하기 쉬운 패스워드로 만들 것을 추천하지만, 문자 종류를 늘리는 것보다 문자 수를 많게 하는 것이 좋다. 이 방법이 훨씬 안전성이 높기 때문이다.

표 5-1 패스워드에 의한 인증 기능의 검토 항목

No	항목	개요
1	길이	패스워드의 최소 문자 수를 몇 문자로 할 것인가?
2	문자 종류	패스워드에 꼭 넣어야 할 강제적인 문자 종류를 무엇으로 할 것인가?
3	유효 기간	같은 패스워드를 계속 사용해도 되는 기간을 어느 정도로 할 것인가?
4	기한 통지	패스워드의 유효기간이 가까워지면 어떻게 공지할 것인가?
5	무효 세대	과거에 사용한 패스워드를 몇 세대 전까지 재사용 금지로 할 것인가?
6	최저 이용 기간	패스워드의 최저 이용 기간을 어느 정도로 할 것인가? (바로 패스워드를 변경할 수 없도록 한다 등)
7	NG Word	패스워드를 사용해서는 안 되는 문자열을 무엇으로 할 것인가?
8	변경 기능	패스워드를 어떻게 변경시킬 것인가?
9	찾기 기능	패스워드를 잊어버린 경우에 어떻게 대처할 것인가?
10	잠금	패스워드의 입력 오류가 계속되면 계정을 잠글 것인가?
11	잠금 해제	잠금을 어떻게 해제할 것인가?

패스워드의 패턴 수를 실제로 계산해보자. 영어의 대소문자, 숫자를 사용하는 경우로 6문자의 패스워드의 조합은 $62^6 = 56,800,235,584$이다.

숫자와 소문자만으로 8자리로 만든 패스워드 조합은 $26^8 = 208,827,064,576$이다.

문자 수를 늘리는 방법이 실제로 약 3.7배나 유추하기 어렵다는 것을 알 수 있다.

숫자와 소문자만의 조합이라면 문자 수가 다소 많더라도 기억하기 쉬울 것이다. 주의할 점은 용이하게 유추할 수 있는 NG word(성명, 생일, 사원번호, 회사명 등)를 이용하지 않도록 지도하는 것이다.

패스워드의 NG word는 이 밖에도 영어 사전에 실려 있는 영단어가 있다. 영단어를 순서대로 시도하는 "사전 공격"으로 유추될 위험성이 높다. 하지만, 패스워드를 연속해서 틀리면 계정을 쓸 수 없게 하는 "계정 잠금account lock" 기능을 구축하면 어느 정도 위험 요소를 줄일 수 있다.

정리하면, 문자 수를 어느 정도 많게 하고 계정 잠금 기능을 구축하면 문자 수의 지정 등 복잡한 정책을 달리 적용하지 않더라도 패스워드가 유추되는 위험성은 상당히 줄어든다.

이용 빈도가 낮은 시스템은 패스워드 변경의 빈도를 줄인다

금융 기관 등의 시스템은 일정 기간이 되면 반드시 패스워드를 변경해야 한다. 동일한 패스워드를 일정 기간 사용하고 있다면 누설될 위험이 높아지므로 정기적으로 변경하는 것은 추천하고 싶은 정책이다.

문제는 대상 시스템의 이용 빈도다. 사용자가 대상 시스템을 매일 사용한다면 패스워드를 기억하기 쉬울 것이다. 하지만 월에 몇 번밖에 사용하지 않는 시스템은 매월 패스워드를 변경하라고 한다면 패스워드를 기억하는 것조차 거의 불가능하게 된다. 시스템 정책 변경을 검토하는 것이 좋다.

네트워크

바이러스 체크는 과잉도 과소도 안 된다

바이러스 체크는 정보 시스템의 안전 대책에서는 빼 놓을 수 없는 것이다. 안티 바이러스 소프트웨어는 안전과 관련되어 가장 많이 보급되어 있는 툴이다. 대책으로 빼 놓을 수 없을 만큼 운용에서는 주의해야 할 점이 있다.

체크가 과잉되거나 불충분하지 않은지 확인해 보자.

웹 접근 바이러스 체크에 주의

웹에 접근하여 주고 받은 파일을 체크하기 위해 웹 게이트웨이형 안티 바이러스 제품 도입은 신중하게 판단해야 한다.

인터넷 상의 웹사이트에는 수상한 파일이 존재하고 있다. 악의 있는 파일을 웹 접근으로 다운로드 하지 않도록, 웹 게이트웨이형 안티 바이러스 제품을 도입하면 어느 정도 효과가 있다.

그러나 웹 게이트웨이형 안티 바이러스 제품은 성능이나 신뢰성 면에서 주의가 필요하다. 웹 게이트웨이형은 사용자가 다운로드 하는 파일에 축적, 파일 형태를 갖추고 나서 바이러스를 체크한다. 파일 사이즈가 작으면 그다지 문제가 되지 않지만, 최근에는 다운로드 파일 사이즈도 상당히 커지고 있다. 그래서, 안티 바이러스 제품 자체의 부하가 커서 통신 섹션이 끊어질 때도 있다. ASIC을 이용해 성능을 높인 어플라이언스appliance형 게이트웨이 제품도 있지만, 대용량 파일은 다운이 안 되는 경우가 많다.

PC에 안티 바이러스 제품을 도입하고 실시간 스캔 기능이 유효로 되어 있다면, PC가 알아서 웹 접근 바이러스를 체크해 주는 방식이다. 웹 게이트웨이형 제품은 사용자 관점에서 도입을 검토해야 한다.

시간이 걸리는 패턴의 갱신, PC 정기 스캔은 필수

안티 바이러스 소프트웨어의 벤더는 PC에 실시간 스캔과 정기 스캔 둘 다 가능하게 할 것을 권장한다. 하지만, 실시간 스캔 기능이 유효하다면 정기 스캔은 필요 없다고 생각하는 관리자도 있다. 그것은 잘못된 생각이다.

문제는 소위 "패턴 파일"의 갱신 타이밍에 있다. 패턴 파일은 바이러스의 특징을 추출한 데이터를 근거로 패턴 매칭으로 바이러스를 감지하기 위한 것이다. 안티 바이러스 벤더는 패턴 파일을 빈번하게 갱신한다. 패턴 파일이 각 PC에 고루 미치는 데는 의외로 시간이 걸린다.

패턴 파일은 애당초 바이러스가 발견된 후에 작성된 것이다. 바이러스가 발생되고 나서 패턴 파일이 작성되기까지는 일정 시간이 걸린다.

패턴 파일이 PC에 도착하는 데에도 시간이 걸린다. 기업 내의 패턴 파일을 다운로드 하여 각 PC에 도달하는 시간이다.

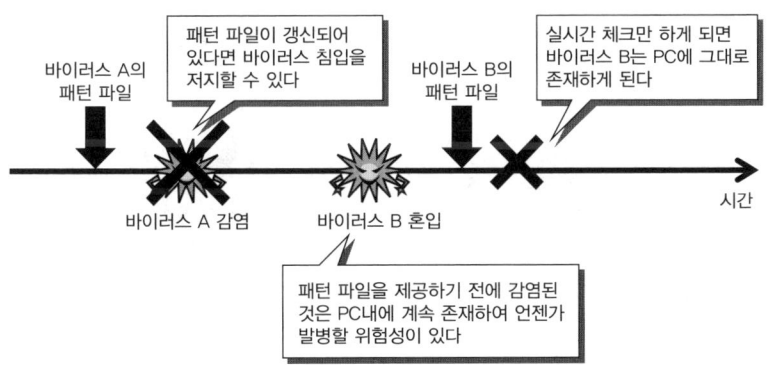

그림 5-5 바이러스 감염 타이밍

패턴 파일로 감지할 수 없는 시점에서 바이러스가 메일이나 웹 접근으로 PC에 도달하는 사태도 물론 일어날 수 있다. 바이러스는 안티 바이러스 소프트웨어를 따라 PC에 숨어들 우려가 있다(그림 5-5).

PC에 숨어든 바이러스를 찾아내는 것이 안티 바이러스 소프트웨어의 정기 스캔 기능이다. 적절한 패턴 파일을 사용하여 정기 스캔을 하면 PC에 남아 있는 바이러스 파일을 찾아낼 수 있다.

암호화 파일의 스캔은 낭비, 제외 대상을 적절하게 설정한다

PC에 안티 바이러스 소프트웨어를 설치하여, 제외할 폴더나 파일의 종별을 정확하게 지정하는 것이 중요하다. 암호 파일이나 데이터베이스 파일을 아무런 의미 없이 스캔하면 리소스가 낭비된다. 또한, 접근 이력을 남겨야 할 감사 대상 파일을 정기적으로 스캔하다 보면, 그것만으로도 접근 이력의 로그가 넘칠 수도 있다.

제외할 폴더 등을 마음대로 지정하게 되면 보안의 취약점이 되기 쉽다. 보안 아키텍처 관점에서 전체의 균형을 보고 적절하게 설정해야 한다.

소스코드

패스워드를 프로그램에
하드 코딩해서는 안 된다

정보 보안 정책이 정비되고 패스워드를 정기적으로 변경하는 것을 의무화하는 회사가 늘어나고 있다. 한편, 업무 어플리케이션이나 배치 파일에 접속할 서버에 계정을 설정할 때도 많이 있다. 계정도 보안 정책에 따라 정기적으로 패스워드를 변경해야 한다.

하지만, "설계상 변경할 필요가 없다", "변경 작업을 위해 장시간 업무를 정지해야 한다" 등의 이유로 예외로 취급될 때가 많다(그림 5-6). 그러나 상당히 위험한 행위다.

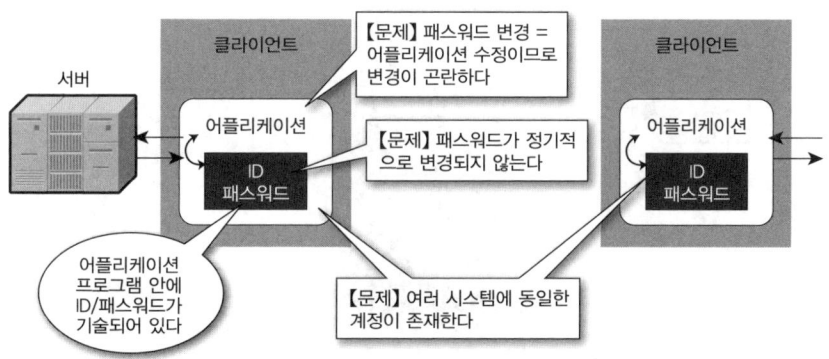

그림 5-6 프로그램 안에 고정으로 추가한 패스워드의 문제

보안 관점에서 보면 설정해 놓은 계정도 보통 사용자용 계정과 구별되지 않는다. 오히려 패스워드가 변경되지 않고 사용되는 계정은 공격 대상이 되기 십상이다.

또한, 계정이 들어 있는 프로그램을 여러 시스템에서 사용하면, 여러 시스템이 같은 계정으로 동작된다. 이 때, 만일 패스워드가 누설되면, 동일한 프로그램을 사용하는 시스템 전부가 침해를 받게 되고 피해가 상당히 커진다.

이러한 위험을 줄이기 위해 정직하게 정책에 따라야 한다. 어플리케이션이나 배치 파일에 들어 있는 계정도 예외 취급하지 말고 정기적으로 변경하도록 하자.

설정 파일에 계정 정보를 저장한다

어플리케이션을 변경하지 않고 계정 정보를 변경할 수 있도록 어플리케이션이나 배치 파일과 분리하여 관리하면 정기적으로 변경해야 할 패스워드에 대한 부담을 줄일 수 있다. 예를 들어, 설정 파일이나 레지스트리를 준비하고 거기에 계정 정보를 저장하여 필요할 때 읽을 수 있도록 하는 것도 하나의 방법이다(그림 5-7). 이렇게 하면 패스워드를 변경하고 싶을 때 어플리케이션 자체를 수정할 필요가 없다. 설정 파일만 변경하면 된다.

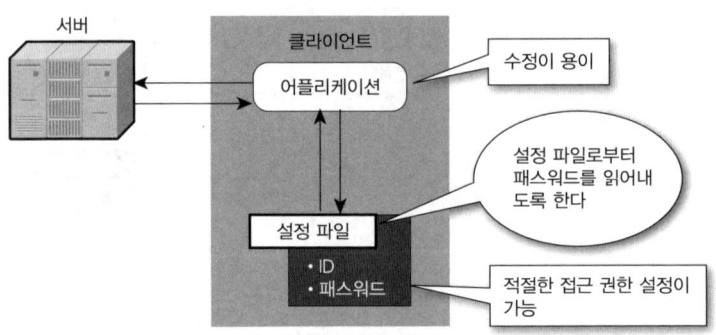

그림 5-7 패스워드 분리

계정 정보를 저장한 파일이나 레지스트리를 권한이 없는 사람이 볼 수 없도록 암호화를 해 두거나 OS에 의한 접근 제한 등으로 적절하게 보호를 해 두는 것이 중요하다. 실행 권한을 갖는 계정만 열람할 수 있게 하고, 입력은 관리자 권한에서만 허가한다.

또한, 패스워드 변경이 용이하게 되었다고 하더라도 운용 업무에 포함하지 않으면 결국 변경이 되지 않는다. 그래서 업무 플로우에 정기적으로 패스워드를 변경하는 작업을 포함하고, 변경 작업에 따른 운용 비용도 미리 포함해 두어야 한다. 이러한 대책은 어플리케이션을 설정할 때부터 고려해 두는 것이 바람직하다.

네트워크

방화벽으로 너무 많은 규칙을 설정해서는 안 된다

방화벽은 네트워크 안전을 확보하기 위한 가장 기본적인 툴이다. 잘못된 접근을 방지하기 위해 빼 놓을 수 없는 부분이기는 하지만, 주의해야 할 점이 있다.

방화벽에 의한 접근 제어라고 하면, IP 주소와 프로토콜의 규칙을 설정하는 것이 기본이다. 단, 거대한 네트워크에 대해 수백개가 넘는 상세한 규칙을 정하는 것을 본 적이 있는데, 규칙은 가능한 한 제한해야 한다.

왜냐하면 방화벽의 접근 제어 규칙을 추가하거나 변경하는 일은 자주 있고, 기존 규칙이 수백 개나 되는 상태에서 변경을 하게 되면 어디에선가 문제가 발생하는 경우가 적지 않기 때문이다. 규칙 수가 너무 많으면 방화벽의 성능 저하를 초래하게 된다.

방화벽의 위치를 제대로 정한 후에 세그먼트 단위로 허가하는 프로토콜을 지정하는 등, 접근 제어의 규칙을 잘 정리해야 한다. 규칙 수는 10~20개 정도가 이상적이다.

로그 취득 기능을 이용할 때의 주의 사항

방화벽은 접근 감사를 목적으로 한 로그 취득 기능을 갖고 있다. 이 기능을 제대로 검토하지 않고 유효로 해버리는 엔지니어가 있다.

방화벽의 로그 활용에서 제일 먼저 생각해야 할 것은 차단한 접근 이력을 남기는 것이다. 내용을 조사하여 부정한 접근의 징후를 시의적절하게 검지하거나 정보 누설 등이 실제로 일어난 후에 부정한 접근 내용을 분석하기도 한다. 그러나, 방화벽의 차단 로그는 그다지 적합하지 않다.

악의를 가지고 부정하게 접근하는 자는 다수의 통신 포트를 순서대로 조사하는, 포트 스캔 등을 대량으로 실시한다. 대량의 로그 중에서 진짜 부정하게 접근한 것이 무엇인지, 로그에 남기는 것이 목적이다. 이러한 로그 분석에는 시간이 꽤 걸리기 때문에 실시간 부정 접근 감지는 물론 사고가 발생했을 때의 사후 조사에 있어서도 신속하게 분석하기는 어렵다.

부정 접근을 감지, 분석하고 싶다면 IDS(침입 검지 시스템)의 도입을 검토하는 편이 좋다. 부정한 접근을 사후 분석할 때는 IDS와 웹 서버 등의 로그를 병행해서 조사한다. 이 때, 방화벽의 로그는 보완적인 역할밖에 하지 못한다. 웹 시스템의 부정 접근은 일반적으로 HTTP 프로토콜이 사용될 때가 많고, 방화벽이 HTTP 프로토콜을 허가하고 있다면 차단 로그가 남지 않는다. 요컨대 방화벽의 접근 차단 로그는 부정한 접근을 분석하는 데 크게 도움이 되지 않는다.

방화벽이 허가하고 있는 접근 로그를 남기는 것은 더욱 권할 수 없다. 방화벽의 성능을 현저하게 떨어뜨리기 때문이다. 이용 상황을 알고 싶다면 미국 NIKSUN의 "Net Detector"나 넷 에이전트의 "Packet Black Hole" 같은 packet capture tool 또는 미국 ZOHO의 "Net Flow Analyzer" 등의 네트워크 트래픽 분석 툴 도입을 검토할 것을 추천한다.

방화벽은 설정을 변경하거나 규칙을 파악하기 위한 GUI를 제공하기도 하고, 통신 로그를 플로우 단위로 기록하기도 한다. 또, 이용자를 인증하기도 하고 간이 IDS의 기능을 탑재하는 등, 풍부한 기능을 갖추고 있다. 그러나, 어떤 기능을 유효로 할지는 운용 요건과 허용되는 성능 저하 정도를 평가하여 적절하게 판단해야 한다.

네트워크

운용이나 성능을 고려하지 않고 암호화해서는 안 된다

데이터 암호화는 정보가 누설될 때 피해를 최소화하기 위한 유효한 대책이다. 저렴한 암호화 툴이나 암호 기능을 표준으로 정비한 제품이 늘어나고 있으며, 암호 기능을 손쉽게 이용할 수 있게 되어 있다.

그러나, 안이하게 데이터를 암호화하는 것은 바람직하지 않다. 안전을 강화할 목적이었으나, 시스템 전체의 보안 균형을 나쁘게 하는 경우가 있기 때문이다. 대표적인 예로 다음과 같은 것이 있다.

- 데이터베이스에서 검색할 데이터의 암호화
- 메일의 첨부 파일의 암호화
- PC 파일, 시스템의 암호화
- 다중 암호화

안전성을 높이고 싶은 데이터는 시스템에서 처음 받을 때 재빠르게 암호화하는 것이 안전의 기본이다. 그러나, 데이터베이스에 저장하고 검색 대상이 되는 데이터까지 암호화할 때가 있다. 이렇게 되면 전부 검색할 수 없게 된다. 우스갯소리 같지만 실제로 그렇게 설계된 사례가 존재한다.

또한, 첨부 파일을 암호화하면 메일 게이트웨이형 안티 바이러스 소프트웨어나 정보 누설을 방지하기 위해 도입한 메일 필터링 소프트웨어로 내용을 체크할 수 없다. 마찬가지로 SSL Secure Sockets Layer 이나 IPsec 등의 암호 프로토콜을 사용하면 부정한 접근을 감지하기 위해 도입한 IDS(침입 검지 시스템)가 무효가 될 때가 있다.

PC에 암호 기능을 도입하면 수년 후에 문제가 일어난다

파일시스템의 암호화는 패스워드나 암호키의 관리 체제를 정비해두지 않으면 균형이 깨진다.

패스워드 관리를 사용자에게 맡기면 본인이 패스워드를 잊어버렸을 때 PC까지 기동할 수 없게 될 때가 있다. 데이터를 전부 포기하고 PC를 다시 인스톨해야 한다. 시스템을 유지하는 암호키의 백업을 잊어버리거나, 백업해 둔 매체에서 추출한 파일을 디코드decode 할 수 없을 때도 흔히 있다. 메일을 암호화하고 있어 암호키의 갱신에 따라 과거 메일을 전부 읽을 수 없게 되는 사례도 자주 듣는다.

PC에 암호 기능을 도입한 직후에는 대개 문제가 일어나지 않는다. 수년 후에 문제가 되는 경우가 거의 대부분이다. 그래서 운용을 고려한 최초 설계가 매우 중요하다.

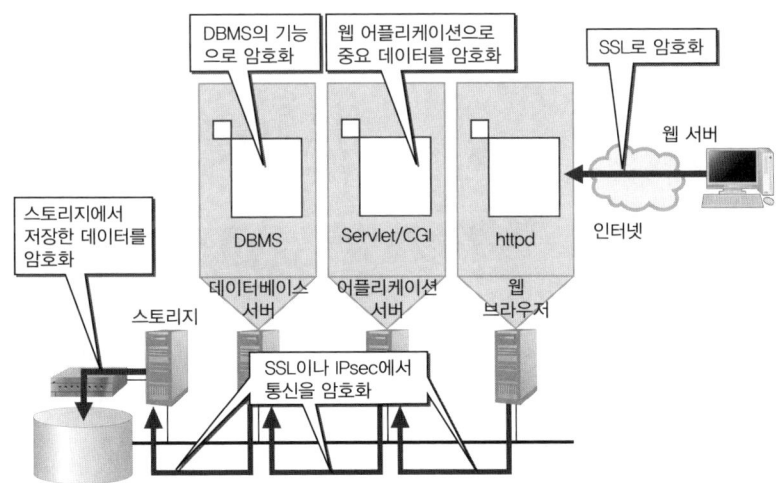

그림 5-8 **웹 시스템의 다중 암호화의 예**

다양한 제품이 암호 기능을 갖추고 있어서 암호화가 반복되는(암호의 다중화) 경향이 있다. 성능이 떨어질 위험이 있으므로 균형을 생각해야 한다. 웹 시스템의 전형적인 예를 들면 다음과 같다(그림 5-8).

- 웹 브라우저와 웹 서버 사이의 SSL로 데이터 암호화
- 웹 어플리케이션 내에서 데이터 암호화
- 웹 서버와 어플리케이션 서버 사이, 또한 어플리케이션 서버와 데이터베이스 서버 사이에서 SSL이나 IPsec으로 암호화
- 데이터베이스 서버에서 DBMS가 갖춘 기능으로 데이터 암호화
- 데이터베이스 서버에 접속한 스토리지가 갖춘 기능으로 데이터 암호화

암호화할 경우 왜 하는지, 어떤 위험 요소 때문에 정보를 지키려고 하는지 잘 생각해 보아야 한다. 위의 예라면, 웹 어플리케이션 내에서 데이터를 암호화하면 DBMS나 스토리지의 암호화는 불필요할 것이다. 암호화를 하지 않는 편이 성능 저하가 없고 위험 요소도 그다지 없다.

네트워크

모든 통신을 암호화해서는 안 된다

프라이버시를 위한 개인 정보 보호법의 시행에 따라, 웹 시스템에서는 SSL에 의한 암호화가 널리 사용되고 있다. 특히 사용자가 개인 정보를 입력하는 화면에서는 암호화가 필수가 되고 있다.

암호화하는 경로도 인터넷을 경유하는 클라이언트와 웹 서버 사이의 네트워크 부분뿐만 아니라 웹 서버와 어플리케이션 서버, 어플리케이션 서버와 데이터베이스 간의 사내 인프라의 통신 경로까지 확장될 때도 있다. 정보 보안 정책 등의 관리 규정에 "개인 정보를 취급하는 통신 경로는 모두 암호화해야 한다"라고 정해져 있다.

여기에는 단점이 있다. 모든 통신을 암호화함으로써 오히려 안전을 약하게 하는 면이 있다.

암호화된 통신이 IDS, IPS에서의 감지를 방해한다

통신 경로상의 데이터를 암호화하면 도청에 의한 통신 내용의 누설을 막을 수 있다. 반면에, 암호화한 통신 경로 상에서 부정한 조작이 일어나면 IDS나 IPS 등의 침입 감지 시스템으로 검출할 수 없게 된다(그림 5-7).

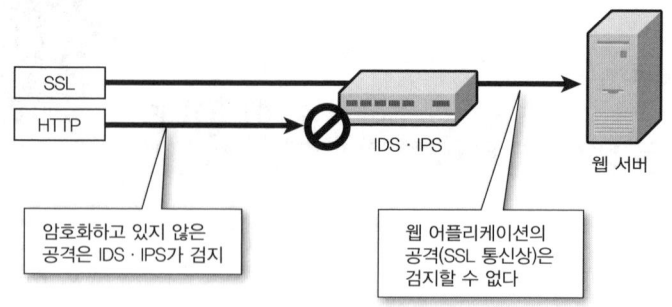

그림 5-9 전부 암호화하면 IDS나 IPS로 검출할 수 없다

검출할 수 없는 예로는 크로스 사이트 스크립팅Cross Site Scripting(XSS)이나 SQL 인젝션SQL injection 등 웹 어플리케이션의 취약성을 악용한 공격이 SSL 통신에서 실행된 경우 등을 들 수 있다. 특히, 대규모의 정보가 누설되는 데이터베이스의 공격을 검출할 수 없는 것은 큰 문제가 된다. IDS, IPS를 도입했는데도 IDS나 IPS의 장점을 살릴 수 없게 된다.

물론, 공격을 받아도 안전한 어플리케이션을 개발해 두는 것이 이상적이지만, 새로운 공격 방법이 나왔을 때나 진단 오류가 있었던 경우 등, 현실적으로 모든 공격에 안전한 이상적인 상태는 기대할 수 없다. 통신을 감시할 수 없으면 큰 위험 요소를 끌어안게 된다.

기밀성 확보나 실시간 공격 감지의 균형을 맞추기 위해 통신을 전부 암호화하지 않고 경로 상의 어딘가에서 평문[1]을 감시할 수 있도록 하는 것이 더 효과적이다(그림 5-10). 기밀성 확보 관점에서 인터넷을 경유하는 경로에서는 암호화가 필수다. 그래서, 네트워크 내의 일부에 평문으로 통신할 경로를 도입하여 감시를 하면 좋다.

---

1 평문: plaintext, cleartext로 암호화의 대상이 되는 문자열을 말한다.

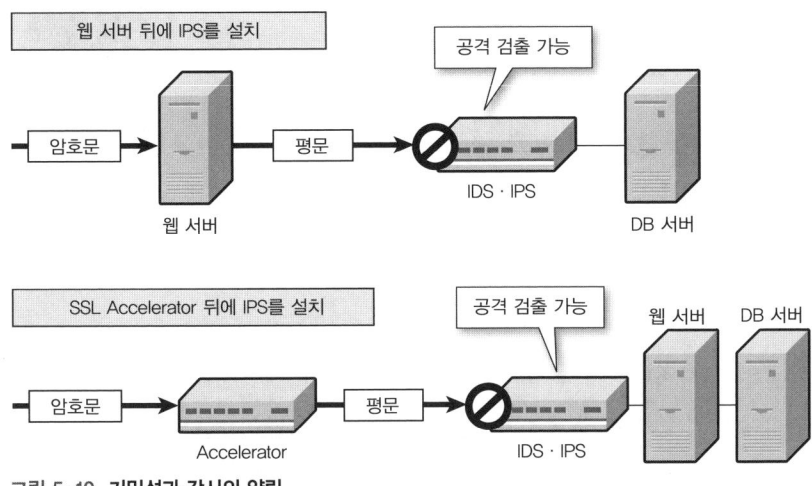

그림 5-10 **기밀성과 감시의 양립**

예를 들어, SSL 엑셀레이터accelerator를 설치하여 SSL 엑셀레이터와 웹 서버 간의 평문 통신을 감시하는 방법, 어플리케이션 서버와 데이터베이스 서버 간의 통신을 감시하는 방법 등이 있다. 평문에서 통신이 수행되는 경로는 당연히 도청의 위험이 높기 때문에 접촉할 수 있는 인물을 제한할 수 있는 환경을 물리적, 네트워크적으로 완성하여, 기밀성 확보와의 균형을 유지하도록 한다.

IPS에 따라서는 인터페이스를 여러 개 갖고 있으며, 여러 개의 세그먼트 통신을 감시할 수 있는 기기도 있다. 이것을 사용하여 외부와의 접속을 감시하고 디코드한 평문의 통신 경로를 감시할 수 있다. 기기의 성능이나 운용 비용을 고려하여 검토한다.

또한 안전한 프로그래밍, 취약점 진단 등으로 웹 어플리케이션 자체의 취약성을 없애는 것이 기본 대책이므로, 암호화 여부에 상관없이 취약성을 없애도록 해야 한다.

네트워크

운용 관리에 텔넷을 사용해서는 안 된다

옛날부터 서버나 네트워크 기기의 운용 관리에 텔넷telnet을 많이 사용하였다. 요즘도 원격 로그인remote log-in 방법 중의 하나인 것만은 사실이다. 단, 텔넷은 로그인 할 때의 인증 정보도 인증을 성공한 후의 통신 내용도 평문으로 주고 받는다는 문제가 있다. 보안 관점에서 보면 사용해서는 안 된다.

PC가 1대라면 도청은 간단하게 할 수 있다

평문으로 주고 받는 통신은 도청이 쉽다. 특수한 기기는 필요하지 않으며 PC 1대만 있으면 된다. 스윗칭 허브가 도입된 요즘에는 단순하게 허브에 연결한다고 해서 도청이 되지는 않지만 가공한 ARP 정보를 사용하면 도청은 가능하다.

또한, 통신 경로상에 리피터 허브를 접속하거나 고기능 스윗칭 허브에 탑재되어 있는 미러링 기능을 악용하는 등, 다양한 방법이 있으며 텔넷이 도청되기 쉽다는 사실에 변함은 없다.

꼭 사용해야 한다면 사용 범위에 제한을 건다

도청되면 통신 내용이나 인증 정보 등이 누설되어 다양한 피해를 입게 된다 (그림 5-11). 통신 내용에 기밀이 포함되면 큰 사고가 날 수밖에 없다. 인증 정보가 악용되면 부정한 접근이 발생하며, 특히 관리자 권한 정보가 누출되면 호스트별로 탈취될 위험도 있다.

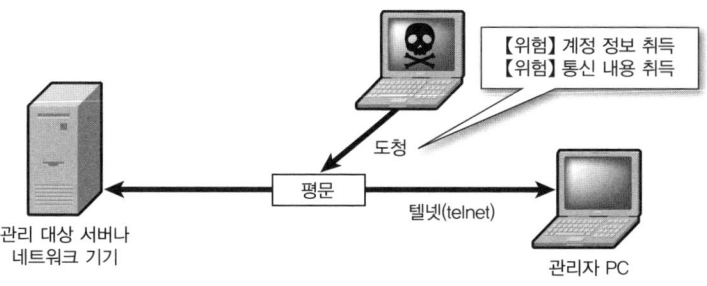

그림 5-11 텔넷에 의한 피해

이러한 위험성을 고려하면 텔넷의 사용을 제한하는 것이 타당하다. 인터넷 경유는 물론, 사내 네트워크 경유의 텔넷도 제한을 해야만 한다. 텔넷 대신에 ssh 등 암호화한 로그인 방법도 선택해야 한다. 라우터 등 원격 로그인이 텔넷만으로 대응하고 있는 기기는 처음부터 원격 로그인을 하지 않아도 되는 운용을 검토해야 한다.

운용상 꼭 텔넷을 사용해야 할 때는 텔넷 사용의 허가 범위를 물리적, 네트워크적으로 제한하고 위험성을 줄일 수 있도록 해야 한다. 물리적인 제한이란 입퇴실을 제한한 환경에 시스템을 설치한 것이다. 네트워크적인 제한이란 라우터 등으로 포트 제한 및 필요한 최소한의 세그먼트로만 텔넷 접속을 허가하는 것이다(그림 5-12).

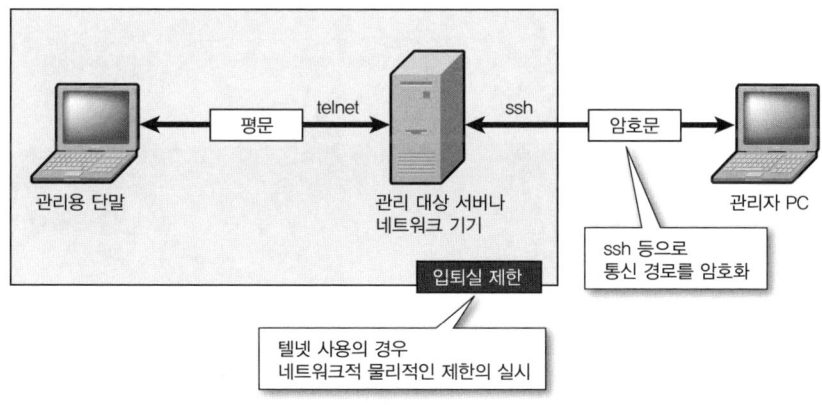

그림 5-12 암호 통신 경로의 이용과 텔넷 환경의 제한

사실 입퇴실이 제한된 곳에 어떤 특별한 세그먼트만 허가하는 등, 물리적 제한과 네트워크적 제한을 조합시켜야 한다. 사내 범죄의 증가 등을 고려하면, 사내 네트워크에서도 시스템과 관련이 없는 사람이 접속할 수 있는 세그먼트는 텔넷 사용을 허가해서는 안 된다.

네트워크

관리자 권한을 공유해서는 안 된다

정보 누설은 없어지지 않는다. 없어지기는커녕, 대규모의 기밀 정보나 개인 정보의 누설 사고에 대한 보도를 접할 기회가 늘어나고 있다. 그 중에서 내부 관계자의 범죄 사례가 눈에 띈다.

내부 범죄가 일어나면 범인 색출을 어렵게 하는 가장 큰 피해가 계정을 공유하는 것이다. 실제 정보 누설이 일어난 어떤 사건의 경우, 사용된 계정은 사원 전원이 알고 있는 것이었으며, 관리자 권한까지 가지고 있었다. 관리자 권한까지 갖고 있으니 증거 인멸까지 가능하여, 범인을 잡지 못한 채 흐지부지 되고 말았다.

기업은 접근 권한의 제한이나 조작 기록을 관리해야 한다. 그리고, 일반 이용자와 관리자의 권한을 적절하게 관리해야 한다.

개인을 특정 지을 수 있는 구조를 준비한다

관리자 권한을 공유하지 않는 방법으로는, 윈도우즈계 OS라면 관리자마다 개인 계정을 작성하고, 그 계정을 관리자 그룹에 소속시키는 방법이 있다.

유닉스계 OS라면 루트로 로그인할 수 없도록 하고 개인 계정으로 로그인한 후 필요할 때 권한을 승격시키는 방법이 있다. 권한 승격을 허가하는 계정을 제한하거나, 권한을 승격할 때 생성되는 로그로 개인의 특정 정보를 조합하는 방법을 권장한다.

시스템의 상황상 관리자의 권한을 공유해야만 할 때는 관리용 단말을 이용하는 방법이 있다(그림 5-13). 개인용 계정을 관리자를 위해 준비하고, 관리자는 각자의 개인용 계정으로 관리용 단말에 로그인한다. 그리고 나서, 필요한 호스트에 접속한다. 관리용 단말의 이력을 보면 어떤 호스트로 누가 접속했는지 추출할 수 있다.

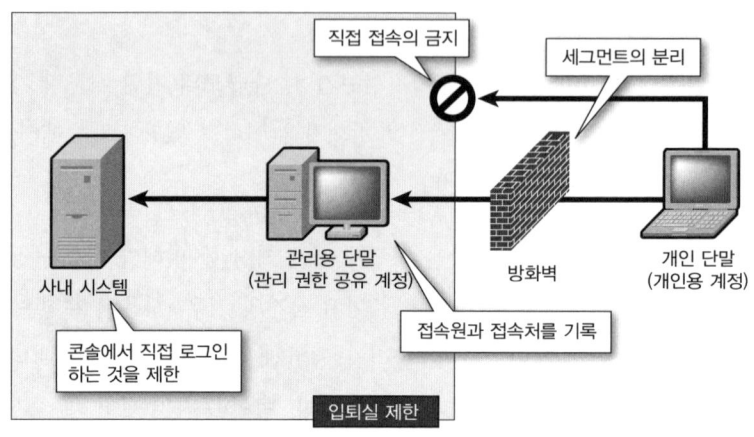

그림 5-13 관리자 권한의 공유 대책

관리용 단말로 관리자 권한을 제어하려면 관리용 단말 이외의 로그인을 제한해야 한다. 관리용 단말을 경유하지 않는 로그인이나 직접 콘솔로 로그인하는 경우가 제한 대상이다. 이러한 경우에는 네트워크적으로 제한하거나 입퇴실 관리를 할 수 있는 전용 룸에 호스트를 설치하여 콘솔을 물리적으로 보호해야 한다.

관리용 단말을 설치하지 않을 경우에는 로그인 환경을 물리적으로 제한하여, 입퇴실 기록과 로그를 대조하여 조작 내용과 조작자를 관리해야 한다.

또한, 관리자 권한을 다룰 때는 로그에 대해서도 상당히 주의를 해야 한다. 관리자 권한을 가진 이용자는 시스템 상의 모든 조작이 가능하다. 로그의 고의적 수정, 소거도 가능하기 때문이다.

그래서 로그 서버를 설치하여 로그를 원격으로 관리함으로써, 고의적인 수정을 방지한다. 로그 서버의 관리자 권한은 시스템 자체와는 별도로 준비하도록 하며, 로그 서버에 전송된 로그를 시스템 측의 관리자 권한으로 변경할 수 없게 한다. 로그 전송 방해 등 빠져나갈 수 있는 방법이야 얼마든지 있겠지만, 프로세스 감시 등으로 보안을 강화한다면 더 효과적이다.

데이터베이스

No. 118

DBMS의 감사 기능에 의지해서는 안 된다

개인 정보 보호법 등의 정비로 데이터베이스의 보안, 특히 접근 로그 취득이 주목받고 있다. 상용 데이터베이스는 접근 로그를 취득하기 위한 감사 기능이 구축되어 있다. 표준 기능으로 제공하고 있기 때문에 감사 기능을 사용하면 보안은 문제 없다고 착각하고 있는 사람이 있는데, 부정한 접근 등의 보안을 제대로 할 생각이라면 이 감사 기능에만 의지해서는 안 된다.

감사 로그의 불확정 요소에 골치를 앓게 된다

DBMS에 갖춰진 감사 기능은 어디까지나 최소 기능일 뿐이다. 또한, DBMS의 도입은 과거에 생각했던 데이터베이스 설계의 사고 방식(capacity planning, performance, 운용 등)을 변화시킬 만큼 큰 영향력을 가지고 있다(그림 5-14).

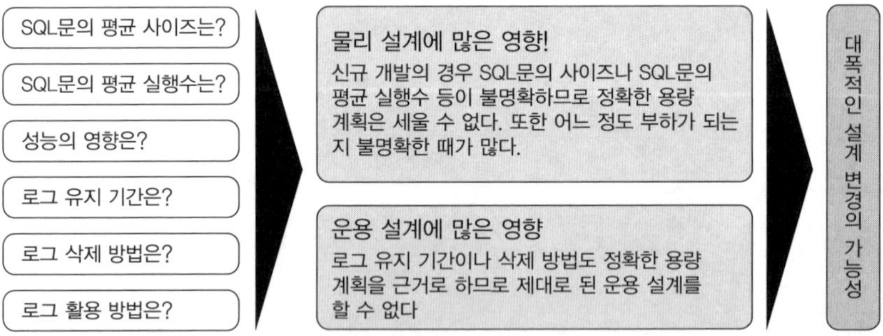

| SQL문의 평균 사이즈는? |
| SQL문의 평균 실행수는? |
| 성능의 영향은? |
| 로그 유지 기간은? |
| 로그 삭제 방법은? |
| 로그 활용 방법은? |

물리 설계에 많은 영향!
신규 개발의 경우 SQL문의 사이즈나 SQL문의 평균 실행수 등이 불명확하므로 정확한 용량 계획은 세울 수 없다. 또한 어느 정도 부하가 되는지 불명확할 때가 많다.

운용 설계에 많은 영향
로그 유지 기간이나 삭제 방법도 정확한 용량 계획을 근거로 하므로 제대로 된 운용 설계를 할 수 없다

대폭적인 설계 변경의 가능성

그림 5-14 감사 기능을 사용해서 생기는 영향

다음과 같은 예를 들 수 있다.

"데이터베이스의 접근 로그를 취득한다"는 요건에 대해 "데이터베이스의 감사 기능을 사용해 모든 테이블에 대한 모든 접근 로그(SQL문 등)를 취득한다"는 설계를 했다고 해보자.

그렇게 하면 데이터베이스 용량 계획capacity planning 때 아래와 같은 불확정 요소에 골치를 앓게 될 것이다.

- 데이터베이스의 단위당(예를 들어 1일당) 어느 정도(몇 회)의 SQL문이 발행되는지?
- SQL문의 평균 길이(바이트 길이)는 어느 정도인가?
- 감사 로그의 저장 사이즈(즉, 어플리케이션의 수정 예정)는 어느 정도인가?

감사 로그 등은 경시해서는 안 된다. 방치해두면 간단하게 수백 기가바이트GB~수 테라바이트TB가 되는 것은 당연한 일이다.

위의 값을 산출했다 하더라도 취득된 감사 로그를 어떻게 다룰지, 감사 로그를 출력하면 성능에 지장은 없는지 등 고려해야 할 점이 산더미다.

일반적으로 감사 기능 때문에 발생하는 데이터베이스의 오버헤드를 고려하지 않은 기존 시스템이라면 그 영향은 더욱 심각해진다.

로그를 취득해야 할 중요한 테이블을 선정한다

그렇다면 어떤 해결책이 있을까?

방금 전의 예라면 접근 로그를 취득해야 할 중요한 테이블을 정하는 것이다.

모든 테이블을 로그 취득 대상으로 해야 할 경우에는 데이터베이스의 감사 기능 이외의 실적을 검토한다. 서드 파티third party 제품 중에는 데이터베이스의 감사 기능을 사용하지 않고 접근 로그를 취득하는 제품이 몇 가지 존재한다. 제품에 따라서는 데이터베이스가 신규인지 기존에 사용하던 것인지와 상관없이 접근 로그에 의한 용량 계획이나 성능에 대한 고려를 하지 않아도 된다.

향후에는 데이터베이스 설계에 더 엄격한 보안을 요건에 넣게 될 것이다. 설계 단계에서 당황하지 않도록 지금부터 데이터베이스의 보안 급소를 공략해 두었으면 좋겠다.

데이터베이스

DBMS 기능으로 데이터를 암호화 해서는 안 된다

데이터를 암호화하면 데이터가 누설되어도 정보를 보호할 수 있는 효과가 있다. 대부분의 DBMS는 내부에 데이터의 암호화 기능을 갖고 있다. DB 서버의 부정 접근 방식은 효과를 발휘하지만 단점이 있으므로 기본적으로 사용해서 안 되는 기술이다.

주된 단점은 처리 기능의 저하, 개발과 운용 부담 증가를 들 수 있다. 데이터를 암호화하면 갱신계에서는 암호화 처리, 조회계에서는 복호화 처리가 필요하다. 더욱이 암호화한 항목은 인덱스를 설정할 수 없었거나 설정되어도 제대로 움직이지 않기도 한다.

데이터를 암호화하면 스루풋이 수분의 1~수십분의 1로 낮아진다.

암호화 기능을 이용한 어플리케이션 개발은 이용하지 않는 때와 비교해 더 번잡해진다. 운용면에서는 암호키 관리가 어렵다. 예를 들어 오라클 데이터베이스 10g나 SQL 서버 2005에서는 암호키가 정기적으로 효력이 상실되기 때문에 갱신이 필요하다. 그때마다 전에 설정한 암호키로 데이터를 복호화하고 새로운 암호키로 암호화해야 한다.

그러나, 이러한 상황도 바뀌고 있다. 예를 들어, 오라클 데이터베이스 10g R2 엔터프라이즈 에디션에는 데이터 암호 기능으로 "Transparent Data Encryption"이 탑재되어, 암호키 관리가 자동화되고 있다. 또한, 인덱스를 부여할 수도 있다(범위 검색에서 사용할 수 없는 등의 제한은 있다). 테이블을 작성할 때 암호화할 항목 등을 지정하면, 여느 때처럼 SQL문을 실행하여 자동으로 데이터가 암호화되고 복호화된다.

그리고, 암호 전용을 설치하면 암호화/복호화 부하를 분리하여 DB 관리자가 암호키를 고의적으로 수정하지 못하게 할 수 있다.

신 클라이언트

신 클라이언트의 보안 대책을 게을리 해서는 안 된다

신 클라이언트thin client 제품은 오로지 보안 레벨이 향상되었다는 것을 강조하여 판매가 되고 있다. 일반 PC 환경을 신 클라이언트 시스템으로 교환하면 모든 보안 대책이 불필요하게 될까? 유감스럽게도 그렇게 되지는 않는다(그림 5-15).

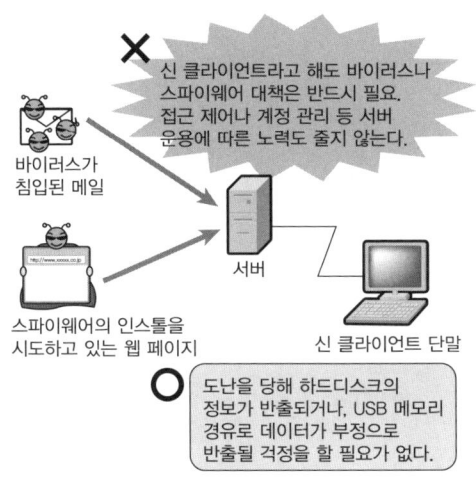

그림 5-15 보안 대책은 필요하다

예를 들어, 신 클라이언트에서도 바이러스가 내장된 메일을 열면 바이러스에 감염될 위험 요소가 있다. 또, 악의를 가진 웹사이트에 접근하면 바람직하지 않은 스파이웨어 등이 인스톨 될 우려가 있다. 그래서 바이러스 대책 소프트웨어는 여전히 필요하다. 더욱이, 파일 접근 제어, 퇴직자 등 불필요한 사용자 계정 제거, 패스워드를 정기적으로 변경하는 등 주로 보안을 강화하기 위한 서버 운용에 드는 노력이 줄어 들지 않게 된다.

단, 신 클라이언트라면 단말 경유의 정보 누설 방지 대책은 불필요할 때가 많다. 외부 디바이스의 접속을 제한하는 단말이 대부분이므로 USB 메모리의 접속을 무효화하는 소프트웨어를 도입/설정하는 대책을 강구하지 않아도 된다. 하드디스크 등 외부 기억 장치를 갖지 않는 단말을 채택한다면 분실되거나 단말이 도난을 당했다 하더라도 정보가 반출될 우려가 없어진다. 그래서, 하드디스크의 암호화가 불필요해진다.

윈도우즈

로그온/로그아웃의 이력을 로그에서 빼서는 안 된다

PC의 로그온/로그아웃의 기록은 그 PC에서 누가 어떤 작업을 했는지를 파악할 때 반드시 필요한 정보다. 그러나, 로그온/로그아웃은 기록할 가치가 별로 없다고 잘못된 인식을 가지고 있는 사람이 많다. 예를 들어, 로그 파일이 늘어나는 것을 피하기 위한 것이라는 등의 이유가 있어도 로그온/로그아웃을 기록하지 않으면 이벤트 로그 자체의 가치가 떨어지게 된다.

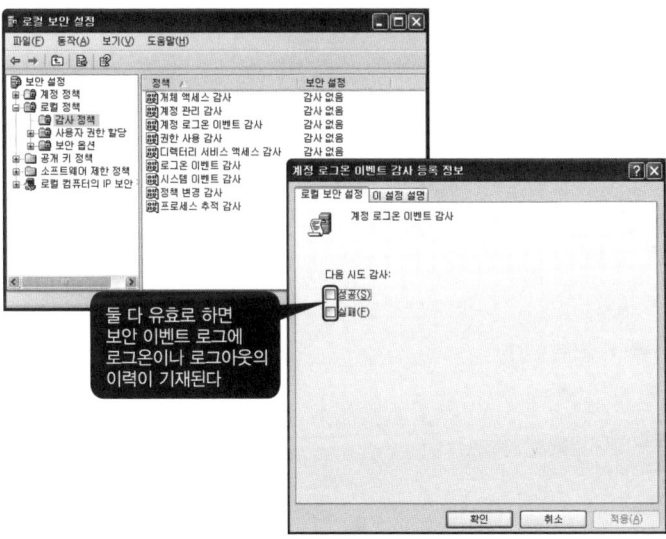

그림 5-16 로그온/로그아웃을 로그에 남기기 위한 설정

로컬 컴퓨터 설정에서 로그온/로그아웃을 이벤트 로그에 남기기 위해 관리 툴인 "로컬 보안 정책"을 이용한다. "로컬 정책"의 "감사 정책"을 선택해, 우측의 정책 일람에 있는 "계정 로그온 이벤트 감사"를 더블 클릭하면 "로컬 보안 설정" 화면이 표시된다. "다음 시도 감사"의 "성공"과 "실패"를 모두 유효로 하게 하면 보안 이벤트 로그에 로그온이나 로그아웃의 이력이 기록된다 (그림 5-16).

또한, 액티브 디렉토리를 이용하고 있으면, 사용자 정보 등을 이벤트 로그에 기록하는 절차를 부가한 로그온 및 로그아웃 스크립트가 실행되도록 설정하면 된다. 이력을 도메인 컨트롤러 등 원격 서버의 로그에 남길 수 있다.

윈도우즈

로그를 수작업으로 수집해서는 안 된다

이벤트 로그에서는 컴퓨터의 기동이나 셧다운, 가동 중인 어플리케이션의 상태 등이 차례차례 기록된다. 이러한 로그는 돌발적인 문제가 발생할 때 원인 파악을 위해 필요하며, 시스템을 안정적으로 가동하기 위해서나 보안 확보를 위해 없어서는 안 되는 데이터다.

윈도우즈의 클라이언트 OS는 유닉스계 OS처럼 시스템 관리자가 원격으로 로그인할 수 없다. 이벤트 뷰어를 이용하면 원격으로 클라이언트 PC의 이벤트 로그를 참조할 수는 있지만, 수작업을 해야 해서 노력과 시간이 많이 걸린다(그림 5-17).

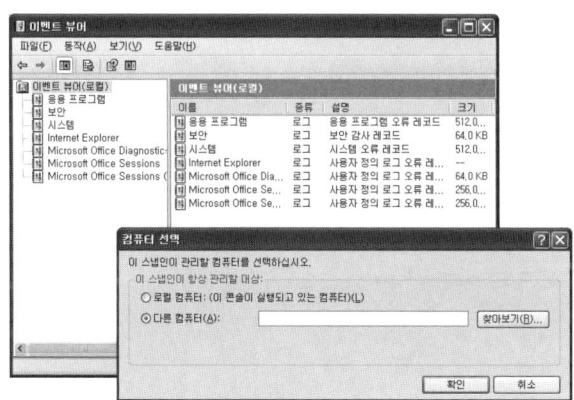

그림 5-17 **이벤트 뷰어로 리모트 PC의 로그 참조**

작업 효율을 생각하면 명령어 툴을 사용하여 미리 정해 둔 스케줄에 따라 로그를 자동으로 수집하는 구조를 만들어 두는 것이 현실적이다. 로그 수집에 이용할 수 있는 명령어 툴이 몇 가지 있는데, 여기에서는 로그 수집뿐만 아니라 데이터 포맷 변환이나 집계, 3차원 막대 그래프 등을 출력할 수 있는 로그 파서Log Parser를 소개한다.

로그 파서는 마이크로소프트의 웹사이트에서 무상으로 다운 받을 수 있다. 이벤트 로그나 레지스트리, 액티브 디렉토리 오브젝트Active Directory Object, IISInternet Information Services의 W3C 형식 로그, SMTP 로그 등 다양한 형식의 로그 파일로부터 정보를 수집할 수 있다. 출력 형식도 CSV나 탭 단락 텍스트, XML 형식, HTML 파일, 차트 형식(그래프 출력) 등 다양하다.

윈도우즈

일시적이더라도 UAC를 무효로 해서는 안 된다

윈도우즈 비스타 이후 OS는 사용자 계정 제어User Account Control(UAC)라는 기능이 탑재되어 있다. 만약 UAC의 관리자 계정을 사용하고 있다고 하더라도 컴퓨터 관리나 소프트웨어 인스톨 같은 시스템 설정을 변경하는 작업은, 표시된 다이얼로그의 "계속" 버튼을 클릭해야 한다(그림 5-18). 보안을 향상시키는 유용한 기능이지만, 시스템 관리의 작업 내용에 따라서는 UAC가 파기될 수도 있다.

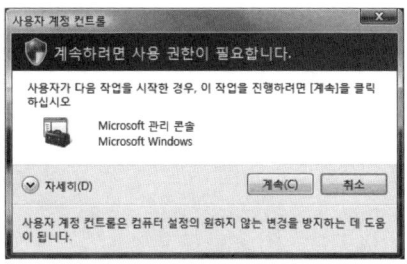

그림 5-18 UAC의 다이얼로그

예를 들어, 어플리케이션을 다수 클라이언트 PC에 원격으로 배포하여 인스톨하는 작업은, 인스톨러를 기동할 때 UAC 다이얼로그가 표시되고 작업이 멈춘다. 미리 UAC를 무효화로 해두고, 어플리케이션을 설치한 후 UAC를 유효로 하는 회피책을 취할 때도 적지 않은 듯 하다. 그러나, UAC를 무효로 하고 있는 동안에는 보안 레벨이 크게 떨어지므로 이러한 운용은 바람직하지 않다.

대처 방안으로는 관리자 계정에 대해 일시적으로 다이얼로그를 표시하지 않고 관리자 권한이 필요한 어플리케이션을 실행할 수 있도록 하는 방법이 있다. 보안은 다소 느슨해지지만 UAC를 무효로 하는 것보다 안전한 방법이다.

윈도우즈

사용자 계정을 바로 삭제해서는 안 된다

사용할 수 없게 된 사용자 계정을 바로 삭제하면 트러블이 생길 때가 있다. 예를 들어 어플리케이션 등의 이벤트 로그에 사용자 정보로 사용자명이 아닌 SID(보안 식별자)가 기록되어 있을 경우, 여러 개의 사용자 계정을 삭제하면 로그에서는 실제 작업자(실행자)를 찾을 수 없게 된다.

경우에 따라서는 내부 통제로 요구되는 이력이 불완전하게 될 우려가 있다.

그래서 사용할 수 없게 된 사용자 계정은 일단 "무효화"로 하고, 일정 기간이 지나 다시 삭제하면 된다. 무효화했을 뿐이라면 계정 정보는 시스템에 그대로 남아 있다. 계정을 삭제하기까지의 사이에, 예를 들어 액티브 디렉토리와 CSV 파일 사이에 데이터를 가져오거나 보내는(import/export) csvde 명령어로, SID와 사용자명의 매핑표를 작성하는 등의 조치를 해 두면 문제는 발생하지 않을 것이다.

무효화한 채 방치해 두면 안 된다

필요가 없게 된 사용자 계정을 삭제하지 않고 계속 무효화한 상태로 방치해서는 안 된다. 해당 계정이 유지보수 대상으로 남아, 관리 비용의 증대로 이어지기 때문이다. 보안 관점에서도 등록 계정을 필요한 최소수로 줄이는 것이 좋다.

사용자가 타 부서로 이동할 때, 부서의 서버에 사용자 계정을 무효화한 채 언제까지고 남겨두는 시스템 관리자가 적지 않은 듯하다. 이것은 사용자가 원래 부서로 돌아갔을 때, 프린터나 파일 같은 공유 자원에 바로 접근할 수 있도록 하기 위한 것으로 보인다.

그러나, 향후 이용될 가능성이 낮은 계정은 삭제하는 것이 좋다. 만약 사용자가 원래 부서로 돌아가 계정을 재이용하게 된다고 하더라도 시간이 경과되었으므로 패스워드 변경은 필수다. 또한, 이동 전과는 업무나 역할이 바뀌어 권한 설정 변경이 필요한 것도 많으므로, 결국은 사용자 및 시스템 관리자의 업무가 줄어드는 일은 거의 없다.

리눅스

루트 계정을 사용해서는 안 된다

유닉스계 OS는 시스템 관리자용 계정으로 윈도우즈의 "Administrator"에 해당하는 "root"가 준비되어 있다. 여러 관리자가 역할 분담을 하여 관리하는 실 운용 중인 시스템은, 시스템 관리 작업으로 루트 권한이 필요하다고 해도 루트 계정으로 로그인해서는 안 된다. 일반 사용자로 로그인하고 나서 권한을 전환하는 su 명령어로 루트 권한을 취득하는 것도 바람직하지 않다.

이유는 각 관리자가 루트 계정을 공유하게 되기 때문이다(그림 5-19 상단). 루트 계정을 공유하면 서버에서 직접 루트 사용자로 로그인했을 때 실제 누가 로그인했는지 로그에 기록되지 않아 문제가 발생한다. 또한, 일시적 혹은 일부 작업에 한정하여 권한을 주는 권한 분할도 어렵다.

루트 계정이나 su 명령어 대신에 sudo 명령어를 이용하면 이러한 문제를 해소할 수 있다(그림 5-19 하단). sudo는 특정 사용자에게 특정 명령어를 루트 권한으로 실행하는 것을 허가하는 명령어다. 각 관리자가 루트 계정을 공유할 필요가 없어지고, 실행할 수 있는 명령어에도 제한을 받는다. 또한, 이용 이력이 로그$_{syslog}$에 기록된다.

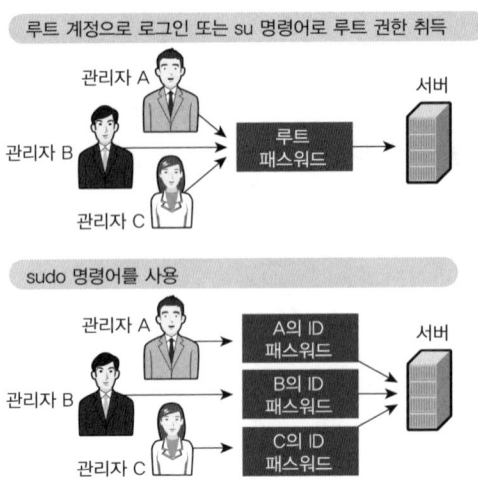

그림 5-19 **루트 권한 취득 방법**

sudo 명령어를 이용하기 위해서는 visudo 명령어로 에디터를 실행시켜 누구에게 어떤 명령어를 허가할지를 기록한 설정 파일을 작성해 두어야 한다.

리눅스

No. 126

임시 파일을 안이하게 작성해서는 안 된다

운용·보수 등의 업무에서는 패턴화된 작업의 효율을 높이기 위해 셸 스크립트를 작성할 기회가 많다. 스크립트로 임시 파일을 이용할 경우, 유닉스계 OS에서는 누구든지 이용할 수 있는 /tmp나 /var/tmp 디렉토리에 만드는 것이 일반적이다. 이 때 임시 파일을 안이하게 만들면 보안면에서 심각한 문제를 초래할 우려가 있다.

임시 파일은 "시스템 관리자 등 특정 사용자 이외에는 참조 불가로 해야 할 정보를 일반 사용자가 참조할 수 있게 된다", "악의가 있는 사용자가 시스템의 중요한 파일을 파괴한다"라는 두 가지의 문제점을 갖고 있다.

첫 번째 문제는 작성한 임시 파일의 권한이 적절하게 설정되어 있지 않을 때 일어난다. 이것을 예방하기 위해서는, 스크립트를 실행하는 환경에서 umask 명령어로 파일을 작성할 때 디폴트 접근 권한을 적절하게 설정해두면 된다.

두 번째 문제는 너무 평범한 이름의 임시 파일을 만들었을 때 일어난다. 예를 들어 스크립트를 /tmp/tmpfile.txt라는 임시 파일을 만들어, 거기에 데이터를 두었다고 가정해보자. 악의를 가진 사용자가 미리 그 이름의 파일(/tmp/tmpfile.txt)을 기호 연결 파일(별명 파일, symbolic link file)로 작성하여, 실제로 /etc/shadow(사용자의 패스워드를 암호화하여 저장하는 파일)를 지정하고 있으면, 루트 권한에서 스크립트가 동작했을 때 /etc/shadow 파일 등 시스템의 중요한 파일이 파괴될 수 있다.

이 문제를 피하기 위해 임시 파일은 템플릿에 따라 랜덤한 이름의 파일을 작성하는 mktemp 명령어로 만드는 것이 좋다. mktemp는 아래와 같은 형식으로 이용한다.

```
TMPFILE = 'mktemp /tmp/tmpfile.xxxxxxxx'
```

"XXXXXXXX" 부분이 기존 파일과 중복하지 않는 랜덤 문자열로 치환되어, 명칭 예측이 곤란한 임시 파일이 작성된다. 파일에는 작성자 자신 이외에는 읽기 쓰기 권한을 부여하지 않으므로 다른 사용자는 내용을 참조할 수 없다.

리눅스

사용자 이름을 숫자만으로 구성해서는 안 된다

유닉스계 OS 파일시스템은 파일의 소유자 정보로 UID_{User ID}나 GID_{Group ID}의 수치를 갖고 있으며, 사용자명이 필요하게 되면 UID를 키로 계정 설정 파일(/etc/passwd 등)을 검사하는 방법 등으로 원하는 정보를 얻고 있다. 사용자명을 "10001"과 같은 숫자만으로 구성하면 파일 정보를 표시하는 ls 명령어의 출력으로는 그것이 UID인지 아니면 사용자명인지를 판단할 수가 없다. 그러므로 숫자만으로 구성된 사용자명으로 해서는 안 된다.

여기에서 사용자명이 "10001"이고 UID가 "20000"의 사용자A와 사용자명이 "20000"이고 UID가 "10001"인 사용자 B가 존재한다고 하자. 2명의 사용자가 작성한 파일 정보를 ls 명령어로 표시한다(그림 5-16 상단). 사용자 A가 작성한 파일은 UID 20000의 "file X", 사용자 B가 작성한 파일은 "file Z"인 것을 알 수 있다.

이 상태에서 사용자 A의 계정을 삭제한다. 삭제 후 다시 ls 명령어로 파일 정보를 표시하면 그림 5-20의 아래쪽 내용과 같다. 사용자명 대신에 UID를 표시하는 -n 옵션을 붙이지 않는 한 file X도 사용자 B가 작성한(소유하는) 파일처럼 보인다.

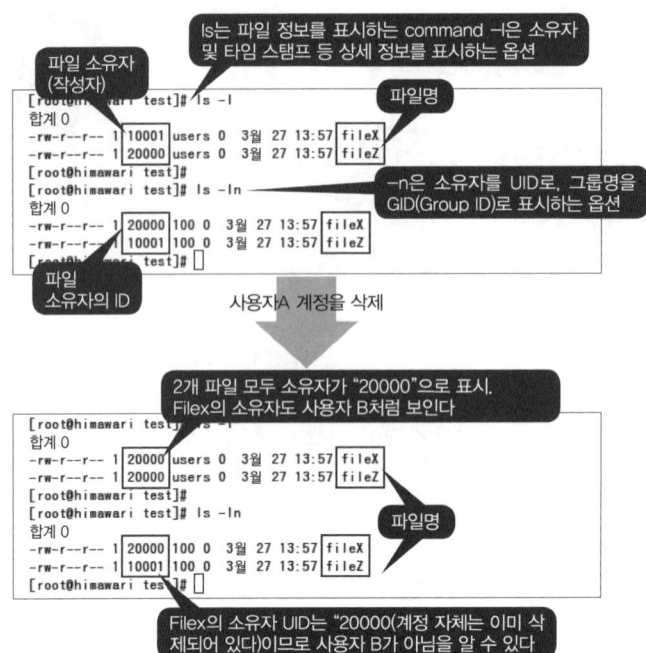

그림 5-20 사용자A와 사용자B가 만든 파일 정보

오픈소스

다운로드 받은 파일이 올바르다고 믿어서는 안 된다

오픈소스의 소프트웨어OSS를 웹사이트로부터 다운로드 하거나 지인이나 동료 또는 거래처 등으로부터 전자 메일의 첨부 파일로 받을 때가 있을 것이다. OSS에는 소스코드를 자유롭게 바꿀 수 있는 매력이 있지만, 바꿔 말하면 바이러스 등 악의를 가진 프로그램을 쉽게 숨겨놓을 수도 있다. 전송 에러 때문에 내용이 바뀔 수도 있다. 그래서, 입수한 파일이 정말 올바른지 확인하는 것이 중요하다.

OSS를 배포한 측에서는, 파일을 받은 사람이 파일의 고의적 수정이나 전송 에러의 유무를 확인할 수 있도록 해시값이라고 하는 수치를 넣어, 파일을 소스 파일과 함께 배포하고 있다. 해시값이란 특정 파일에 대해 압축 과정을 거쳐 나타나는 정해진 짧은 크기의 값으로, 본래의 값을 찾아내기가 어렵고 유사한 원래 데이터에서도 동일한 해시값을 얻을 수 없다는 특징이 있다. 이러한 특징으로 받은 파일에서 산출한 해시값과 배포한 곳에서 제공한 해시값이 동일하면 파일은 고의적으로 수정되지 않은(또는 전송 에러가 발생하지 않은) 것임을 알 수 있다.

파일을 배포할 때는 해시값을 함께 줄 수 있도록 한다

대표적인 해시값(해시 관계)으로는 MD4나 MD5, SHA, SHA1 등이 있다. 예를 들어 디렉토리 서비스 소프트웨어인 Open LDAP는, MD5나 SHA1의 해시값을 기록한 파일이 제공되고 있다.

해시값을 산출하려면, MD5에서는 md5sum 또는 SHA1에서는 sha1sum 명령어를 이용한다. 취득한 해시값을 배포한 곳에서 제공하는 것과 비교하여 고의적인 수정이나 전송 에러의 유무를 알 수 있다. 또한 sha1sum이나 md5sum 명령에서 -c 옵션을 지정하면 해시값을 넣어둔 파일을 참조하여, 차이가 없는지 체크해준다.

OSS 등의 파일을 다운로드 할 수 있도록 웹사이트에 배치하거나 전자 메일의 첨부 파일로 보내거나 할 때는 받은 사람의 이용 정도를 고려하여 해시값도 함께 줄 수 있도록 한다.

찾아보기

ㄱ~ㄴ

가비지 콜렉션 226
가상 PC형 98
가상 기기 68
가상 주소 193
가용성 향상 96
감사 로그 기능 343, 368
감시 콘솔 79
개발 표준화 22
개행 코드 198
게스트 OS 260
견고 다이어그램 167
결합 테스트 239
경영 과제 121
경영 니즈 121
계정 정보 352
공용화 119
관례나 팁들 210
규정집 23
그랜드 디자인 121
글로벌 변수 224
기능성 171
기능 요건 166
기능 점수 169
기능 테스트 239
기밀 보관 유지 계약 230
기호 링크 194
나쁜 인덱스 252
냉통로 309
네스트 249
네이밍 209
네트워크 통신 대기 81
논리 레코드 길이 46
논리 설계 41

ㄷ~ㄹ

다이버시티 61
다중도 32, 33
다중도 설계 33
다중 설계 32
대역 제어 장치 67

데이터베이스 버퍼의 히트율 252
데이터베이스 용량 계획 369
데이터베이스의 성능 251
데이터베이스 파일 350
데이터센터 278
데이터 암호화 356
데이터 양 172
데이터 이행 138
데이터 중심 접근 152
동글 98
동적 테스트 161
디스크 사이즈 46
디프 213
랙 279
랙 마운팅 279
레코드 길이 46
로그 비대화 80
로그 출력 프로그램 21
로그 파서 378
로드 밸런서 15
로컬 변수 224
로컬 보안 정책 376
롤백 57
루트 계정 383
루프백 주소 290
리치 클라이언트 어플리케이션 84
릴리즈 방식 22

ㅁ

매직 넘버 235
매트릭스 169
멀티스레드 227
메모리 관리 81
메모리 주소 192
메인 모듈 109
모듈형 UPS 312
무정전 전원 장치 311
무정지 35
문자 코드 200
물리 레코드 길이 46
물리 설계 42
물리적인 기기 68

미러링 299
미러 포트 66

ㅂ

바이너리 전송 모드 199
바이러스 체크 348
반복형 117, 180
반이중의 액티브 스탠바이 283
방향잡기 119
방화벽 61
백본 라우터 282
백업 설계 44
백업 소프트웨어 286
버그 트래킹 시스템 213
버전업 217
버추얼 채널 73
베이스라인 177
변경 관리 177
변경 정보 105
보고서 검토 134
보수성 171
보안 정책 80
보틀넥 251
복사 195
복원 설계 44
복원 포인트 262
부가 기능 109, 130
부정합 286
부하 분산 장치 15
분석 마비 105
불량 블록 302
뷰 248
브로드캐스트 스톰 70, 246
블랭크 패널 304
블레이드 서버 305
블레이드 타입 93
블록 46
비기능적 요건 24
비동기 처리 20
비정규화 42
비즈니스 요건 146
비즈니스 유스 케이스 149, 166
비즈니스 컨텍스트 149
비즈니스 프로세스 149
비즈니스 플로우 149
비즈니스 확장 150
빌드 방식 22

ㅅ

사용성 171
사용자 계정 제어 379
사용자 수 172
사용자 인터페이스 84
상호작용 다이어그램 168
서버 공유형 96
서버의 이중화 262
서블릿 엔진 30
서비스 지향 아키텍처 30
설계서 20
성능 요건 24
셧다운 57
세이빙 73
순환 참조 225
순환 참조 오브젝트 224
쉘 스크립트 198
스냅샷 298
스레드 17
스레드 세이프 227
스레드 풀 17
스루풋 25, 172
스토리지 37
스토리지 시스템 286
시스템 감시 툴 226
시스템 요건 146
시스템 유스 케이스 166
시스템 환경설정 289
시퀀스 다이어그램 168
식별자의 네이밍 210
신뢰성 60, 171
신 클라이언트 92, 373
실시간 계속 제공 36
쌍방향 통신 69

ㅇ

아웃바운드 65
아카이브 운용 44
아파치의 최적화 216
아파치 톰캣 30
암호 파일 350
애자일 개발 방법론 107
애자일형 117
액티브 스탠바이 282
액티비티 150
액티비티 다이어그램 149
어플리케이션 사양서 21

어플리케이션의 계층(Layer) 구조도 87
업무 처리량 172
오브젝트 150
오브젝트 다이어그램 149
오브젝트 정합성 81
오프라인 백업 44
오픈소스 212
오픈소스의 소프트웨어 389
온통로 309
요건 정의 계획 142
요청 17
용량 요건 172
운반체 61
운용 60
운용 비용 265, 266
운용 설계 43
운용 절차서 269, 276
운용 품질 266
워크 스루 161
워터폴형 117
워터폴형 180
유량 설계 32
유스 케이스 105
유스 케이스 다이어그램 149
응답 시간 25, 171
이더넷 망 68
이동 195
이력 추적 관리 146
이식성 171
이중 전원 314
이행 119
익스트림 프로그래밍 183
인덱스 43
인바운드 65
인스턴스 204
인터페이스 카드 68
일괄 처리 36
입력물 134
잉여 대역 73

ㅈ～ㅊ

자동식별 모드 244
자동 전환 스위치 315
자원 정보 취득용 커맨드 259
작성 119
작업 플로우 268
적합성 112

전송 모드 198
전이중 모드 244
점진형 181
접근 제어 목록 330
정규화 42
정수 클래스 207
정수 클래스의 분할 지침 209
정적 링크 216
정적 테스트 161
정지 시간 83
정합 286
정합성 22
정합성 조사 302
지원 사용률 172
집중률 25
차이점 112
참조 정합성 48
참조 정합성 제약 48, 249
총소유비용 94
출력물 134
침입 검지 시스템 355

ㅋ～ㅌ

칼럼 값 54
커널 튜닝 292
커뮤니케이션 다이어그램 149
커밋 57
컷 오버 79
코딩 규칙 210
코딩 룰 위반 23
코딩 스타일 210
코멘트 서식 210
콜드 백업 44
큐 17
큐잉 효과 33
크로스 사이트 스크립팅 223, 360
클라이언트/서버형 시스템 39
클래스 150
클래스 다이어그램 149
클러스터링 262
클릭원스 40
키 분포 54
키오스크 단말 96
타임아웃 82
테스트 데이터 51
테스트 방침 242
테스트 스크립트 240

테이블의 파티션 분할 54
테이프 326
테이프 압축 328
테일러링 154
텍스트 파일 198
텔넷 362
통합 개발 환경 208
투자대비 효과 175
튜닝 83
트랜스포트층 32
트랜잭션량 25
트랜잭션의 배합 28
트리거 248

ㅍ~ㅎ

파라미터 에러 80
파이버 채널 38
파이프 73
파일 디스크립터 18
파티션 분할 54
팔레트의 법칙 52
패리티 300
패스워드의 NG word 347
패스워드의 인증 345
패스워드의 패턴 수 346
패치 213
패키지 소프트웨어 111, 184
패킷 스톰 283
패턴 파일 349
펄 스크립트 198
펌웨어 230
평문 360
포트 단위의 성능 조건 66
폴리싱 73
풀백업 44
풀 타임 듀얼 282
프라이버시 359
프로그래밍의 금지 사항 210
프로그램 라이브러리 관리 방식 22
프로그램의 바이너리 사이즈 193
프로세스 134
프로젝트 관리 툴 213
프로토타입 124
플러딩 68
피크 시간대 25, 28
하드 링크 194
해시 값 54

해시 방식 54
헤드 슬랩 321
형상관리 107
효율성 171
힙 영역 83, 229

A~B

accelerator 361
Access Control List 290, 330
Accountable 158
ACK 74
ACL 290, 330
active standby 282
archive 44
Add-On 109
Address Resolution Protocol 245
agile 117
AMD 64 191
Analysis Paralysis 105
ARP 요구 245
ARP 응답 패킷 246
ARP 정보 362
ASCII 전송 모드 199
ATS 315
backbone router 282
batch processing 36
BI 134
blade server 305
bottleneck 251
bps 64
BtoC 시스템 35
BTS 213
business context 149
Business Intelligence 134

C~D

Catalyst 213
CCB 179
Change Control Board 179
ClickOnce 40
clustering 262
Cold aisle 309
Concurrent GC 83
Conference Room Pilot 124
Consulted 158
Content-Type 200
copy 195

Copy On Write 298
cp 195
CPAN 213
CPU 사용률 251
CR+LF 198
CRP 124
Data Oriented Approach 152
DB 액세스 처리 방식 22
Dependency Injection 229
DI 컨테이너 229
diff 213
diversity 61
DLL 지옥 39
DLL 파일 39
DOA 152
Donald A. Norman 88
dongle 98
DSO 216
Dynamic Shared Object 216

E~F

Earned Value Management 143
Email::Valid 220
Eriksson-Penker 150
ERP 122
EVM 143
Factory Method 205
Fast Link Pulse 244
FC 스위치 38
firmware 230
Fit 112
FLP 244
free 명령어 332
FTP 199
full duplex mode 244
Full GC 81
fulltime dual 282
function point 169

G~J

Gap 112
garbage collection 81, 226
GC 81
getsid 331
GNU GENERAL PUBLIC LICENSE 230
GPL 230
Hard Disk Drive 321

HDD 321
head slap 321
heap area 229
Here Document 222
Hot aisle 309
HTML 코드 222
HTTP 포트 34
IDE 208
IDS 62, 66, 340, 355
ID와 패스워드 345
incremental 181
Informed 158
input 134
Intel 64(EM64T) 191
Intrusion Detection System 340
I/O(입출력) 대기 81
IPS 62, 339
IP-VPN망 75
ISO/IEC 9126 170
iteration 117
iterative 180
JavaVM 232

L~N

LAMP 215
LF 198
Load Balancer 15
LoadModule 216
LOCK(잠금) 정보 57
Log Parser 378
MAC 주소 70
Man Month 140
matching 286
matrix 169
Microsoft Hyper-V 237
migration 138
MIME 199
mirroring 299
mirror port 66
Model-View-Controller 229
move 195
MTU 사이즈 294
multi-thread 227
MVC 229
MySQL 215
Net Detector 355
Net Flow Analyzer 355

O~R

Object Management Group 149
online Processing 36
OS 파라미터 18
output 134
Package Software 111
Packet Black Hole 355
packet storm 283
parity 300
patch 213
PMO 132
Point to Multipoint 76
polishing 73
pps 64
process 134
QoS 72
Quality of Service 72
RACI 158
rack mounting 279
RAID 300
RAM 158
Rapid Spanning Tree Protocol 246
RDBMS 46
recovery point 262
REDO 로그 57
redundancy power 314
Redundant Arrays of Inexpensive Disks 300
Referential Integrity 48
request 17
response time 171
Responsibility Assignment Matrix 158
Responsible 158
Return On Investment 153
RFC 220
RFC2822 220
robustness 167

S~T

SAN 37
sar 226
Scavenge 233
SCP 199
Service Level Agreement 262
shaving 73
shutdown 57
snapshot 298
Sorry 화면 방식 15
Spanning Tree Protocol 246
Split Mirror 298
SQL문 51
SQL 인젝션 360
SSL 341
SSL 엑셀레이터 361
Stop The World 81
STP 246
subinacl 331
tailoring 154
tar 195
TCO 94
thread pool 17
thread safe 227
throughput 25, 172
top 명령어 332
Total Cost of Ownership 94
trac 213
traceability 146
transaction 25

U~X

UAC 379
UDP 74
UI 88
UML2.0 149
UML 모델 119
UNDO 로그 57
Unified Process 118
unmatching 286
UP 118
UPS 311
USB 메모리 325
Use Case 105
User Account Control 379
User Interface 88
Variations 105
virtual channel 73
Virtual Router Redundancy Protocol 284
Voice over Internet Protocol 75
walk through 161
WAN 75
waterfall 117, 180
Wide Area Network 75
Work Breakdown Structure 115, 143
xcopy 331
XSS 223